Rowohlt Verlag GmbH, Kirchenallee 19, 20099 Hamburg

Kontaktadresse nach EU-Produktsicherheitsverordnung:
produktsicherheit@rowohlt.de

rororo

Zu diesem Buch

Es gibt viel Unsicherheit unter Eltern wie unter Fachleuten, wie viel Wahrheit ein Kind in welchem Alter denn vertragen kann. Wie sage ich es am besten? Womit muss ich noch warten? Wann und wovor braucht das Kind Schutz? Welche Hilfen brauchen Kinder und Jugendliche, damit sie mit einer schweren Wirklichkeit leben lernen? Wo muss ich als Erwachsener zunächst selbst Klarheit gewinnen? Auf diese Fragen gibt Irmela Wiemann ermutigende Antworten.
Das Buch richtet sich an alle Mütter und Väter, Alleinerziehende, Stiefväter und Stiefmütter, Elternteile, die von ihrem Kind getrennt leben, Pflege- und Adoptiveltern, Großeltern und Verwandte. Es informiert nicht nur betroffene Erwachsene, sondern auch soziale Fachkräfte in der Kinder- und Jugendhilfe.
Kindern gegenüber von klein an aufrichtig zu sein, führt bei ihnen zu Selbstbewusstsein, Sicherheit und zur Fähigkeit, später im Leben konfliktfähig zu sein. So schmerzhaft manches Ereignis auch sein mag: Gewissheit zu bekommen – wenn liebevoll vermittelt –, hat heilende Wirkung auf Kinder und Jugendliche.

Irmela Wiemann, Jahrgang 1942, Diplom-Psychologin und Familientherapeutin, arbeitet in einer Kinder-Jugend-Eltern-Beratung der Stadt Frankfurt am Main. Sie hat langjährige Praxiserfahrung in der psychologischen Beratung und Begleitung von Pflege-, Adoptiv- und Herkunftsfamilien und Kindern in familiären Ausnahmesituationen. Von Irmela Wiemann sind im Rowohlt Taschenbuch Verlag bereits erschienen: Pflege- und Adoptivkinder, Familienbeispiele, Informationen, Konfliktlösungen (rororo 18851), Ratgeber Adoptivkinder, Erfahrungen, Hilfen, Perspektiven (rororo 19569) und Ratgeber Pflegekinder, Erfahrungen, Hilfen, Perspektiven (rororo 19568).

www.irmelawiemann.de

Irmela Wiemann

Wie viel Wahrheit braucht mein Kind?

Von kleinen Lügen, großen Lasten und dem Mut zur Aufrichtigkeit in der Familie

Illustrationen von Ulrike Prange

Rowohlt Taschenbuch Verlag

Herausgegeben von Bernd Gottwald

9. Auflage Januar 2023

Originalausgabe
Veröffentlicht im Rowohlt Taschenbuch Verlag,
Reinbek bei Hamburg, Mai 2001

Redaktion Heike Herrberg
Umschlaggestaltung Henning Dencks
(Foto: Image Bank / Britt Erlanson)
Satz Minion und Thesis sans PostScript, PageOne
Druck und Bindung
BoD - Books on Demand GmbH, Norderstedt
ISBN 978 3 499 60956 5

Inhalt

2 Große Umbrüche im Familienleben – Was müssen Kinder wissen?

5 Mit Kindern ihre Biographie bearbeiten

«Zu verstehen, wo man herkommt, was hinter uns liegt, ist der erste Schritt, um ohne Lügen vorwärts gehen zu können.»
(Tamaro, 1995, S. 165)

Vorwort

Was soll ein Kind wissen, was kann es seelisch verkraften und was soll es besser nicht wissen? Woran beteilige ich mein Kind und wo halte ich es heraus? Wann ist der geeignete Zeitpunkt, ein Kind mit einer besonders schmerzlichen Wahrheit zu konfrontieren? Diese und viele ähnliche Fragen werden mir bei Fortbildungen oder nach Vorträgen gestellt. Während meiner langjährigen psychologischen und therapeutischen Tätigkeit habe ich erfahren, dass Kinder die Wahrheit gut vertragen können – oft besser als Erwachsene. Geheimnisse belasten Eltern und Kinder meist mehr als die Kenntnis der Wahrheit. Allerdings kommt es darauf an, mit welchen Worten den Kindern schwierige Sachverhalte vermittelt werden. Wenn die Erwachsenen mit bestimmten Konflikten, Ängsten, Affekten selbst nicht im Reinen sind, dann kann die Art, wie die Wahrheit ausgesprochen wird, für ein Kind belastend sein. Ob und wie Kinder die Wahrheit «vertragen» und damit leben lernen, hängt davon ab, ob die Erwachsenen mit dem Schmerz und den Konflikten umgehen können, die mit dieser Wahrheit verbunden sind. Und manches muss in kindliche Sprache, in kindliche Bilder übersetzt werden. Manche Ereignisse wiegen so schwer, dass wir je nach Alter und Reife des Kindes die Informationen dosieren müssen.

Ich wollte in diesem Buch darüber informieren, wie wir Kindern gegenüber aufrichtig sind und damit ein gutes Vorbild. Doch es wurde in Teilen ein Buch über die Wirkung von kleinen und großen Lügen und Geheimnissen. Dabei ist es nicht meine Absicht, Leserinnen und Leser zu überführen, wohl aber, sie nachdenklich zu machen. Ich verstehe gut, weshalb Menschen hin und wieder nicht wagen, Kinder in kleinen und großen Fragen mit der Wahrheit zu konfrontieren. Die Sorge, seinem Kind weh zu tun, ist nur allzu berechtigt. Kinder sind verletzbar, schutzbedürftig, und wir Erwachsenen möchten Leid vor ihnen fern halten.

Zugleich sollten wir uns fragen, inwieweit wir den Schutzgedanken vielleicht benutzen, um uns selbst zu schützen, um vor einem eigenen Schmerz zu flüchten oder um einem Kind Harmonie und heile Welt vorzuspiegeln.

Die Sehnsucht, Kindern eine «normale» Familie zu präsentieren, ist bei manchen Eltern sehr stark. Deshalb nehmen Kinder in besonderen Familienkonstellationen einen breiten Raum in diesem Buch ein. In früheren Jahren war eine nichteheliche Geburt mit gesellschaftlicher Ausgrenzung und Geheimhaltung verbunden. Heute sind es Themen wie die Entstehung eines Kindes durch die Samenspende eines Fremden. Doch auch in Stieffamilien wird manchen Kindern nicht gesagt, dass ihr Vater, mit dem sie leben, ein anderer ist als derjenige, der sie gezeugt hat.

Seit mehr als zwanzig Jahren arbeite ich mit Pflege- und Adoptivkindern, ihren Herkunftseltern und ihren annehmenden Eltern. In der Arbeit mit diesen Familien ist der Umgang mit der Wahrheit ein ganz entscheidendes Thema. Oftmals wagen Mütter, die ihr Kind zur Adoption gaben, späteren Partnern und ihren weiteren Kindern nichts von dem früheren schmerzlichen Schritt zu erzählen. Kinderlose Paare, die ein Kind angenommen haben, möchten auch heute noch manchmal ausblenden, dass ihr Kind von anderen Menschen abstammt.

Beim Schreiben dieses Buches geriet ich oft in Zweifel. Konnte ich vermitteln, dass Eltern einerseits transparent und ehrlich gegenüber Kindern und Jugendlichen sein können und andererseits ihre Kinder nicht in Erwachsenenkonflikte hineinziehen sollten? Und wenn ich Menschen ermutige, Kindern gegenüber auch schwere Lasten des Lebens auszusprechen, konnte ich verständlich machen, dass die Voraussetzung für ein verträgliches Aussprechen der Wahrheit die gute Beziehung zum Kind und die innere Haltung des Erwachsenen ist?

Wer heute jünger als dreißig ist, kennt meist keinen Klapperstorch mehr. Unsere gegenwärtige Elterngeneration hat sich von den Praktiken der schwarzen Pädagogik entfernt, die Kinder durch Lügen und Manipulation einschüchterten. Doch mehr oder weniger kleine und größere Relikte sind immer noch in uns. Deshalb beginnt das Buch mit «Kleinen Lügen des Alltags», wie sie jedem und jeder von uns schon über die Lippen gekommen sind. Es geht hier nicht um die positiven Formen kleiner

Lügen, die selbstverständlich niemandem schaden, z. B. wenn wir eine Überraschung planen, sondern um jene, die Kinder verwirren können.

Ob unsere Eltern uns angeschwindelt haben, ob es Geheimnisse und Lasten gab, über die geschwiegen wurde, beeinflusst, wie aufrichtig wir mit unseren Kindern sind. Durch die eigene Prägung erleben es viele von uns als selbstverständlich, Kindern etwas vorzumachen. Denken wir nur, was uns täglich in etablierter Politik und in den Medien vorgetäuscht wird: Es ist offensichtlich ein kultureller Erwachsenenkonsens, dass Lügen und Belogenwerden zur Tagesordnung gehören. Sonst würden sich viele Menschen wesentlich weniger bieten lassen und sich heftiger gegen verlogene Inszenierungen in Gesellschaft und Politik zur Wehr setzen.

Dabei ist Lügen an sich nicht etwa verwerflich. Geheimhaltung, Lügen und Verstecken haben in Nazideutschland, in Diktaturen und manch anderem menschenfeindlichen Regime Menschenleben gerettet. Die Lüge vom Unterlegenen gegenüber Mächtigeren kann Schutzfunktion haben. Wenn Kinder und Jugendliche durch eine Lüge gegen Erwachsene zusammenhalten, so kann dies eine positive Grenzziehung bedeuten. Lügen kann überall dort angemessen sein, wo eine Trennlinie erforderlich ist, wo kein Vertrauensverhältnis erwünscht ist. Belügen hingegen Erwachsene ihre Kinder, so schwächen sie damit fast immer das Vertrauensverhältnis. Aufrichtigkeit hingegen stärkt das Vertrauen von Kindern in ihre Eltern. Dies aufzuzeigen, ist mein Anliegen in diesem Buch.

Ich zeige an vielen konkreten Beispielen, mit welchen Worten kleinere und große Belastungen des Lebens Kindern so vermittelt werden können, dass sie daran reifen und wachsen können. Es gibt Beispiele, die das Leben aller Kinder betreffen, und Beispiele für Eltern und Kinder, die ganz spezifische Situationen zu bewältigen haben. Sie können als Leserinnen und Leser die Themen wählen, die denen Ihrer Familie ähneln, um so für sich Parallelen zu ziehen und für Ihre eigene Situation und Ihre Kinder möglichst viel Anregung zu finden.

Ich danke allen, die mir durch ihr Vertrauen ermöglicht haben, die in dieses Buch einfließenden Erfahrungen zu gewinnen. Vieles habe ich von Seminarteilnehmerinnen und -teilnehmern gelernt. Beispiele einzelner Kinder und Familien, die in diesem Buch dokumentiert werden, wurden entweder so verändert, dass sie nicht wiedererkannt werden können, oder es liegt die Einwilligung der Betroffenen vor, ihre Situation hier zu schildern. Ähnlichkeiten mit Ihnen bekannten Menschen sind zufällig, da ich manchmal besonders typische Beispiele ausgewählt habe. Ganz besonders danke ich Müttern, Vätern, Pflege- und Adoptiveltern, die mir «Lebensbriefe» zur Verfügung gestellt haben. Schließlich danke ich allen, die mir im Vorfeld durch kritisches Lesen und Diskutieren beim Entstehen des Buches geholfen haben: Ingrid Jastremski, Volker Jablonski, Brigitte Kaetzke, Ulrike Prange, Brigitte Rieck, Eva Ris, Otto Salmen und Gerda Stößinger.

Irmela Wiemann, im November 2000

1 Wie Aufrichtigkeit die Beziehung zwischen Eltern und Kindern beeinflusst

«Es gibt viele Familien, in denen nicht gelogen wird.
Aus ihnen kommen offenherzige Kinder mit klaren Augen.»
(Neill, 1993, S. 153)

Kleine Lügen des Alltags – Normalität in vielen Familien?

«Die Leute schimpfen»

Der 18 Monate alte Jonas läuft in einem Lokal von Tisch zu Tisch und kokettiert mit den anderen Gästen. Die Mutter ruft: «Jonas, komm zurück. Die Leute schimpfen.» Jonas hingegen erlebt, dass die Leute ihn freundlich anlachen.

Eine kleine Ungenauigkeit im Umgang mit der Wirklichkeit. Der Mutter ist in diesem Augenblick nicht klar, dass sie dem Kind etwas vormacht. Sie will ihm die Freude nicht verderben, und sie will Rücksicht auf die anderen Gäste nehmen. Sie glaubt, dass Jonas vor den fremden Erwachsenen mehr Respekt hat als vor ihr. Und sie muss sich beim Kind nicht unbeliebt machen. Verantwortlich sind nun «die Leute».

Auf der Verhaltensebene hat die kleine Umdeutung der Wirklichkeit Erfolg. Jonas kommt zur Mutter an den Tisch. Aber für ihn gibt es ein Rätsel. Ein eineinhalbjähriges Kind weiß bereits, dass Menschen, die schimpfen, nicht gleichzeitig mit dem Kind freundlich lachen.

Die Hypothese der Kleinkinder: Geliebte Erwachsene irren nicht

Die Worte der Mutter sind für Jonas wahr, ein Grundgesetz des Lebens. Irrtum ist ausgeschlossen. Jonas kann seine Beobachtung, dass die Leute lachen, der Mutter nicht entgegensetzen. Ein eineinhalbjähriges Kind ist noch nicht kritikfähig. Kritikfähigkeit ist aber die Voraussetzung dafür, etwas zu prüfen oder zu hinterfragen, was unser Gegenüber sagt. So kommt Jonas zu dem Schluss: Sein Eindruck, dass die Leute ihm freundlich zunickten, war falsch. *Warum hat er nicht gemerkt, dass die Leute in Wirklichkeit schimpften?* Er darf seinen Wahrnehmungen nicht trauen. Er kann sich nicht auf das verlassen, was er erlebt, fühlt, hört und sieht.

Leon Festinger hat im Rahmen seiner sozialpsychologischen Theorie zum menschlichen Entscheidungsverhalten 1957 auf das Phänomen der «kognitiven Dissonanz» aufmerksam gemacht. Kognitive Dissonanz bedeutet die Nichtübereinstimmung von Wahrnehmungen oder Einstellungen oder Informationen. Er wies nach, dass es beim Menschen zu Unbehagen und Spannung kommt, wenn Wahrnehmungen und Haltungen als unvereinbar, als dissonant, erlebt werden. Jonas hat eine typische kognitive Dissonanz erlebt. Er bekam von der Mutter die Information, die Leute würden schimpfen, er selbst sah, dass sie lachten. Erwachsene Menschen entscheiden sich in diesem Konflikt meist dafür, die bisherige Meinung und das bisherige Wissen als richtig anzunehmen. Die nicht stimmige Information wird abgewehrt oder nicht beachtet. Kleinkinder können genau dies noch nicht.

Wie Kleinkinder auf Widersprüche in der Wahrnehmung reagieren

Stimmen Beobachtungen, Wahrnehmungen und Gefühle des kleinen Kindes nicht mit dem überein, was der oder die Erwachsene äußert, dann stellt das Kind bis zu etwa drei Jahren die eigenen Beobachtungen zurück, löscht sie quasi aus zugunsten der Information des Erwachsenen. Im Zweifel vermutet das Kind, dass das, was es selbst sieht und hört, falsch ist und der Erwachsene richtig liegt. Diese «Gutgläubigkeit» der kleinen Kinder, die absolute Bereitschaft, die Äußerungen der Erwachsenen für wahr zu halten, bewirkt, dass Erwachsene so erfolgreich sind, wenn sie kleinen Kindern etwas vortäuschen.

Das Infragestellen der eigenen Wahrnehmung zugunsten der Information des geliebten Erwachsenen bleibt aber nicht spurlos, strengt Kinder an, erzeugt Spannung und Unsicherheit. Manche Kinder bekommen Angst und müssen sich besonders eng an Erwachsene anklammern, da sie ja mit ihrem nicht stimmigen Bild von der Welt und ihrem nicht gut funktionierenden Wahrnehmungssystem nicht ohne den nahen Erwachsenen auskommen können. Viele Menschen haben schon als kleines Kind verlernt, Zusammenhänge korrekt zu verknüpfen. Kinder, die ständig etwas erfinden, selbst fest daran glauben, es könne so gewesen sein, Kinder, die leugnen, sich etwas ausdenken, tun dies oftmals auch, weil sie durch frühe, desorientierende Erfahrungen daran gehindert wurden, Klarheit und Sicherheit im Umgang mit der Wirklichkeit zu erwerben.

Oft wissen wir hinterher besser, was wir in der akuten Situation hätten tun können. Jonas' Mutter wird klar: Sie hätte mehrere Möglichkeiten gehabt, die Situation ohne eine kleine Lüge zu lösen.

- Sie hätte beschließen können: Ich will jetzt keinen Konflikt mit Jonas, also stelle ich die Sorge, die Leute könnten sich genervt fühlen, zurück und lasse das Kind gewähren.
- Oder sie hätte ihre Sorge, Jonas könnte den Gästen zur Last fallen, direkt mit den Leuten klären können, indem sie die Leute gefragt hätte, ob es sie stört, wenn Jonas mit ihnen Spaß macht.
- Sie hätte auch abwarten können, bis die Leute tatsächlich ungeduldig geworden wären. Dann hätte ihre Aussage «Komm zurück, die Leute schimpfen» mit der Realität übereingestimmt.
- Am besten wäre gewesen, sie hätte Jonas in seiner Wahrnehmung bestärkt und ihm ihre Forderung ohne Zögern entgegengesetzt: «Es gefällt dir, dass die Leute dich beachten und freundlich mit dir lachen, aber es wird den Leuten gleich zu viel, komm bitte zurück und bleibe an unserem Tisch.»

Die Hemmung mancher Eltern, ihrem Kind etwas entgegenzusetzen

Jonas' Mutter wird dabei klar, wie schwer es ihr fällt, ihrem Kind ein «Ich will das jetzt» oder ein «Ich will das nicht» abzuverlangen. Es kostet weniger Aufwand und Energie, dem Kind eine kleine Lüge aufzutischen. Natürlich ist es anstrengender, Interessenwidersprüche zwischen Kind und Erwachsenem auszutragen.

Menschen mit diesem Problem gehen unbewusst davon aus, dass elterliche und kindliche Interessen immer einander decken müssen. Sie fühlen sich im Unrecht, wenn sie Nein sagen. Das wiederum spürt das

Kind und sein Protest wird entsprechend heftig. Solche Kinder ertragen kaum mehr Frustration. Die Eltern geben immer wieder nach. Dies sind Prozesse, die sich über Schulzeit und Jugendzeit bis in das Erwachsenenalter fortsetzen können. Oftmals wollen diese Kinder später jede Anstrengung vermeiden und nur das tun und lernen, wozu sie gerade Lust haben. Manchmal wird hier früh die Grundlage für spätere Abhängigkeits- und Suchtprobleme gelegt.

Kinder, die so groß geworden sind, werden später oftmals wieder zu Erwachsenen, die nicht Nein sagen können. Es fällt ihnen dann schwer, anderen Menschen gegenüber klar Position zu beziehen, weil sie befürchten, abgelehnt zu werden, wenn sie eine andere Meinung äußern.

- Die innere Bindung, die wirklich sicher ist, lässt sich nicht gefährden, indem ich meinem Kind eine andere Position entgegensetze. Das Gegenteil ist der Fall: Es schafft Sicherheit, wenn das Kind erfassen kann, woran es wirklich ist und dass die Liebe zueinander nicht bedeutet, konfliktfrei miteinander leben zu müssen. Je leichter Bezugspersonen diesen Prozess in sich selbst zulassen, desto besser wird die Grenze vom Kind akzeptiert.
- Kinder, deren Eindrücke, Wahrnehmungen und Gefühle vom Erwachsenen einerseits bestärkt werden und die dann aber mit einem klaren Nein oder «Ich will das so» konfrontiert werden, können später als Erwachsene selbst besser Grenzen ziehen. Für sie ist es in Ordnung, dass zwei nahe stehende Menschen verschiedene Interessen haben, ohne dass ihre Beziehung gefährdet ist oder etwas Bedrohliches passiert.

Die Nachbarin schläft

Wenn die 2-jährige Janina die Nachbarin im Garten sieht, geht sie zum Zaun, ruft freudig «Hallo» und fragt nach Erdbeeren oder Himbeeren. Das ist inzwischen ein kleines Ritual zwischen Janina und der Nachbarin geworden; danach geht sie zu ihrer Mutter und zeigt, was sie bekommen hat. An einem Sonntagmittag, als die Nachbarin sich in ihrem Garten sonnt, will Janinas Mutter verhindern, dass die Kleine zum Zaun geht. Sie sagt: «Bleib hier! Nicht stören.» Und als Janina dennoch auf den Zaun zusteuert, erklärt sie: «Frau Klein schläft.» Janina blickt von weitem fragend zur Nachbarin. Die winkt ihr freundlich und einladend zu und ruft: «Hallo, Janina!» Janinas Hallo kommt nur leise und zögernd zurück. Dann kommt der Vater nach Hause. Er begrüßt die Nachbarin laut und munter. «Psst, Frau Klein schläft», sagt Janina. «Die lacht doch gerade. Soll das Schlafen sein?», meint der Vater. Skeptisch, fast bös, blickt Janina zur Nachbarin. Sie geht für den Rest des Sommers nicht mehr zum Zaun.

Janinas Mutter hat versäumt, dem Kind zu bestätigen, dass die Nachbarin wach ist, weil sie damit erreichen wollte, dass Janina nicht zum Zaun geht. Sie wollte Rücksicht auf die Nachbarin nehmen. Aber Janina weiß mit zwei Jahren bereits, dass schlafende Menschen nicht winken und rufen. So wie Jonas und alle kleinen Kinder ist auch Janina noch nicht kritikfähig, sie kann ihre eigene Beobachtung, dass die Nachbarin wach ist, der Mutter nicht entgegensetzen. Janina ist ärgerlich, dass die Nachbarin sich nicht gemäß den Worten der Mutter verhält, und gibt dieser dafür die «Schuld». Durch die Richtigstellung des Vaters wird Janina nun erst recht verwirrt. Im Kind ist durch den unlösbaren Widerspruch Unbehagen und Spannung entstanden. Sie will und kann den Worten der Mutter nicht misstrauen, sie kann Vaters Richtigstellung nicht gut einbauen. Am besten misstraut sie der Nachbarin, die Janina schließlich in all die Schwierigkeiten gebracht hat.

Dies ist ein Beispiel, wie Kinder ganz schnell zu falschen Verknüpfungen von Ursache und Wirkung und damit zu Fehleinschätzungen der Wirklichkeit kommen können.

Wenn Eltern gegenüber anderen Leuten nicht unangenehm auffallen wollen

Ein Kleinkind lässt sich meist nicht ohne Protest eine Lustquelle fortnehmen. Wir können nicht beides haben: dem Kind ein Vergnügen nehmen und dazu seine Einwilligung bekommen. Mütter oder Väter sollten lernen, die Gefühle des Kindes, Zorn und Enttäuschung, zu respektieren. Sinnvoll ist es, das Kind zu trösten, z. B.: «Es ist okay, dass du jetzt wütend bist und weinst. Trotzdem gebe ich nicht nach.»

Das Unangenehme dabei ist: Bricht unser Kind in Tränen aus oder schreit laut, dann ist uns dies vor anderen Leuten peinlich. Jonas' Mutter wollte im Cafe vor den anderen Leuten kein Protestgeschrei. Janinas Mutter wollte ihr Kind vom Zaun der Nachbarin fern halten. Wir möchten Rücksicht nehmen. Alle Eltern befinden sich ständig in diesem Spannungsfeld. Wenn ich den Konflikt mit meinem Kind austragen will, muss ich riskieren, mit anderen Menschen in Konflikte zu kommen.

➡ Wenn ich «um des lieben Friedens willen» nachgebe oder eine kleine Lüge erfinde, um mein Ziel indirekt zu erreichen, habe ich zwar im Augenblick für Entspannung gesorgt, langfristig aber dazu beigetragen, dass das Kind zahlreiche neue Konflikte haben wird.

➡ Bevor Eltern ihr Kind durch einen Trick steuern wollen, sollten sie bedenken: Die Leute, für die wir uns so anstrengen, helfen uns nicht, wenn wir wegen ihnen unser Kind nicht gut auf sein Leben vorbereitet haben.

Der Weihnachtsbaum ist im Urlaub

Die Weihnachtszeit ist vorbei. Die Mutter hat den 20 Monate alten Robin mit zum Einkaufen genommen. Der Vater nutzt die Abwesenheit Robins, den Weihnachtsbaum abzuschmücken und fortzuschaffen. Wieder zu Hause, ist Robin bestürzt, weil der Baum nicht mehr da ist. Die Mutter rechtfertigt sich: «Der Baum hat schon die Nadeln verloren, das ist nicht schön, wenn Nadeln am Boden liegen.» Dann fügt sie hinzu: «Der Baum war alt, müde und krank, der musste fort.» Der Vater sagt: «Der Weihnachtsbaum ist im Urlaub und nächste Weihnachten kommt er wieder.»

Für das Kleinkind ist es selbstverständlich möglich, dass ein Weihnachtsbaum in Urlaub gefahren ist oder müde und krank ist, so wie es die Eltern Robin gegenüber dargestellt haben. Kleine Kinder sind bereit, von der realen Welt in die Phantasiewelt überzuwechseln. Robins Eltern nutzen hier die Bereitschaft kleiner Kinder zum magischen Denken, um davon abzulenken, dass sie dem Kind eine unangenehme Überraschung zugemutet haben. Aus ihrem schlechten Gewissen heraus reden sie dem Kind ein, die Erwachsenen seien am Verschwinden des Baumes überhaupt nicht beteiligt gewesen. Verantwortlich sei der Baum selber.

Kinder wollen Orientierung

Wenn Robin öfter mit solch widersprüchlichen Informationen überschüttet wird, kann es sein, dass er später selbst von ein und demselben Geschehen verschiedene Varianten anbietet. Aber es kann auch passieren, dass Robin in nächster Zeit nicht gern mit der Mutter zum Einkaufen fahren will: Schließlich hat er dann keine Kontrolle, ob nicht wieder geliebte Gegenstände sich selbständig machen und in Urlaub fahren.

Wir alle kennen die Unermüdlichkeit, die Ernsthaftigkeit, mit der kleine Kinder über den ganzen Tag hinweg Beobachtungen und Annahmen der Welt mit dem oder der nahen Erwachsenen austauschen. Das Kind ist zufrieden, wenn die Erwachsenen das Gesehene, Gehörte, Erlebte, Gefühlte bestätigen und wiederholen und das Kind in seiner Erfahrung bestärken. Das Wahrgenommene in Übereinstimmung mit dem nahen Erwachsenen zu bringen, schafft für sie Sicherheit und Selbstvertrauen.

Die französische Kinderanalytikerin Françoise Dolto stellt einen Zusammenhang her zwischen Wahrnehmungsstörungen und Teilleistungsschwächen bei Kindern und dem Belogenwerden durch Erwachsene: «In der Tat ist bei manchen Kindern nicht nur die visuelle Wahrnehmung, die mit der auditiven Wahrnehmung verschränkt ist, durch die frühe Erziehung in Unordnung gebracht worden. Auch viele andere richtige Wahrnehmungen der Kinder werden von Eltern in Unordnung gebracht oder verleugnet, die, ohne etwas Schlechtes dabei zu denken, mit ihren Lügen alles verwirren.» (Dolto, in: Van den Brouck, 1990, S. 118).

➠ Statt der kleinen Lüge ist es für Robins Entwicklung besser, wenn der Vater aushält, dass sein Kind eine Weile verzweifelt ist, und wenn er Robin darin bestärkt, dass sein Kummer berechtigt ist: «Ich versteh, dass du traurig bist. Jetzt kommt erst nächstes Weihnachten wieder ein Baum ins Haus.»

➠ Der Vater kann auch übergeordnete Gesetzmäßigkeiten anführen: «Weihnachten ist vorbei. Nur an Weihnachten holen Menschen einen Baum ins Haus und schmücken ihn. Die Weihnachtsbäume müssen auch bei allen anderen Kindern raus.»

➠ Es spricht nichts dagegen, die Phantasiewelt zu Hilfe zu nehmen, um dem Kind das Verschwinden des Baumes erträglicher zu machen. Doch für Robin muss erkennbar bleiben, dass seine Eltern sich gerade nicht auf dem Boden der Realität befinden. Die Mutter hätte sagen können: «Wenn der Baum sprechen könnte, hätte er gesagt, ich muss jetzt fort. Meine Nadeln fallen ab, Weihnachten ist vorbei. Aber der Baum kann das nicht sagen. In Wirklichkeit hat Papa ihn weggeworfen. Nächstes Jahr wird ein neuer Baum aus dem Wald geholt.»

Und Nathalie bringe ich auch gleich weg

Der 5-jährige Jan hat ein 1-jähriges Schwesterchen, Nathalie. Morgens vor dem Kindergarten beschwert er sich öfter bei seiner Mutter: «Ich muss immer in den doofen Kindergarten und die Nathalie darf gemütlich bei dir zu Hause bleiben!» Als Jan sich wieder einmal beklagt, erklärt ihm die Mutter: «Für Nathalie habe ich jetzt einen Krippenplatz. Das ist der Kindergarten für Babys.» Jeden Morgen, wenn sie Jan im Kindergarten abliefert, beteuert sie: «Und Nathalie bringe ich auch gleich weg.» In Wirklichkeit nimmt sie Nathalie wieder mit nach Hause. Wenn Jan zu seiner Erzieherin sagt: «Nathalie ist in der Kinderkrippe», dann bestätigt diese auf eindringlichen Wunsch der Mutter: «Ja, sie ist in der Kinderkrippe.» Den Kindergärtnerinnen fällt auf, dass Jan oft lange braucht, bis er etwas Neues begreift. Jan sei öfter «begriffsstutzig».

Die Erzieherinnen halten auf Wunsch der Mutter das Lügengebäude aufrecht. Sie fühlen sich dabei unbehaglich. Dieses Gefühl wird von Jan wahrgenommen. Seine Fähigkeit, sich in der Welt zu orientieren, ist bereits eingeschränkt. Möglicherweise hat Jans «Begriffsstutzigkeit» damit zu tun, dass es für seine Mutter selbstverständlich ist, ihm bestimmte Wahrheiten vorzuenthalten. Die unausgesprochene Richtlinie seiner Mutter heißt: *Ich bestimme, was wahr ist oder falsch, du bist dafür nicht zuständig.*

Das Bedürfnis, kindliche Gefühle zu steuern

Jans Mutter hat – wie viele Eltern – den dringlichen Wunsch, ihrem Kind eine unbequeme Lebenssituation zu ersparen. Sie möchte verhindern, dass er eifersüchtig wird. Sie will Jan eine problemlose Welt präsentieren und damit ihrem Kind beweisen, dass sie eine gute Mutter ist. Ohne sich darüber klar zu sein, ist es für Jans Mutter normal, Jan zu steuern, ihn zu manipulieren, anstatt ihm das Selbstverständliche abzuverlangen und zuzumuten.

Für jedes erste Kind ist es nicht einfach, die Eltern mit einem Geschwisterchen zu teilen. Es ist auch angemessen, wenn das Kind eifersüchtig reagiert. Jan braucht die Akzeptanz seiner Mutter, auch negative Gefühle haben zu dürfen. Und sie kann ihr schlechtes Gewissen abbauen, wenn sie sich bewusst macht: Das Kind, das ein jüngeres Geschwisterchen bekommt, verliert nicht nur, es bekommt auch etwas. Jan hat in Nathalie eine Gefährtin für das ganze Leben. Eltern sollten ihre ungleichen Kinder nicht zwanghaft «gerecht» und «gleich» behandeln wollen.

➡ Jan kann sich besser entwickeln, wenn die Mutter ihm die Wahrheit zumutet und sagt: «Es ist nicht leicht für dich, dass Nathalie so viel Zeit und Kraft von mir beansprucht. Ich kann verstehen, dass du dich manchmal benachteiligt fühlst.»

➡ Am Morgen vor dem Kindergarten kann sie das Thema immer mal wieder aufgreifen: «Nathalie bleibt zu Hause, denn sie ist noch klein. Ich verstehe, dass du auch lieber manchmal bei mir bleiben würdest. Aber jetzt bist du schon fünf und mit fünf ist es wichtig, die Welt draußen kennen zu lernen und mit vielen anderen Kindern zu spielen. Deshalb gehst du in den Kindergarten.»

Papa kann vom Himmel aus alles sehen und hören

Der Vater des 7-jährigen Maurice ist vor einem Jahr gestorben. Maurice hatte eine innige Bindung an den Vater und trauert auch heute noch. Wenn Maurice besonders wild ist, kein Ende mit der Toberei findet oder «Zirkus» bei den Hausaufgaben veranstaltet, dann sagt seine Mutter: «Papa kann vom Himmel aus alles sehen und hören. Der ist jetzt ganz unglücklich, dass du es mir wieder so schwer machst.» Maurice nimmt sich dann sofort zusammen.

Maurice' Mutter benutzt ihren verstorbenen Mann als Kontrollinstanz und Hilfsautorität, um ihr Kind zu disziplinieren. Doch sie verwirrt ihren Sohn. Sie schreibt Gefühle, die sie selbst hat, dem verstorbenen Mann zu und stattet ihn mit den Kompetenzen aus, die sie eigentlich selber benötigt, nämlich Autorität für den Jungen zu sein.

Die Vorstellung, von höheren Mächten überwacht und gesteuert zu werden, ist ein häufiges Thema bei Psychosen. Diese Krankheiten sind oftmals ein Spiegel dessen, was für ein Bild diesen Menschen von den Ursache-Wirkungs-Zusammenhängen des Lebens vermittelt wurde. Bei diesen seelisch Kranken ist die Trennschärfe, wo Fremdeinfluss sie beherrscht und wo Selbstbestimmung möglich ist, abhanden gekommen. Oder die kindliche Fähigkeit, Realität und Phantasie voneinander zu trennen, konnte sich gar nicht erst entwickeln.

➡ Real hat der verstorbene Vater keine Macht über Maurice. Die Mutter kann dem Sohn vermitteln, dass religiöse Menschen daran glauben, dass die Seele nach dem Tod auf andere Weise weiterlebt. Und wenn sie den Vater als Instanz herbeiholen möchte, dann kann sie sagen: «Wenn dein Vater noch leben würde, dann würde er jetzt ein Machtwort sprechen.»

➡ Besser wäre allerdings, sie würde lernen, selbst ein Machtwort zu sprechen und zur positiven Autorität für ihren Sohn werden. Sie sollte an sich arbeiten, um ihrem Jungen ihre Gefühle von Ärger entschlossen zu zeigen. Maurice soll aufhören zu toben, weil sie das will und nicht weil der verstorbene Vater deshalb unglücklich wird.

Du hast mich zu oft geärgert, da sind mir die Haare ausgefallen

Der Vater des 5-jährigen René beantwortet die Frage: «Papa, wieso hast du eine Glatze?», mit: «Du hast mich zu oft geärgert, da sind mir die Haare ausgefallen. Und wenn du so weitermachst, wird auch noch der Rest ausfallen.»

Vielleicht fühlt sich der Vater von Renés Frage ein wenig in seiner Eitelkeit gekränkt. So will und kann er in diesem Moment nicht ernsthaft antworten. Es gefällt ihm, dass René die Geschichte für bare Münze nimmt. Doch René kann in seinem Alter noch nicht auseinander halten, was Spaß und was Ernst ist. Ein Kind von acht oder zehn Jahren kann derlei Scherze verstehen. Ein fünfjähriger Junge noch nicht. Zusätzlich hat der Vater einen pädagogischen Zweck mit seinem kleinen Schwindel verbunden. Seine Botschaft lautet: *Du bist schuld, wenn ich weitere Haare verliere.*

Für einen Fünfjährigen ist nicht auszuschließen, dass Menschen vom Ärger die Haare ausfallen. René bekommt negativen Einfluss zugesprochen, den er real nicht hat. Dazu bekommt er gleichzeitig zwei sehr widersprüchliche Botschaften: Der Vater spricht lustig über eine schlimme Sache. Das ist für René schwer zu enträtseln. Ihm wird erschwert, Ursache und Wirkung von Geschehnissen richtig einzuordnen. Sein Sinn für die Wirklichkeit wird falsch programmiert.

➡ Renés Sinn für die realen Zusammenhänge wäre nicht geschwächt worden, wenn sein Vater beispielsweise gesagt hätte: «Männer verlieren nun mal oft früh ihre Haare. Das geht vielen so. Manche finden eine Glatze auch schön, weil sie als männlich gilt.»

Wenn Spaß für Kinder nicht lustig ist

Kinder verstehen weniger Spaß oder Ironie, als die meisten Erwachsenen denken. Kinder nehmen die Worte der Erwachsenen ernst. Sie wollen etwas daraus für ihr Leben lernen, ihr Bild von der Welt präzisieren. Sie denken konkret und realistisch. Das von Erwachsenen Gesagte bildet für sie die Grundlage, herauszufinden, wie Normen und Regeln sind, wie die Realität beschaffen ist und ob sie dem nahen Erwachsenen vertrauen können. Bei diesem Prozess fühlen sie sich manchmal durch «Witze», die sie nicht verstehen, irritiert und verwirrt. Das Verstehen von Humor und Ironie, das Denken im übertragenen Sinne setzt erst mit zehn bis zwölf Jahren ein. Wenn Kinder häufig mit Fragestellungen konfrontiert werden, die sie nicht begreifen, fühlen sie sich inkompetent und unterlegen.

Weil sie merken, dass Erwachsene dies erwarten, haben viele Jungen und Mädchen gelernt, auf «Späße» sogar mit Lachen zu reagieren, oder sie erkennen an den Begleitsignalen der Erwachsenen, dass sie das Gesagte nicht ernst nehmen sollen. Doch das heißt nicht, dass sie den Sinn des Spaßes tatsächlich verstanden haben.

Die folgende Erzählung eines heute Dreißigjährigen zeigt, wie verunsichert junge Kinder auf «Späße» der Erwachsenen reagieren:

«Als ich als ganz kleiner Junge bei meinen Großeltern war, habe ich bei einer Musiksendung im Fernsehen meinen Opa gefragt: ‹Warum hat der Heino immer eine dunkle Brille auf?› Mein Opa antwortete: ‹Weil der uns nicht sehen will.› Ich stellte mir vor, dass alle, die im Fernsehen von uns gesehen wurden, umgekehrt in unsere Wohnzimmer schauen konnten. Mein Opa machte so etwas öfter. Anderen gegenüber erklärte er stolz: ‹Der Junge versteht meine Späße.› Ich hatte sogar gelernt, beifällig zu lachen, wenn er mir Rätsel aufgab. Ich habe mich bei meinem Großvater nie mehr richtig wohl gefühlt.»

Heute gibt es Mangold

Die 7-jährige Susanna isst nicht gern Spinat, aber wenn es Mangold gibt, reagiert sie begeistert. Als es wieder einmal Spinat gibt, behauptet der Vater: «Susanna, heute gibt es Mangold, den magst du doch.» Verschmitzt lächelt er Susannas Mutter an. Und während Susanna ihren Spinat isst, in der Annahme, es wäre Mangold, freuen sich beide Eltern, dass sie ihre Tochter so erfolgreich überlistet haben.

Ganz schnell sind wir bereit, zu einer kleinen Lüge zu greifen, wenn wir nur unser Ziel erreichen wollen. Selbst wenn das Kind nicht gemerkt hat, dass die Erwachsenen es gerade angeschwindelt haben, registriert es unbewusst, wenn Eltern ihm etwas vormachen. Kinder haben einen Sinn für das Unausgesprochene und registrieren die Stimmungen der Erwachsenen.

Wir alle haben die eine oder andere Erinnerung an früher, wo wir bemerkt haben, dass unsere Eltern nicht sorgfältig mit der Wirklichkeit umgegangen sind. Wenn Susanna früher oder später die kleine Lüge aufdeckt, dann wird es ihr vielleicht peinlich sein, dass sie den Schwindel hat mit sich machen lassen. Vielleicht schwächt es ihr Selbstvertrauen, dass sie so dumm war und sich hat täuschen lassen. Viele Kinder suchen zunächst bei sich selbst die Schuld. Vielleicht ärgert sich Susanna über ihre Eltern. Vielleicht lacht sie auch darüber und findet es in Ordnung, dass die Eltern geschwindelt haben. Mit Sicherheit aber hat sie gelernt, dass es legitim ist, andere anzuschwindeln, um einen bestimmten Zweck zu erreichen.

Die Erwachsenen – Modelle für die Kinder im Umgang mit der Wahrheit

Die 5-jährige Juliane ist eine Woche bei Verwandten. Die Mutter hat versprochen, Juliane jeden Abend anzurufen. Am ersten Abend weint Juliane sehr am Telefon und fordert, die Mutter solle sie am nächsten Tag wieder abholen. Später erfährt die Mutter von ihrer Schwester, Juliane habe gleich nach dem Telefongespräch wieder gespielt. Daraufhin glaubt Julianes Mutter, das Weinen ihrer Tochter sei nicht «echt» gewesen. Sie beschließt nun, Juliane lieber nicht mehr anzurufen. Als sie Juliane nach der Woche abholt, mischt sich Julianes Freude mit Tränen und Ärger. «Du hast mich gar nicht angerufen», schreit sie. Die Mutter sagt: «Das lag an dir, ich wollte nicht, dass du wieder so viel Theater machst.»

Julianes Mutter sucht Beratung, weil Juliane ihr öfter ganz offen ins Gesicht lügt. Es wird deutlich: Julianes Mutter ist selbst mit Widersprüchen und Halbwahrheiten bei unzuverlässigen Eltern aufgewachsen. So kann sie für ihr Kind kein gutes Modell sein, Normen und Regeln zu verinnerlichen. Sie hält sich nicht an die zwischenmenschliche Regel: Ein Versprechen musst du halten. Doch sie gibt dem Kind die «Schuld» dafür. Die Wirklichkeit wird von der Mutter verdreht. Kein Wunder also, dass Juliane ihrerseits öfter lügt. Julianes Mutter findet ihr Handeln logisch. Sie misstraut ihrem Kind. Dabei hat Juliane sich in diesem Fall angemessen verhalten. Wenn die Person, auf die der Wunsch und Schmerz gerichtet sind, nicht mehr verfügbar ist, hören viele Kinder auf zu weinen und wenden sich wieder anderen Interessen zu.

➡ In der Beratung lernt Julianes Mutter Schritt für Schritt neu, wesentliche Zusammenhänge von Ursache und Wirkung besser einzuschätzen. Sie kann nachträglich zu Juliane sagen: «Es tut mir Leid. Ich habe mich damals an mein Versprechen nicht gehalten, dich anzurufen, weil ich Angst hatte, du könntest dich wieder aufregen. Das war nicht richtig von mir. Ich kann verstehen, dass du auf mich sauer warst.»

Als soziales Wesen ist das Kind von den ersten Lebenstagen an darauf angewiesen, die Kommunikationsmuster der Erwachsenen zu kopieren sowie die Werte und Haltungen der Erwachsenen durch Agieren und Reagieren zu erforschen und zu verinnerlichen. Ob ein Kind verbindlich und aufrichtig ist und soziale Normen übernimmt, hängt davon ab, was die Eltern dem Kind früh vorleben. Eltern, die selbst keine klare Richtschnur in sich tragen, geben dies weiter. Das Kind kopiert das Verhalten der Eltern. Anna Freud beschreibt dies so: «Das Kind muß das Liebesobjekt wenigstens teilweise in sich aufnehmen, es muß sich selber so umwandeln, daß es dieser Mutter oder diesem Vater ähnlich wird.» (Freud, 1973, S. 112)

Das Kind übernimmt das Wertesystem der Erwachsenen mitsamt den Anteilen, die den Erwachsenen selbst manchmal nicht zugänglich sind. «Unter Identifikation verstehen wir die bewußte oder unbewußte Übernahme von Werten, Normen, Haltungen, Einstellungen oder Verhaltensweisen von Personen, zu denen eine positive Beziehung besteht, bei denen es sich also um geliebte oder um bewunderte Personen handelt. Lernen durch Identifikation vollzieht sich im Kleinkindalter vorwiegend in der Familie, wobei unbeabsichtigte Vorbildwirkung der Eltern wichtiger ist als alle intendierten Erziehungsmaßnahmen.» (Schenk-Danzinger, 1994, S. 117)

➡ Schwindeleien sind oft kurzfristig von Erfolg gekrönt, doch langfristig geben wir Kindern falsche Arbeitsmodelle auf ihren Lebensweg für ihre Auseinandersetzung mit der Wirklichkeit und das menschliche Miteinander. Erwachsene, die auch in kleinen Dingen bei der Wahrheit bleiben, festigen das Vertrauensverhältnis zwischen sich und ihrem Kind und ermöglichen ihm, sich zu kritischen, selbstbewussten und aufrichtigen Erwachsenen zu entwickeln.

«Eltern lügen gewissermaßen instinktiv; oftmals legen sie sich nicht einmal Rechenschaft darüber ab, und im allgemeinen empfinden sie nicht das leiseste Schuldgefühl dabei. Väter und Mütter lügen, wenn es um Bagatellen geht, und ebenso bei den ernstesten Fragen.»
(Van den Brouck, 1990, S. 31)

Klapperstorch – Nikolaus – Christkind – Osterhase – und die Tradition in uns selbst, Kindern etwas vorzumachen

«Als ich etwa 7 oder 8 Jahre alt war, ließ mir die Frage, wo Kinder herkommen, keine Ruhe. Meine Mutter sagte dann immer: ‹Die Hebamme bringt die Babys mit. Babys kommen aus dem Brunnen.› Nun wollte ich mich zu gern davon überzeugen und fragte meine Mutter, ob ich den Brunnen einmal sehen könne. Eines Tages ging meine Mutter mit mir zur Hebamme und bat sie, mir den Brunnen zu zeigen, aus dem sie die Babys holt. Die Frau war schon sehr alt. Sie führte mich in ihren Keller in die Waschküche. Dort gab es ein gemauertes Becken. Normalerweise wurde in solchen Becken die Wäsche ausgewaschen. Es lagen Runkelrüben darin. Die Hebamme sagte: ‹Aus diesem Brunnen hole ich die Babys heraus. Heute habe ich leider keines da. Deshalb habe ich die Rüben reingelegt.› Danach machte ich mir viele Gedanken und Sorgen. Wie konnten sich die Babys in diesem dunklen kalten Becken denn wohl fühlen? Und wenn sie da so im Wasser liegen, dachte ich, bekommen sie doch keine Luft.» (Eine 60-jährige Frau)

Viele Menschen der älteren Generation haben sich den Kopf zerbrochen, wie Kinder entstehen, woher sie kommen. Es hat eine erhebliche Portion Energie ihres Denkens und Fühlens eingenommen, dieses mit der Existenzfrage verbundene große Rätsel zu lösen.

In vielen anderen Regionen kamen die Babys nicht aus dem Brunnen. Da hat ein Storch die Babys auf abenteuerliche Weise durch die Luft getragen und durch den Kamin fallen lassen. Eine ziemlich beängstigende Vorstellung. «Sind denn die Babys schwarz und rußig, wenn sie durch den Kamin gefallen sind? Hat es ihnen nicht wehgetan?», fragten die

Kinder damals. «Nein, das passiert nicht. Der Klapperstorch passt sehr gut auf, der ist ganz vorsichtig», antworteten dann manche Eltern. Oder: «Bei uns kommt der Klapperstorch nicht durch den Schornstein, sondern durch das Fenster. Das ist angenehmer für die Babys.» Natürlich musste das Kind, das sich ein Geschwisterchen gewünscht hat, vorher jeden Abend Zucker auf die Fensterbank legen. Mochten Störche denn Zucker? Kindern kam das damals alles schon sehr ungewöhnlich vor.

Kindsein heute: Sexualaufklärung im Vorschulalter

Kinder wissen heute, dass die Babys nicht aus dem Brunnen kommen. Kinder kennen heute auch keinen Klapperstorch mehr. Die Generation der heute Dreißigjährigen in unserem Kulturkreis wurde nicht mehr getäuscht über die Entstehung der Kinder und die Rolle der Sexualität. Sie wussten schon als kleine Kinder, dass ein Baby im Bauch der Mutter wächst. Und sie kamen hervorragend damit zurecht. Ein wenig unsicher sind manche Eltern auch heute noch, wenn sie dem Kind erklären, wie das Baby in den Bauch hineinkommt und wie es dort drin entsteht. Doch unser Markt ist reich an Informationsmaterial, an kindgerechten Aufklärungsbüchern und -broschüren. Manche Eltern sagen dem kleinen Kind zunächst: «Damit ein Kind im Bauch wachsen kann, braucht es einen Mann und eine Frau.» Und später erklären sie dem Kind, dass beide sich lieben und dass der Vater mit seinem Penis Samen in die Scheide der Mutter gibt, damit ein Kind entstehen kann. Noch später fügen sie hinzu, dass dies beiden großen Spaß macht, auch wenn es keine Kinder geben soll. Hier setzt dann das Thema Verhütung ein. Manche Eltern erklären ihren Kindern, dass dieser Vorgang «sich lieben», «vögeln», «miteinander schlafen» heißt. Sexualkunde gehört in den Lehrplan der Schulen. Ein begrüßenswerter Fortschritt gegenüber unseren Großmüttern und Großvätern.

Graduell haben wir uns in einigen Lebensbereichen von Tabus emanzipiert, wie die Umbrüche in der Sexualaufklärung zeigen. Doch in vielen anderen Fragen des Lebens haben wir uns noch nicht von Traditionen verabschiedet. Alle Eltern bewegen sich zwischen dem modernen Anspruch auf Ehrlichkeit und Offenheit und der überlieferten Gewohnheit unserer Eltern, Großeltern und Urgroßeltern, mit Kindsein sei untrennbar verbunden, in vielen kleinen und großen Fragen des Lebens getäuscht zu werden.

Die schwarze Pädagogik unserer Vorfahren und das Einführen höherer Mächte zur Einschüchterung von Kindern

«Ich wurde mit 4 Jahren anlässlich des Besuches vom Nikolaus von meinem älteren Bruder vorher – zu meinem Glück – aufgeklärt, der Nikolaus sei eine Erfindung für die Kinder und unser Nikolaus sei in Wirklichkeit Tante Hilde (Männer waren damals in Kriegsgefangenschaft). Als der Nikolaus kam, sagte ich: ‹Du bist doch bloß die Tante Hilde.› Daraufhin wurde der Nikolaus zornig und schlug mit seiner Rute auf mich ein. Ich erschrak sehr. War der Nikolaus doch echt und ein unberechenbares, hoch gefährliches Wesen? Doch dann erkannte ich die Stimme meiner Tante, sah ihre Schuhe und wusste, dass mein Bruder die Wahrheit gesagt hatte. Ich war sehr erleichtert und bin noch heute meinem Bruder dankbar, dass ich als kleines Kind nicht getäuscht wurde!» (Eine 57-jährige Frau)

Ursprünglich Schutzpatron von Kindern, Schülerinnen und Schülern und Bekämpfer des Bösen, entwickelte sich die Nikolausfigur Mitte des 17. Jahrhunderts zur Prüfinstanz, bei der Kinder eingeschüchtert, gestraft, gezüchtigt oder belohnt wurden. Beigegeben wurde dem Nikolaus in dieser Zeit ein Knecht als gebändigter Teufel, der «Ruprecht, Krampus, Kinderfresser, in tierischer Gestalt Klapperbock und Habergeiß genannt wird» (Brockhaus-Enzyklopädie, Band 15, 1991, S. 618). Nicht die Eltern maßregelten und schlugen das Kind, sondern Knecht Ruprecht oder der Nikolaus. Die Eltern konnten in gutem Licht dastehen.

Ein heute Dreißigjähriger erzählte, dass in dem katholischen Kinderheim, wo er als Kind lebte, der Weihnachtsmann jedem Kind die «Schandtaten» des ganzen Jahres aus einem goldenen Buch vorlas. Bei den Kindern wurde der Eindruck erweckt, dass alles, was sie taten, von dieser mächtigen Instanz registriert wurde, dass nichts verborgen blieb.

Für Eltern früherer Generationen war das gezielte Belügen von Kindern ein willkommenes Mittel, diese zu ängstigen und einzuschüchtern und sich damit Macht und Respekt zu verschaffen. Alice Miller fasst in ihrem Buch *Am Anfang war Erziehung* die Instrumente der schwarzen Pädagogik zusammen: «Die Mittel der Unterdrückung des Lebendigen sind: Fallenstellen, Lügen, Listanwendung, Verschleierung, Manipulation, Ängstigung, Liebesentzug, Isolierung, Mißtrauen, Demütigung, Verachtung, Spott, Beschämung, Gewaltanwendung bis zur Folter.» (Miller, 1980, S. 77)

Kindern wurde der Wille gebrochen, sie wurden gefügig gemacht und zu autoritätsgläubigen Persönlichkeiten geprägt. Spontaneität, Lebendigkeit und Triebhaftigkeit sollten den Kindern «ausgetrieben» werden. Das Kind wurde nur selten als vollwertiger Mensch mit Würde und Menschenrechten geachtet.

Erich Kästner hat in einer Zeit, als Unterdrückung von Kindern noch üblich war, ein Signal gesetzt. Er hat in seinen herrlichen Kinderbüchern das Kind als kreativen, eigenständigen, dem Erwachsenen teilweise überlegenen, vollwertigen kleinen Menschen dargestellt. Emil, Pünktchen und Anton und das doppelte Lottchen zeigen sich in wichtigen Lebensfragen klüger, ursprünglicher, mutiger und kompetenter als die Erwachsenen. Hier ein kleiner Auszug aus dem 1949 erschienenen «Doppelten Lottchen»:

«Warum», fährt Lotte grübelnd fort, «haben sie uns nie erzählt, daß wir gar nicht einzeln, sondern eigentlich Zwillinge sind? Und warum hat Vater dir nichts davon erzählt, daß Mutti lebt?» «Und Mutti hat dir verschwiegen, daß Vati lebt!» Luise stemmt die Arme in die Seiten. «Schöne Eltern haben wir, was? Na warte, wenn wir den beiden einmal die Meinung geigen! Die werden staunen!» «Das dürfen wir doch gar nicht», meint Lotte schüchtern. «Wir sind ja nur Kinder!» «Nur?» fragt Luise und wirft den Kopf zurück. (Kästner, 1998, S. 182)

Durch die Einflüsse der Studentenrevolte 1968/69 fanden bei uns die Thesen der so genannten antiautoritären Erziehung weite Verbreitung. A. S. Neill leitete in England das Internat Summerhill und schuf den Begriff des «freien Kindes». Er wollte, dass Kinder nicht mehr durch

Autoritätsgläubigkeit eingeschüchtert und deformiert werden. Neill kämpfte für den ehrlichen Umgang mit Kindern. Er schrieb: «Daß Kinder als aufrichtige Wesen geboren werden, ist vielleicht die wichtigste Entdeckung, die wir in Summerhill gemacht haben.» (Neill, 1980, S. 120) Neill wendet sich gegen die Einflüsse von Mystizismus und Religion. «Ich persönlich habe nichts gegen einen Menschen, der an Gott glaubt – ganz gleich an welchen Gott. Ich habe jedoch etwas gegen jene, die ihren Gott als Autorität ansehen, die ihnen auferlegt, Wachsen und Glück des Menschen einzuengen.» (Neill, 1980, S. 226) «In das Leben des Kindes Angst zu bringen, ist das schlimmste Verbrechen überhaupt. Es wird für immer nein zum Leben sagen, wird sich immer minderwertig fühlen, immer feige sein.» (Neill, 1980, S. 230)

Das magische Denken der Erwachsenen: Irrationalität und Aberglaube

Der Begriff «magisches Denken» enthält den Wortstamm Magie und geht davon aus, bestimmte Ereignisse seien durch übernatürliche Kräfte bedingt, durch Zauber veränderbar oder durch Orakel vorhersehbar. Es war ein großes Bedürfnis unserer Vorfahren, große Naturereignisse nicht als gegeben hinzunehmen oder sie naturwissenschaftlich zu erklären, sondern ihre Verursachung höheren Mächten zuzuschreiben. In vielen Kulturen wurden Tiere geschlachtet oder grausame Menschenopfer gebracht, um Götter gnädig zu stimmen. Seit Jahrtausenden hat das magische und mystische Denken Menschen beherrscht. Es wurde von Generation zu Generation weitergegeben. Weil magisches Denken von unseren Vorfahren nicht überwunden wurde, wirken irrationale Gebote unserer Eltern, beispielsweise als Aberglaube, aus unseren Kindertagen in uns weiter.

Noch heute können manche von uns am Morgen nicht nach Lust und Laune unter der Dusche singen, weil wir von unserer Mutter zu hören bekamen: «Vögel, die am Morgen singen, holt am Abend die Katze!» Oder wir können am Abend nicht unbesorgt den Mond genießen, weil die elterliche Weissagung noch in uns wirkt: «Wer in den Vollmond schaut, den erwartet bald Unglück.» «Schäfchen zur Linken, Glück soll dir winken», haben ebenfalls viele verinnerlicht. Begegnen sie einem Schornsteinfeger, so ist für viele Menschen der Tag gerettet. Fällt jemandem eine Scheibe Brot auf den Boden, so bedeutet dies, überraschend zu Geld zu kommen.

Eigentlich würden wir solche Verknüpfungen als verrückt, als psychotisch bezeichnen. Doch wir empfinden sie als normal. Wir haben es mit Resten einer Indoktrination aus unserer Kindheit zu tun, die nachhaltig gewirkt hat. Diese seit Jahrtausenden erzeugte tiefe Gefügigkeit im Menschen gegenüber vermuteten höheren Mächten und Instanzen hat einer Allianz aus Religion, Kapital und Staaten ermöglicht, dass Menschen weltweit ausgebeutet und beherrscht werden und sie sich dieser Beherrschung sogar häufig freiwillig unterziehen. Viele durch die Herrschaft von Menschen verursachte Notstände, Zerstörungen und Kriege werden uns in den Medien denn auch als schicksalhafte Ereignisse präsentiert.

Die moderne Esoterik befriedigt den Drang vieler Menschen, auf der Stufe des Glaubens an Zauberei aus unseren Kindertagen zu verharren. Viele wollen sich dadurch Entscheidungen und der Auseinandersetzung mit realen gesellschaftlichen und politischen Ereignissen entziehen und in eine Welt von oft simpler Fremdsteuerung flüchten. «Esoterik hilft dabei, den Menschen jeden emanzipatorischen Gedanken auszutreiben. Das hat in Deutschland Tradition. Wer sich entpolitisiert und nur noch mit sich selbst beschäftigt, Ausbeutung und Elend mit «Karma» rechtfertigt, Eliten anbetet, Sozialdarwinismus, höhere Wesen, naturgesetzliche Ordnungen und den Kosmos vergöttert, bekämpft alles, was den Menschen von Ausbeutung und Fremdbestimmung befreien könnte.» (Ditfurth, 1996, S. 7)

Kinder zwischen magischem und realistischem Denken

Die 4-jährige Angelina ist Einzelkind. Sie hat bis jetzt nie angezweifelt, dass das Christkind die Weihnachtsgeschenke bringt. Doch diesmal stellt sie fest: «Wo hat das Christkind das Geld her? Es braucht sehr viel Geld, um im Laden für alle Kin-

der so schöne Spielsachen zu kaufen.» – «Das Christkind braucht kein Geld. Das kauft die Sachen nicht», erklärt der Vater. «Die arme Verkäuferin. Die muss ihre Sachen umsonst dem Christkind geben?» – «Das Christkind holt die Sachen nicht im Laden», beharrt der Vater. Angelina fragt nicht weiter.

Es irritiert junge Kinder, dass ihre Eltern ernsthaft erklären, die ersehnten Spielsachen, die sie oft genug im Kaufhaus und im Werbefernsehen gesehen haben, seien Weihnachten vom Christkind gebracht worden. Da ein Kind von vier Jahren schon kritikfähig ist, bleiben für Angelina nur zwei Wege: sich auf eigene Wahrnehmungen entgegen den Behauptungen des Vaters zu verlassen und sich dabei innerlich ein Stück vom Vater zu entfernen, oder die Glaubwürdigkeit ihrer Eltern nicht anzuzweifeln, um sich nicht allein zu fühlen. So wird die Entwicklung des Kindes zur Kritikfähigkeit erschwert.

Auch der Kompromiss mancher Eltern, die ihrem Kind erklären, das Christkind hätte die Sachen im Kaufhaus besorgt und sie hätten ihm dafür Geld gegeben, bleibt unbefriedigend. Das Kind wird durch kleine Zusatzlügen nicht ermutigt, ein klares Bild von der Welt zu entwickeln.

Die Kinderanalytikerin Françoise Dolto war eine engagierte Befürworterin, Kindern die Wahrheit zu sagen. Sie erklärte ihrem Sohn im Kindergartenalter folgendermaßen, dass der Weihnachtsmann ein Mythos ist: «Wenn man klein ist, ist man froh darüber, denken zu können, daß Heinzelmännchen oder Riesen existieren können. Du weißt natürlich, daß es in Wirklichkeit keine Heinzelmännchen gibt und die Riesen aus den Märchen auch nicht … Der Weihnachtsmann … ist nicht lebendig. Nur um Weihnachten herum lebt er auf, und zwar in den Herzen aller derjenigen, die für die Feier mit ihren kleinen Kindern eine Überraschung haben wollen. Und alle Erwachsenen trauern ihrer Kindheit nach. Deshalb mögen sie den Kindern so gern sagen: Das ist der Weihnachtsmann …» Ihr Sohn antwortete nach einer Weile: «Erst jetzt, wo ich weiß, daß er nicht wirklich existiert, finde ich ihn toll, den Weihnachtsmann.» (Dolto, 1997, S. 109)

Die zentrale Frage der Kinder: Was gibt es «in echt» und was nicht?

Die 5-jährige Denise kommt am Vormittag des Weihnachtsabends ganz aufgeregt zur Mutter gelaufen und ruft: «Mama, gerade eben habe ich das Christkind vorbeifliegen sehen!» Die Mutter zögert einen Moment. Soll sie dem Kind sagen, dass es gerade die Unwahrheit gesprochen hat? Aber sie entscheidet sich, dem Kind die Freude nicht zu verderben, und sagt: «Wie wunderschön für dich, dass du das Christkind gesehen hast!»

Als die Mutter mir die Geschichte erzählt, fügt sie hinzu: «Eigentlich wussten wir beide, dass es nicht stimmte.» Aber es ist noch viel mehr geschehen: Denise' Aussage, sie hätte das Christkind gerade gesehen, ist einerseits Wunschphantasie, andererseits eine Art Test. Sie will Gewissheit, ob ihre Mama an die Existenz des Christkindes glaubt. Mit ihrer Antwort vermittelt die Mutter dem Kind, dass es wirklich ein Christkind geben könnte. Doch auch die Mutter liegt nicht falsch in ihrem Gefühl, dass beide Bescheid wissen. Beide sind sich einig, dass das Christkind in die Welt des Glaubens und der Phantasie gehört. Und in dieser Welt darf man auch flunkern, sich etwas ausdenken.

Die erweiterte Vorstellungskraft, der Glaube an Phantasiegestalten gehören entwicklungsbedingt zur Lebenswelt kleiner Kinder. Wir Erwachsenen genießen die damit verbundene Freude und Aufregung der Kinder, wir gehen nur allzu gern mit ihnen in die Welt der Zauberfiguren, des Mythos und des Glaubens.

Das System von Ursache und Wirkung ist für Kleinkinder unter drei Jahren nicht erfassbar. Wenn wir einem Kleinkind mit einer Handpuppe vorspielen, so erlebt es diese als lebendig und ist fasziniert und begeistert. Es kann und will den Zusammenhang nicht herstellen, dass der Erwachsene der Verursacher der Bewegung und der Sprache ist. Der Stuhl, von dem das Kind heruntergefallen ist, ist «böse». Die Stofftiere werden im Spiel des Kindes lebendig, ein Auto lebt ebenfalls ein bisschen. Das Kleinkind verknüpft fast alle Ereignisse des Lebens mit einem bestimmten Zweck: Die Sonne scheint, weil sie uns wärmt. Es regnet, damit die Blumen wachsen können. Unerklärliche Erscheinungen werden schnell höheren Kräften zugeschrieben.

Familie Meyer hat sechs Kinder zwischen 4 und 14 Jahren. In ihrer Familie gibt es folgendes Ritual: Wenn ein Kind einen Milchzahn verliert, so wird dieser abends auf den Nachttisch gelegt. Über Nacht kommt dann die «Zahnfee» und tauscht den Zahn in ein Eurostück um.

In anderen Familien kommt ein kleines Mäuschen, das die Milchzähne über Nacht aufsammelt, die dem Kind am Tag ausgegangen sind. Solche Erfindungen gefallen den Kindern sehr, solange Kinder und Erwachsene das ausgesprochene oder stillschweigende Übereinkommen haben, dass es sich um *ausgedachte* und *erfundene* kleine oder größere Mächte und Gestalten handelt.

Wenn Erwachsene die fremden Gestalten als real existierend darstellen, so kann ein Kind leicht auch zu einem besonders ängstlichen Kind werden. Überängstliche Kinder haben häufig eine geschwächte Einschätzung der Realität. Die Welt und das Leben sind nicht überschaubar genug. Für sie können in jedem Moment unvorhersehbare Geschehnisse, fremde Mächte Einfluss auf sie nehmen und sie erschrecken. Für sie ist die Welt verwirrend und bedrohlich, weil ja auch die Eltern offensichtlich nichts dagegen tun können, wenn im Dunkeln fremde Wesen in ihr Zimmer eindringen. Solche Kinder haben die gefühlsmäßige Sicherheit verloren, was real ist und was erfunden, weil ihre Eltern die Fähigkeit ihrer Kinder geschwächt haben, Ausgedachtes und Reales voneinander zu unterscheiden.

Kinder von drei bis sechs Jahren setzen sich außerordentlich stark mit dem Thema auseinander, was ist «echt» und was nur «gespielt» oder «ausgedacht» ist. Kinder befinden sich dabei in einem ständigen Prozess des Ausprobierens, sie vollbringen die reinste Detektivarbeit, um für sich selbst zu klären, was Phantasie und Wirklichkeit ausmacht. Dabei sind sie ganz stark auf Orientierungspersonen angewiesen. Je älter die Kinder dann werden – mit über sechs Jahren –, desto besser können sie die Realität auch entgegen den bisherigen Regeln und Geboten der Erwachsenen wahrnehmen und sich ein Bild von der Welt machen.

Die Klugheit der Kinder, zwischen realer und magischer Welt zu trennen

Der bedeutende Kinderpsychologe Jean Piaget (1896–1980), der um die Verletzlichkeit der kindlichen Seele wusste, wollte seine Kinder ganz ohne magische Gestalten groß werden lassen. Und er wurde überrascht. Seine Kinder erfanden dennoch böse Riesenvögel. Die saßen in den Bäumen des Gartens und die Kinder mussten ihnen ausweichen (vgl. Schenk-Danzinger, 1994, S. 164). In der heutigen Zeit der modernen Medien gibt es für Kinder eine ungeahnte Zahl von Phantasiegestalten, angefangen bei Ernie bis hin zu Monstern, Vampiren und Außerirdischen. Wie können Kinder bei einer solchen Ansammlung von irrealen Gestalten und Mächten noch einigermaßen beruhigt groß werden?

Es gibt eine einfache Erklärung dafür: Kinder können zwischen realer und magischer Welt trennen, wenn sie nicht durch Erwachsene verunsichert werden. Sie verfügen über ein feines Gespür, Wirklichkeit und Phantasie auseinander zu halten, und wissen, in welcher der beiden Welten sie sich gerade bewegen.

Die 3-jährige Kerstin wirft ihren Teddy beim gemeinsamen Aufräumen in eine Ecke. Der Vater sagt: «Das tut dem Teddy doch weh, Kerstin.» Kerstin antwortet: «Nicht in echt, Papa, der ist doch bloß aus Stoff.»

Das Stofftier, das eben noch ein lebendiges Tier war, wird plötzlich weggeworfen, weil das Kind genau weiß, dass es nicht lebendig ist. Das Kind geht hinein in die Welt, in der Gegenstände mit Leben ausgestattet werden, und es kehrt zurück in die Wirklichkeit und weiß, dass die Gegenstände nicht leben. Lesen wir einem Kind ein Märchen vor, so ist ihm schon früh klar, dass es sich um eine ausgedachte Geschichte handelt, in der Dinge geschehen, die es nicht wirklich gibt. Aber das können Kinder nur dann, wenn die nahen Erwachsenen sie nicht durcheinander bringen. Beunruhigend wird es, wenn der oder die Erwachsene irreale Instanzen für vorhanden erklärt, von denen das Kind eigentlich angenommen hat, sie seien der Vorstellungswelt entsprungen. Denn dann wird die Fähigkeit des Kindes, zu unterscheiden, ob es sich gerade in der Phantasiewelt befindet oder nicht, von einem Erwachsenen, den es liebt und an dessen Worten es nicht zweifelt, außer Kraft gesetzt.

Auch wenn das Kind intensiv in eine Rolle schlüpft, so weiß es gleichzeitig, wer es in Wirklichkeit ist. Wir kennen solche Situationen: Ein Kind spielt, es sei ein Hund. Wenn dann die Mutter oder der Vater ganz ernsthaft mitspielen und sagen: «Komm, wir gehen jetzt Gassi», dann tritt das Kind aus seiner Rolle heraus und weist darauf hin: «Ich bin doch nicht in echt der Hund.» Es befürchtet einen Moment lang, den Erwachsenen sei die Trennung zwischen Phantasie und Wirklichkeit nicht gelungen und sie könnten das Kind tatsächlich für einen Hund halten. Das Kind weiß, dass es sich selbst gerade in der Vorstellungswelt bewegt. Es braucht die Sicherheit, dass der Erwachsene ebenso weiß, ob er sich in der Phantasiewelt oder der wirklichen Welt befindet.

Ich glaube dran, weil es Spaß macht und weil ich noch klein bin

Der 10-jährige Marco sagt zum 6-jährigen Sebastian: «Es gibt kein Christkind und auch keinen Osterhasen.» «Und wenn schon», sagt Sebastian: «Ich glaube trotzdem noch, dass es ein Christkind gibt und ich glaub auch an den Osterhasen. Ich glaube dran, weil das Spaß macht und weil ich noch klein bin.»

Sebastian weiß, dass es Christkind und Osterhase nicht in Wirklichkeit gibt. Dennoch genießt er das von den Erwachsenen inszenierte Ritual und will es noch aufrechterhalten. Sebastian ist nicht ausgeliefert oder unwissend. Dieser Junge hat eine bewusste Entscheidung getroffen. Gleichaltrige und ältere Geschwister sind eine gute Korrektur in den Glaubensfragen um Weihnachtsmann und Osterhase. Sie helfen den Kindern, neben dem Normensystem der Eltern ein zweites Normensystem aufzubauen, das Regelsystem der Kinderwelt, in welchem Gewissheit darüber angestrebt wird, was erfunden ist und was nicht.

Manche Kinder befinden sich mittendrin im Prozess, sich einen realen Eindruck von der Welt und den Zusammenhängen zu machen und sich gleichzeitig noch nach den Vorgaben der Eltern zu richten:

In der Familie von Hannes, 6 Jahre, verkleidet sich alljährlich der Onkel zum Weihnachtsmann. Bei einem gemütlichen Zusammensein an den Feiertagen sagt Hannes plötzlich zum Onkel: «Du hast dieselbe Stimme wie der Weihnachtsmann.» Die Oma fragt Hannes: «Du glaubst doch an den Weihnachtsmann?» Hannes: «Oma, du kannst beruhigt sein, ich glaube an den Weihnachtsmann, weil die Mama sagt, dass es ihn gibt und weil sie es will.»

Hannes hat längst die Realität erkannt: Mit detektivischer Sicherheit hat er die Stimme des Onkels mit der des Weihnachtsmannes identifiziert. Aber er will sich auch noch nicht von den Leitlinien seiner Mutter verabschieden. So lebt er auf beiden Ebenen gleichzeitig und ist sich dessen sogar bewusst!

Konsequenzen für unseren Umgang mit dem magischen Denken unserer Kinder

- Die Fähigkeit, zwischen der Welt der realen Erfahrungen und der Welt des Erfundenen zu unterscheiden, schwankt beim einzelnen Kind je nach Reife und Alter und hängt davon ab, wie es von den ihm nahe stehenden Menschen beeinflusst wird. Erwachsene sollten es in diesem feinen Gespür nicht verwirren. Wenn Eltern sich auf die Stufe der Phantasie begeben, so sollte dies für die Kinder erkennbar sein.
- Wir tragen zur Ichstärkung, zum Selbstbewusstsein, zur Kreativität und zur Eigeninitiative unserer Kinder bei, wenn wir das frühkindliche Be-

dürfnis, magisch zu denken, achten, aber das Kind sanft ermutigen, seinen Wahrnehmungen zu trauen. Andererseits sollten wir Kindern ihre Phantasien nicht ausreden oder als Lüge entlarven. Wir können z. B. sagen: «Ich kann verstehen, dass du an Vampire glaubst, aber sie sind eine Erfindung. Es gibt sie nicht in echt.»

- Nikolaus oder Knecht Ruprecht sollten nicht länger ängstigende Autoritätsfiguren sein und nicht mehr dazu benutzt werden, Hilfserzieher für die Eltern zu sein, um das Kind einzuschüchtern oder zu disziplinieren.
- Osterhase und Nikolaus müssen nicht etwa abgeschafft werden. Wir können unseren Kindern sagen, dass es sich um eine Welt in unserem Herzen und in unseren Wünschen handelt.
- So wie wir heute viel besser ohne Klapperstorch leben, können Kinder auch ohne Christkind, Weihnachtsmann oder Osterhase ein ereignisreiches und spannendes Leben führen. Viele Eltern behalten denn auch die christlichen Rituale bei, erzählen jedoch ihren Kindern, dass sie die Geschenke unter den Weihnachtsbaum gelegt haben oder dass sie Ostern die Eier verstecken. Das tut der Spannung und der Vorfreude der Kinder keinen Abbruch. Sie haben an den Ritualen Freude und Spaß, aber sie werden nicht in ihrem Gespür verunsichert, was wirklich und was erfunden ist.

«Bestimmte Geheimnisse, die nichts mit etwas Geheimem zu tun haben, sind nicht nur nützlich, sondern sogar notwendig für die Gestaltung des Familienlebens und die Entwicklung der Persönlichkeit der einzelnen Familienmitglieder, der Erwachsenen ebenso wie der Kinder. Sie errichten gewisse Schranken und ziehen Grenzen, vor allem zwischen den verschiedenen Generationen und Geschlechtern.»
(Tisseron, 1998, S. 36)

Die Beteiligung unserer Kinder an Realitäten des Lebens

Die bevorstehende Impfung

Eine Mutter muss mit ihrem 3-jährigen Sohn zur Ärztin. Sie denkt: «Das lange Warten im Wartezimmer wird ohnehin stressig. Also sage ich ihm lieber noch nicht, dass er heute eine Spritze bekommen wird.» Sie hält die unangenehme kleine Information möglichst lange zurück und sagt erst im Sprechzimmer: «Jetzt bekommst du eine Spritze!»

In einer anderen Familie hat der Vater am Morgen seiner 3-jährigen Tochter beim Anziehen eröffnet: «Heute gehen wir zur Ärztin. Du wirst eine Spritze bekommen. Das tut einen Moment lang weh und dann ist es wieder vorbei.» Das Mädchen spielt bis zum Aufbruch mit seinem Arztkoffer, gibt seinen Puppen und den Stofftieren Spritzen und erklärt ihnen: «Das tut jetzt ganz doll weh. Aber das ist gleich wieder vorbei.» Im Wartezimmer fragt sie: «Warum müssen Kinder Spritzen bekommen?» Der Vater antwortet: «Durch die Impfung wird dein Körper stark und ist vor bestimmten schlimmen Krankheiten geschützt.» Die Dreijährige erwidert: «Lieber soll die Spritze mir doll wehtun und ich bekomme diese blöden Krankheiten nicht.» Der Vater tröstet: «So sehr tut die Spritze auch wieder nicht weh, und es geht auch schnell vorbei.»

Die Mutter im ersten Beispiel will ihren Sohn nicht vorzeitig beunruhigen, das Unangenehme möglichst lange fern halten. Der Vater im zweiten

Beispiel hat seinem Kind zugemutet, sich länger mit dem bevorstehenden unangenehmen Ereignis zu befassen. Der kleine Junge kann recht unbesorgt zur Ärztin gehen. Das kleine Mädchen hingegen ist aufgeregt. Beide Kinder machen eine ganz bestimmte Grunderfahrung für ihr Leben. Dem kleinen Mädchen wurde Verantwortung für eine Situation, die es selber angeht, übertragen. Durch die frühzeitige Information hat sie das Bevorstehende bereits an ihren Puppen und Stofftieren «bearbeitet». Sie lernt, eine Spannungssituation durchzustehen, und erfährt den Kontrast zwischen der Aufgeregtheit vorher und der Erleichterung hinterher. Der kleine Junge hat erlebt, dass ihn seine Mutter ganz kurzfristig mit einer unangenehmen Situation konfrontiert. Er hat gelernt, dass seine Mutter einfach etwas über seinen Kopf hinweg geregelt hat.

Alle Erwachsenen, die mit Kindern leben, stehen täglich mehrfach vor ähnlichen Entscheidungen: Halte ich bestimmte Informationen möglichst lange von meinem Kind fern? Oder beziehe ich das Kind frühzeitig mit ein? Eltern, die ihr Kind schon aus kleinen Belastungen des Lebens heraushalten wollen, ermöglichen ihm zu wenig, sich unbequemen Wirklichkeiten zu stellen. Auch die Entwicklung zur Selbständigkeit und Selbstverantwortung sowie das Grundgefühl, ein eigener kleiner Mensch mit Kümmernissen und Freuden zu sein, wird von den Müttern und Vätern erschwert, die ihr Kind zu spät über bevorstehende unangenehme Ereignisse unterrichten.

Wichtig ist allerdings, präzise Ankündigungen zu machen. Durch Verharmlosung einer für das Kind aufregenden Situation wird das Vertrauen zwischen Erwachsenen und Kind erschüttert. Hier ein Beispiel:

«Als ich etwa 4 Jahre alt war, wurde bei uns im Dorf die Pockenschutzimpfung durchgeführt. Meine Mutter sagte gegen Abend: ‹Komm, Hilde, wir gehen jetzt noch schnell zum Impfen. Du brauchst keine Angst zu haben. Es tut überhaupt nicht weh.› Im Gemeindehaus waren viele Menschen. Wir mussten uns in einer Reihe aufstellen. Als der Arzt mich am Oberarm ritzte, schrie ich fürchterlich. Natürlich hatte es wehgetan! ‹Na, so schlimm kann das doch nicht gewesen sein›, sagte der Arzt spöttisch. Was wusste der schon, warum ich weinte! Es war nicht der Schmerz, der mich zum Weinen gebracht hatte. Es war die heftige Enttäuschung über meine Mutter, die behauptet hatte, es täte überhaupt nicht weh. Hätte sie gesagt: ‹Es wird ein bisschen wehtun›, dann hätte ich nicht weinen

müssen. Ich fühlte mich von ihr getäuscht und schämte mich vor dem Arzt.» (Eine 59-jährige Frau).

- Das Kind, das sich bewusst einer unangenehmen Situation stellen kann, ist gut vorbereitet auf sein späteres Leben. Sein Orientierungssinn, seine Fähigkeit zu planen und sein Zeitgefühl werden gestärkt.
- Natürlich brauchen Kinder Unterstützung und Begleitung bei der Verarbeitung und Klärung der bevorstehenden Ereignisse: durch Zuhören und Miteinander-Reden bekommen sie Klarheit über das zu Erwartende. Dies hilft ihnen, ihre Spannung zu bewältigen.

Erste Verabschiedung – offen oder heimlich?

Zwei allein erziehende Mütter helfen sich gegenseitig bei der Betreuung ihrer 2-jährigen Töchter Carla und Leonie. Carla hatte beim ersten Trennungsversuch der Mutter sehr geweint. Deshalb legt die Mutter beim nächsten Mal die Kleine zuerst schlafen. Dann verlässt sie die Wohnung der Freundin. Als Carla aufwacht, erklärte ihr die Freundin der Mutter: «Deine Mama kommt bald wieder.» Carla weint nicht, reagiert unauffällig, beschäftigt sich. Als die Mutter zurückkommt, nimmt Carla kaum Notiz von ihr. Zu Hause ist Carla später gereizt, haut auf die Mutter ein, schreit, will nicht ins Bett.
Die Mutter von Leonie entfernt sich lieber vor den Augen ihres Kindes. Leonie weint sehr, erwidert jedoch zögernd das Abschiedswinken der Mutter. Nach einer Weile fängt sie sich und spielt mit Carla. Als ihre Mutter wiederkommt, fliegt ihr Leonie in die Arme. Die beiden verbringen einen zufriedenen Abend miteinander.

Beide Kinder vermissen ihre Mütter während der Trennung, und doch haben sie sehr verschiedene Erfahrungen gemacht. Leonie weint zwar bitterlich, als die Mutter fortgeht. Aber sie weiß, was gerade geschieht. Sie konnte ihren Schmerz offen zeigen. Als die Mutter wiederkommt, kann sich Leonie vertrauensvoll in ihre Arme werfen. Carlas Mutter will die Tränen vermeiden, hat sich aber durch ihre Heimlichkeit weiter vom Kind entfernt, als ihr das bewusst ist. Es kommt zwischen Kind und Mutter zu einer Unterbrechung ihrer guten Verbindung.

Als Carla nach dem Mittagsschlaf merkt, dass die Mutter fort ist, weint sie nicht. Schließlich ist diejenige verschwunden, an deren Adresse sie den Schmerz hätte richten können. Carla hat gleich zweimal Schweres zu bewältigen: die Trennung und dass die Mutter sie überlistet hat. Vielleicht gibt sie sich selbst Schuld, dass sie nicht gemerkt hat, wie die Mutter verschwand. Nach der Rückkehr kann Carla nicht erleichtert reagieren. Sie ist gekränkt, verwirrt und enttäuscht. Sie hat Angst, sich ihrer Mutter wieder zu nähern, denn dasselbe könnte ja erneut passieren und es täte dann wieder sehr weh.

➡ Der Versuch von Carlas Mutter, den Abschiedsschmerz zu vermeiden, ist für das Kind belastender, als wenn es hätte erleben können, wie die Mutter fortgeht. Wenn wir seelischen Schmerz und Tränen zulassen, bleiben wir dabei lebendig. Dies gibt uns neue Kraft. Das geht auch Kindern so.

➡ Natürlich müssen alle Eltern grundsätzlich für sich entscheiden, wann sie ihrem Kind Trennungserfahrungen zumuten wollen. Muss eine Mutter sich schon von ihrem Kind unter einem Jahr trennen, so sollten dies möglichst kurze Zeiträume sein. Von Bedeutung ist auch, ob dem Säugling die Umgebung und die Betreuungsperson vertraut sind. Langsame Eingewöhnungszeiten, kleine Schritte sind ganz wichtig. Wenn Eltern ihr Kind in Tagespflege oder in eine Krippe geben müssen, so sollten sie einige Male mit dem Kleinkind in der neuen Umgebung bleiben. Zuerst sollten sie sich nur ganz kurz, nach und nach dann länger entfernen.

➡ Ist der Umgebungs- und Bezugspersonenwechsel zum Ritual geworden, dann kann ein Kind die Trennungen allmählich überbrücken. Es benötigt dafür viel Kraft, aber es nimmt langfristig keinen seelischen Schaden, wenn seine Eltern in der restlichen Zeit für das Kind zuverlässig verfügbar sind.

➡ Wichtig ist die offene Kommunikation. Heimliches Verschwinden wirkt sich langfristig schädlicher aus als die zugelassenen Tränen, weil das Kind sich übergangen und überlistet fühlt und dadurch sein Vertrauen und seine emotionale Sicherheit in Mutter oder Vater geschwächt werden.

Der bedrückende Brief vom Vermieter

Die allein erziehende Mutter von Lukas hat von ihrem Vermieter einen ärgerlichen Brief bekommen. Sie regt sich auf, allein mit allen Alltagsanforderungen dazustehen. Sie weint, während Lukas im Kindergarten ist. Auf dem Weg zum Kindergarten nimmt sie sich fest vor, Lukas nichts von ihrer Verzweiflung merken zu lassen. Sie beschließt, den Brief überhaupt nicht zu erwähnen. Als sie im Kindergarten ankommt, ist Lukas vergnügt. Die Erzieherin lobt das Kind.

Kinder sind feiner als Seismographen in der Wahrnehmung der Stimmungslage ihrer Eltern. Lukas spürt, dass die Mutter bedrückt ist. Junge Kinder beziehen zunächst einmal alles auf sich. Lukas vermutet, die Spannung der Mutter hätte mit ihm zu tun. Ihre schlechte Stimmung steckt ihn an.

Zu Hause läuft er rastlos durch die Wohnung, bleibt nicht lange bei einer Beschäftigung, schafft geschwind ein großes Durcheinander. Die Mutter schimpft und sagt: «Ich verstehe nicht, was heute mit dir los ist.» Doch Lukas weiß keine Antwort. Er stößt sich bei einer seiner Aktivitäten den Kopf und schreit wütend. Die Mutter will ihn trösten, doch er wehrt sich, kann den Trost nicht annehmen.

Lukas hat gemerkt, dass etwas Unangenehmes in der Luft liegt. Er fühlt sich jetzt genauso niedergeschlagen wie seine Mutter und steigert durch seine schlechte Laune das Unbehagen der Mutter. Manchmal nehmen Erwachsene ihr Unbehagen selbst noch nicht wahr, doch die Stimmung des Kindes schlägt schon um.

Es gibt zwei Möglichkeiten für die Mutter, mit der Konfliktlage umzugehen:

➡ ***Variante 1:*** Das Kind bekommt die gesamte Wahrheit mitgeteilt. Die Mutter sagt zu Lukas: «Wir beide haben heute ganz verschiedene Sachen erlebt. Du hattest einen schönen Vormittag im Kindergarten. Ich hingegen habe einen Brief vom Vermieter bekommen, der mich aufgeregt hat. Wenn ich jetzt schlechte Laune habe, so hat das überhaupt nichts mit dir zu tun.»

Bei dieser Variante hat Lukas Klarheit. Mutters Stimmung hat nichts mit ihm zu tun. Der Nachteil kann möglicherweise sein: Die Mutter hat

dem Kind ein Stück Sorge «mit aufgebürdet». In Lukas wird das Bedürfnis geweckt, der Mutter zu helfen. Hier braucht Lukas Entlastung: «Du brauchst mir dabei nicht zu helfen. Ich weiß mich schon zu wehren.»

Für Lukas ist wichtig, dass die Mutter zügig mit der Konfliktbewältigung beginnt und dass es ihr wieder besser geht, wenn sie z. B. beim Mieterverein war. Dadurch hat Lukas erlebt, dass die Mutter zunächst traurig und betroffen war, aber auch wieder einen Weg gefunden hat, mit der schwierigen Situation zurechtzukommen. Diese Variante ist für Kinder gut verkraftbar, wenn die Erwachsenen sich nicht unterkriegen lassen und bald einen Lösungsweg suchen.

➠ ***Variante 2:*** Dem Kind wird der Auslöser für die schlechte Stimmung der Mutter nicht mitgeteilt. Lukas bekommt nur die Information, dass es sich um einen Ärger handelt, der nichts mit ihm zu tun hat: «Ich bin im Augenblick schlecht drauf, weil ich mich wegen Erwachsenensachen ärgern musste. Das hat überhaupt nichts mit dir zu tun. Wenn du im Kindergarten mit einem anderen Kind Ärger hast, bist du auch allein dafür zuständig. So bin ich für Erwachsenenprobleme zuständig.»

Auch an Variante 2 ist vorteilhaft: Das Kind kann zwischen seinen guten Gefühlen und der bedrückten Stimmung der Mutter unterscheiden. Es täuscht sich nicht, dass die Mutter schlechte Laune hat. Hinzu kommt der Hinweis: Jeder muss Probleme in seiner Welt lösen. Doch es gibt auch hier einen Nachteil: Möglicherweise werden Spekulationen und Unruhe im Kind ausgelöst. Vielleicht versucht das Kind sogar, sich gegen diese Unruhe zu schützen, und entwickelt langfristig geringeres Interesse an den Angelegenheiten Erwachsener.

Ich empfehle Eltern, je nach Problemfeld sich mal für die eine, mal für die andere Variante zu entscheiden, damit das Kind sich beide Modelle der Konfliktbewältigung aneignen kann: Einbezogensein oder Herausgehaltenwerden. Die Möglichkeit, das Geschehen einzuordnen, entlastet das Kind. Beide Wege sind besser als das anfängliche Vorhaben der Mutter, überhaupt nichts zu sagen.

Wenn Eltern ihren Kindern zu viel Verantwortung übertragen

Der Vater der 12-jährigen Nadja und des 14-jährigen Marius wurde mit dem Notarztwagen ins Krankenhaus gebracht. Diagnose: Herzinfarkt. Mutter und Kinder besuchen den Vater täglich in der Klinik und sind froh über seine Fortschritte. Nach einer Kur geht das Alltagsleben langsam wieder los. «Ich bin dem Tod noch einmal von der Schippe gesprungen», sagt der Vater, «jetzt will ich mein Leben genießen.» Die Mutter sorgt sich ständig um ihn. Zum 14-jährigen Marius sagt sie: «Rede mit deinem Vater, dass er nicht so ungesund essen darf. Sag deinem Vater, er darf nicht so viel Wein trinken.» Zur Tochter sagt sie: «Deine Freundinnen können nicht mehr kommen, wenn der Papa zu Hause ist. Er braucht absolute Ruhe. In der Schule musst du besser werden, sonst regt sich der Papa auf, nicht dass er wegen dir einen zweiten Herzinfarkt bekommt! Du weißt, der kann tödlich sein.»

Wenn ein Elternteil schwer erkrankt, dann ist dies auch für die Kinder eine Katastrophe. Die Kinder, die Mutter und der Vater sind mit der Begrenztheit des Lebens in Berührung gekommen. Die Angst, den Vater für immer zu verlieren, beherrscht die Familie. Alle müssen ihr Leben umstellen.

Die Mutter redet ihren Kindern ein, es würde in ihrer Macht stehen, die Gesundheit des Vaters zu erhalten oder zu gefährden. Es ist bereits eine falsche Verknüpfung, an Nadja zu appellieren, sie müsse in der Schule besser werden, um Vaters Gesundheit nicht zu gefährden. Sie sollte lernen, sich selbst zuliebe und wegen ihrer Erfolge in der Schule tüchtig zu sein. Die Vorstellung, sie könne verantwortlich sein, wenn der Vater einen zweiten Herzinfarkt bekommt, ist für Nadja erdrückend. Wird er sterben, so werden Schuldgefühle schwer auf ihr lasten.

➡ Auf die Lebensweise des Vaters einzuwirken, obliegt nicht den Kindern. Hier werden Zuständigkeiten der Erwachsenen und der Kinder vertauscht und vermischt. Die Heranwachsenden können fürsorglich und rücksichtsvoll sein. Mehr nicht. Es ist auch in Ordnung, der Tochter den Besuch der Freundinnen zu verwehren, wenn der Vater zu Hause ist. Doch dies reicht bei weitem an Beiträgen, die Kinder leisten können, um auf die Gesundheit ihres Vaters Rücksicht zu nehmen.

➡ Die Mutter kann sich mit ihren jugendlichen Kindern aussprechen. Doch die Kinder können die Konflikte nicht lösen. Sie haben keinen Einfluss darauf, ob der Vater gesund lebt, vor allem haben sie keinen Einfluss darauf, ob oder wann der Vater stirbt.
In manchen Familien schieben Erwachsene ihren Kindern in destruktiver Weise Verantwortung oder Schuld für persönliche Krisen zu: «Wegen dir habe ich angefangen zu trinken» oder «Wegen euch ist unsere Ehe auseinander gegangen». Ich kenne eine Mutter, die ihrer Tochter ständig vorgeworfen hat: «Seit deiner Geburt geht es mir schlecht.» An einem solchen Vermächtnis tragen manche Menschen lebenslang.

Wie wir Konfliktfähigkeit und Verantwortungsgefühl unserer Kinder beeinflussen

In welchem Grad wir Kinder an Ereignissen beteiligen, ob wir sie heraushalten, wie wir sie in kleine und große Konflikte einbeziehen, prägt ihre Fähigkeit, sich Realitäten zu stellen oder davor zu flüchten. Vor Sorgen und Aufregungen mit Eltern oder Geschwistern, rechtlichen Auseinandersetzungen, Geldsorgen, Schulden, Problemen am Arbeitsplatz können wir kleine Kinder vielleicht noch recht gut abschirmen. Viele Konflikte lassen sich aber vor Kindern ab drei Jahren nicht mehr geheim halten, weil sie unsere Stimmung beeinflussen und stark in den Alltag hineinwirken.

Beziehen wir Kinder zu viel in alle Zweifel, Höhen und Tiefen, Stimmungen und Gefühle ein, dann entwickeln sie sich zu Menschen, die ein Übermaß an Nähe benötigen, die später ständig gebraucht werden wollen und immer in erster Linie für andere da sind. Werden Kinder zu stark entlastet, so lernen sie weniger gut, dass Stress und Konflikte zum Leben dazugehören und dass sie aktiv gelöst werden können.

Amerikanische Forscher haben in den letzten Jahren ein Phänomen untersucht, das sie «Resilienz» nennen. Menschen mit Resilienz haben ein so elastisches psychisches System, dass sie auch in dramatischen, belasteten Situationen nicht aufgeben und aktiv nach Lösungswegen suchen. Der Erlanger Psychologe Friedhelm Lösel untersuchte ehemalige

Heimkinder und fand dabei Erwachsene, die stabil und psychisch widerstandskräftig auf ihre schweren Kindheitserlebnisse reagiert haben. Sie hatten als Kind «Menschen, die ihnen als soziales Vorbild dienten und ihnen zeigten, wie Probleme konstruktiv gelöst werden können» (Psychologie Heute, Mai 1999, S. 23).

- Grad und Qualität, wie Eltern ihre Kinder an schmerzhaften Ereignissen, Sorgen und Konfliktlösungen beteiligen, wirken sich auf die persönliche Stärke, Widerstandskraft und Elastizität eines Menschen in schweren Lebenslagen aus. Kinder, die bereits früh angemessen an Problemlagen des Lebens beteiligt werden, reifen daran, lassen sich später bei der Realitäts- und Konfliktbewältigung nicht so leicht entmutigen.
- Wenn Eltern Kinder teilhaben lassen und sie weder verantwortlich für Erwachsenenprobleme machen noch Lösungswege von ihnen erwarten, dann wahren sie trotz Offenheit und Transparenz die Grenze zwischen den Generationen.

Positive Trennlinien in der Familie

Die 12-jährige Carlotta merkt sofort, wenn zwischen den Eltern Unstimmigkeiten sind. Sie sagt zu ihrem Bruder: «Komm, Ronnie, die Alten sind stinkig. Lass die mal unter sich, die haben was miteinander zu klären. Ich geh ein Eis essen. Kommst du mit?»

Diesen Jugendlichen sind die Konflikte ihrer Eltern vertraut, aber sie helfen ihnen nicht bei der Suche nach Lösungen. So bedeutungsvoll es ist, Kinder in vielen Fragen des Lebens einzubeziehen, so wichtig ist es auch, Grenzen in Familien zu wahren. Jeder in der Familie benötigt Entfaltungsspielraum. Wir brauchen erkennbare Grenzen um das Individuum und um unsere Familie herum. Jeder hat eine Intimsphäre. Werden Grenzen ganz aufgelöst, wird alles Private öffentlich, so ist dies für die betroffenen Menschen schwer aushaltbar. Hier gibt es in jeder Familie unterschiedliche Übereinkommen. Es ist «gesund», wenn nicht jeder in der Familie alles vom anderen weiß. Die sexuelle Beziehung der Erwachsenen gehört zur Intimsphäre des Paares. Eine Enttäuschung der Eltern auf der sexuellen Ebene geht die Kinder vom Inhalt her nichts an.

➡ Eine Mutter oder ein Vater kann beispielsweise zu den Kindern sagen: «Mama und Papa haben miteinander ein Problem, was nur uns beide betrifft. Es tut uns Leid, wenn wir schlechte Stimmung verbreiten. Es hat aber nichts mit euch zu tun. So etwas gehört zum Leben dazu. Das kommt manchmal vor. Am besten kümmert ihr euch nicht darum.»

Die Trennlinie zwischen den Generationen und den Geschlechtern verläuft in jeder Familie etwas anders. Heranwachsende Jungen und Mädchen vertrauen ihren Eltern häufig nichts über ihre Sexualität an. Wenn wir in unsere Kindheit und Jugend zurückdenken, dann wird uns so mancherlei einfallen, was wir ohne das Wissen unserer Eltern riskiert haben. Etwas zu erleben, woran die Eltern nicht teilhaben sollen, gehört für jedes Kind und für jeden Jugendlichen zur Reifung der Persönlichkeit und zur Selbstständigkeitsentwicklung. Hier ist es auch angemessen und erlaubt zu schwindeln. Tisseron weist in seinem Buch *Die verbotene Tür* darauf hin, dass Lügen mit einer positiven Grenzziehung zwischen Eltern und Kindern zu tun haben kann: «Der Augenblick, in dem ein kleines Kind zum ersten Mal lügt, ist von entscheidender Bedeutung. Es entdeckt, dass seine Eltern eben nicht seine Gedanken lesen können, und das beweist ihm, dass es eine eigenständige, unabhängige Persönlichkeit ist.» (Tisseron, 1998, S. 10)

Wie Eltern ihre Kinder vor den Paarkonflikten schützen können

Laura, 5 Jahre, ging nach einer Eingewöhnungszeit ein ganzes Jahr problemlos in den Kindergarten. Seit Mutter und Vater vor ein paar Tagen beim Frühstück stritten, weint sie jeden Morgen herzzerreißend. Sie ist gegenüber der Mutter besonders anhänglich und folgsam. Ganz anders der 2-jährige Philipp. Wenn die Mutter Philipp eine Grenze setzt, hört er nicht. Sie hat keine Erklärung dafür. Sie betont, dass sie beide Kinder gleich behandelt. Die Eltern suchen Beratung. Dort gestehen sie sich gegenseitig ein, dass sie unzufrieden miteinander sind. Die Mutter hält ihren Mann für zu passiv, er würde ihr zu viele Entscheidungen über-

lassen. Der Vater hingegen erlebt seine Frau als überkontrollierend, fühlt sich von ihr oft unter Druck gesetzt.

Ohne Absicht haben die Eltern ihre Kinder hier in ihre Spannungen auf der Paarebene miteinbezogen. Fast alle Kinder übernehmen bei Paarkonflikten ihrer Eltern eine regulierende Rolle. Sie mischen sich ein und suchen aktiv Wege aus der Krise. Sie tun viel, um eine Balance in ihrer Familie herzustellen.

Durch die Unzufriedenheit mit seiner Partnerin hat es dem Vater gefallen, wenn der kleine Philipp sich der Mutter widersetzte, so wie der Vater es eigentlich auch gern öfter machen würde. Und Laura weinte morgens beim Abschied im Kindergarten, weil sie die Mutter so schlecht gestimmt und unglücklich nicht allein lassen wollte. Laura unterstützt die Mutter, Philipp vertritt den Vater. Beide Kinder sorgen auf ihre Weise für einen Elternteil.

Zwei Menschen, die sich ineinander verlieben, sind dadurch nicht eins. Sie sind zwei sehr unterschiedlich geprägte Menschen. Es gehört zu jeder Partnerschaft dazu, dass es Uneinigkeit gibt, verschiedene Auffassungen. Zwei Menschen können einander nicht gleichschalten. Sie müssen langfristig daran arbeiten, wie sie ihre Unterschiedlichkeit handhaben wollen. Zu respektieren, dass jeder Mensch einmalig ist und auch in einer Partnerschaft ein eigenständiger Mensch bleibt, und zugleich Vertrauen zueinander haben zu können, das zeichnet gute Partnerschaften aus.

Die Eltern von Laura und Philipp müssen ganz bewusst darauf achten, sich nicht bei einem der Kinder Halt oder Unterstützung zu suchen, sondern miteinander über ihre Ängste, Unzufriedenheiten und Wünsche sprechen.

➨ Wenn Laura wieder einmal Zeugin einer Spannungssituation bei den Eltern wird, kann die Mutter zu ihr sagen: «Papa und ich haben uns über einander geärgert. Du hast meine Traurigkeit gespürt. Papa und ich sind manchmal miteinander unzufrieden. Das ist für Kinder nicht leicht. Aber Papa und ich werden das miteinander regeln. Du brauchst mir nicht zu helfen.»

➨ Der Vater müsste gegenüber dem 2-jährigen Philipp folgende Haltung entwickeln: «Manchmal haben Mama und ich verschiedene Meinungen. Das merkst du. Aber wir haben uns lieb. Wenn die Mama was sagt, dann musst du genauso drauf hören wie bei mir.»

➡ Eltern können ihren Kindern mitteilen, dass sie dazulernen, wie sie am besten miteinander zurechtkommen. Das Kind darf mitbekommen, dass es bei den Eltern Konflikte gibt. Doch es sollte nicht zur Regulierung oder zur Lösung der elterlichen Probleme beitragen.

«Die Eltern halten die Information vielleicht geheim, um das Kind oder sich selbst vor einer in ihren Augen unnötig schmerzhaften Enthüllung zu bewahren. Aber auch wenn sich das Geheimnis selbst vielleicht geheim halten läßt, lassen sich doch die Gefühle, die es umgeben, wegen ihrer Intensität nur schwer verbergen.» (Peggy Papp, in: Imber-Black, 1995, S. 85).

Familiengeheimnisse und ihre Wirkung

Bitte nicht weitersagen ...

Der 6-jährige Nicki darf beim geschiedenen Vater die Filmkassette «Jurassic Park» anschauen. Auf dem Heimweg sagt der Vater: «Erzähl der Mama nicht, dass du den Film bei mir sehen durftest.» Als der Junge wieder zu Hause bei der Mutter ist, ist er besonders überdreht und wenig zugänglich. Die Mutter merkt, dass etwas nicht stimmt.

Wir alle haben es schon erlebt: Ein Arbeitskollege oder eine Freundin, eine Verwandte oder ein Bekannter sagt: «Das darfst du niemandem weitersagen.» Und schon sind wir verpflichtet, sind wir gebunden oder zu Komplizen geworden. Wir fühlen uns geehrt, dass unser Gegenüber uns etwas «anvertraut» hat. Etwas später sitzen wir einer anderen nahe stehenden Person gegenüber, würden gern weitererzählen, was uns beschäftigt. Und schon stecken wir im Loyalitätskonflikt. Wenn wir doch etwas weitererzählen, fühlen wir uns dabei schlecht. Denn wir haben das Übereinkommen verletzt, das uns mit dem Menschen verbindet, der uns das Geheime anvertraut hat. Wir wollen kein Versprechen brechen. Die Kehrseite: Der andere hat sich von uns abhängig gemacht. Er ist auf unser Schweigen angewiesen. Wenn wir das Anvertraute weitererzählen, können wir ihm schaden.

Manchmal gibt es Geheimnisse, die auf zerstörerische Weise trennend wirken und Misstrauen und Spannung fördern. Hüten zwei Menschen ein Geheimnis, dann schließen sie damit andere aus. Trägt ein Mensch ein Geheimnis für sich ganz allein, dann gibt es eine Schranke zwischen ihm selbst und seinem Gegenüber. Jeder, der einen anderen auffordert, etwas nicht weiterzusagen, verlangt nicht nur Solidarität, sondern er fordert damit den anderen auf, eine Trennlinie zwischen sich selbst und Dritten zu errichten. Verlangen wir dies von Kindern, so bringen wir sie in eine verzweifelte Lage.

Wird ein Kind von einem Elternteil, den es liebt, aufgefordert, dem anderen Elternteil, den es ebenfalls liebt, etwas nicht weiterzusagen, dann wird das Kind in einen Loyalitätskonflikt gestürzt. Nicki befindet sich in einer ausweglosen Situation. Was auch immer er jetzt tut, es ist falsch. Erzählt er der Mutter etwas, hat er seinen Vater verraten, erzählt er nichts, steht etwas zwischen ihm und der Mutter.

Wie oft beim Thema Geheimhaltung: Die von einer Information Ausgeschlossenen spüren etwas. Die Mutter merkt Nicki an, dass er angespannt ist. Nur wenige Worte der Mutter reichen aus und er erzählt von dem Auftrag des Vaters, der Mutter nichts zu verraten. Nun steht das Geheimnis zwar nicht mehr trennend zwischen ihm und der Mutter, aber Nicki fühlt sich gegenüber dem Vater schuldig.

Nur wenn Mutter und Vater miteinander sprechen und der Vater bereit ist, Nicki nachträglich von dem Schweigegebot zu entbinden, geht es Nicki wieder besser.

➠ Der Vater kann Nickis Seelenfrieden wiederherstellen, wenn er zu ihm sagt: «Nicki, es tut mir Leid, dass ich dich gebeten hatte, der Mama nichts weiterzusagen. Es war ein Fehler von mir. Es ist voll in Ordnung, dass du doch mit Mama gesprochen hast.»

Wechselnde Geheimhaltung in Familien und die Familiendynamik

Ein Sohn, der eine Fünf in Englisch geschrieben hat, sagt zur Mutter: «Der Vater soll nichts wissen, behalte das bitte für dich.» Eine Tochter ist ungewollt schwanger, sie lässt einen Schwangerschaftsabbruch vornehmen. Tochter und Mutter beschließen, dem Vater nichts davon zu sagen.

Diejenigen, die das Geheimnis miteinander bewahren, haben eine Gemeinsamkeit und Verbundenheit. Das Mehr an Wissen bedeutet manchmal auch Macht über denjenigen, der nichts weiß. Ein Sohn, der die Mutter dazu bewegen kann, dem Vater nichts zu sagen, dividiert Vater und Mutter auseinander. Mutter und Tochter, die das Geheimnis der Abtreibung hüten, haben den Vater ausgeschaltet. Zugleich müssen sie Angst vor Aufdeckung ihres Geheimnisses haben.

Geheimnisse beeinflussen jeden und jede in der Familie. Es ist von großer Bedeutung, wer in der Familie von dem Geheimgehaltenen weiß und wer nicht. Welche Familienmitglieder sind Mitwisser? Sie haben einen Wissensvorsprung. Die nicht Eingeweihten sind ausgeschlossen. Oftmals setzen sich Geschwister gegenseitig unter Druck. «Wenn du mir die CD nicht ausleihst, dann sage ich der Mutti, dass du geraucht hast.» Wer auf das «Dichthalten» eines anderen angewiesen ist, ist erpressbar.

In manchen Familien wechseln die Bündnisse und werden nach allen Seiten geschlossen. Die Mutter sagt zur Tochter: «Sag deinem Bruder nichts davon.» Und dem Sohn sagt sie: «Sag deiner Schwester nichts davon.» Mal bindet die Mutter das Kind ein, mal ein Jugendlicher ausschließlich den Vater, mal haben beide Eltern ein Geheimnis vor den Kindern. Die Familiendynamik ist dann davon geprägt, wer mit wem durch ausgewähltes Wissen gerade enger verbunden und wer von wem abgeschnitten ist.

In manchen Familien treiben die Mitglieder auch noch ein doppeltes Spiel. Sie sagen etwas weiter, aber der andere darf nicht verraten, dass etwas weitergesagt wurde. Evan Imber-Black berichtet: «In einer Familie zum Beispiel erklärte sich die Mutter bereit, mit ihrem erwachsenen Sohn ein Geheimnis zu teilen; sie versprach, vor dem Vater geheim zu halten, daß der Sohn Rauschgift nahm. Binnen weniger Stunden hatte sie es dem Vater erzählt, der seinerseits zustimmte, weder mit dem Sohn noch mit der Familientherapeutin darüber zu sprechen. Der Vater kam zur nächsten Therapiesitzung allein und verriet mir als Erstes das Geheimnis, wobei er darauf bestand, ich dürfte seiner Frau nichts davon erzählen!» (Imber-Black, 1995, S. 17)

Geheimnisse zwischen Eltern und Kindern

Der Vater von Florian muss eine Haftstrafe antreten. Er beschwört seine Frau, dem 8-jährigen Florian auf keinen Fall etwas zu sagen. Auch sie selbst will den Jungen heraushalten. Sie erklärt Florian: «Vater hat eine Arbeit im Ausland angenommen und wird sehr lange nicht nach Hause kommen.» Sie wirkt aber gar nicht froh, dass der Vater Arbeit gefunden hat. Die Mutter erzählt, der Vater sei in Spanien. Florian fragt: «Warum schreibt der Papa mir nicht?» Die Mutter erklärt, er hätte so wenig Zeit. «Bloß mal ne Karte», insistiert Florian. Er merkt, dass irgendetwas nicht stimmt.

Meist spüren die vom Geheimnis Ausgeschlossenen atmosphärisch, dass etwas vor ihnen geheim gehalten wird. Dieser Vater möchte die Achtung und Wertschätzung seines Sohnes nicht verlieren. Die Mutter will ihren Sohn nicht belasten und sie hat Angst, dass Florian etwas weitersagen würde. Auch will sie, dass Florian kein schlechtes Bild vom Vater bekommt. Wenn sie den Vater im Gefängnis besucht, muss sie sich jedes Mal eine Ausrede überlegen. Dann darf sie sich nicht verplappern, was sie mit ihrem Mann alles besprochen hat. Es ist typisch für geheim gehaltene Vorgänge, dass eine Lüge oft weitere Lügen nach sich zieht.

Momentweise würde die Mutter sich doch am liebsten ihrem Sohn anvertrauen. Dann gerät sie in Loyalitätskonflikte zwischen ihrem Sohn und ihrem Mann. Oftmals gibt es bei Geheimhaltungen Auftraggeber und Auftragnehmer. Die Auftragnehmer sind nun zum Schweigen verpflichtet, sind in das Geheimnis eingebunden, zugleich aber handlungsunfähig. Sie sind unfrei, müssen sich ständig kontrollieren.

➡ Der beste Weg für Florian wäre, wenn der Vater selbst sich entschließen könnte, ihm die Wahrheit zu schreiben und ihn zu einem Besuch im Gefängnis einzuladen. Für Florian würde es sicher nicht reichen zu erfahren, dass sein Vater im Gefängnis ist. Er benötigt vom Vater selbst den Hergang der Dinge. Was hat er getan? Was waren seine Beweggründe? Bereut er es inzwischen? Wie wird die Straftat von der Mutter bewertet?

➡ Florian braucht auch Hilfe, mit dem Wissen leben zu lernen. Sein Vaterbild wird sich ändern. Kann er den Vater verstehen? Kann er Vaters Partei ergreifen? Muss er sich ein Stück vom Vater entfernen, weil er zu schlimm findet, was er getan hat? Streitet der Vater ab, dass er einen

Fehler begangen hat? Und wie stellt sich Florian dann dazu? Hilfreich wäre, wenn der Vater selbst sagen könnte: «Florian, ich habe Mist gebaut. Ich werde an mir arbeiten und mich bessern, damit so etwas nicht wieder vorkommt.» Gut wäre, wenn die Mutter sagen könnte: «Dein Vater hat eine leichtsinnige Seite, wo er schlimme Fehler macht, und eine sehr liebe Seite.»

➠ Florian wird eine Phase von Zweifeln und Kummer durchleben. Doch er weiß, woran er ist. Auch der Mutter wird es besser gehen, wenn sie von ihrer Geheimhaltungspflicht befreit sein wird.

➠ Florian wird von der bedrückenden Tatsache, dass sein Vater im Gefängnis ist, nicht mit Gleichaltrigen sprechen. Er muss es verbergen, um seine Eltern und sich selbst nicht zu blamieren. Es gibt eine unsichtbare Schranke zwischen Florian und seinem sozialen Umfeld, Schule und Freunden. Dennoch ist es für Florian besser zu wissen, was in seiner Familie passiert ist, und sich damit auseinander zu setzen.

➠ Eine große Hilfe wäre für Florian eine Vertrauensperson außerhalb der Familie. Fast alle Kinder, deren Väter oder Mütter im Strafvollzug sind, leiden unter ihrer gesellschaftlichen Isolierung. Therapeutische Hilfen oder Gesprächsgruppen für Kinder zum Thema «Mein Vater oder meine Mutter ist im Gefängnis» wären eine große Entlastung für diese Kinder.

Geheimnisse – Schranken zwischen Eltern und Kindern

Viele Menschen halten entscheidende Dinge vor ihren Kindern geheim, um eine möglichst dichte und unbelastete Beziehung zum Kind zu sichern. Tragischerweise merken sie oft nicht, dass sie durch die Geheimhaltung eine unsichtbare Mauer zwischen sich und dem Kind aufgerichtet haben.

Lügen und Geheimnisse Erwachsener gegenüber ihren Kindern entspringen meist dem Wunsch, Kinder vor Problemsituationen und Ausnahmen zu schützen. Manchmal sind Schuldgefühle oder ein schlechtes Gewissen beim Erwachsenen die Ursache für Geheimhaltung. Manchmal möchten die Erwachsenen auch etwas verbergen, was sie als Fehlverhalten bei sich erleben. Manchmal sind schwere Traumata, Scham und Schmerz beteiligt. In meiner Generation waren es die Fragen an unsere Väter und Mütter: «Wart ihr auch für Hitler?» Oder: «Warst du Nazi?» Auf diese Fragen bekamen wir selten ehrliche Antworten. Biographien wurden umgeschrieben, Lebensläufe gefälscht. Den Kindern gegenüber mit Mängeln und Fehlern dastehen zu müssen, bringen viele Eltern nicht über sich. Viele sehen sich berechtigt, manche sogar verpflichtet, ihren Kindern makellose Eltern und eine möglichst intakte Welt vorzuspiegeln.

Die Voraussetzung, Kindern und Heranwachsenden schwere Fehltritte der Vergangenheit mitzuteilen, ist Trauer: Trauer über sich selbst, nicht so gehandelt zu haben, wie man es im Nachhinein für gut hält. Daran arbeiten, wie es zu Geschehnissen und Ereignissen kam, der Scham, Schuld oder Bedrückung nicht aus dem Weg gehen, das sind die Vorarbeiten, die Erwachsene leisten müssen, um ihren Kindern gegenüber Schwächen, Fehler und eigenes Versagen zuzugeben.

Geheimnisse und ihre Wirkung auf die Kinderseele

Falsche Schlüsse ziehen

Der kleine Bruder der heute 30-jährigen Birgit ist mit 2 Jahren von einem 8-jährigen Jungen in einen Bach gestoßen worden und ertrunken. Aus Rücksicht auf den 8-Jährigen erzählten die Eltern der damals 6-jährigen Birgit den Hergang des Unfalls anders. Sie erwähnten den 8-Jährigen nicht. Birgit merkte, dass die Eltern immer mal wieder etwas an ihrer Erzählung über das schreckliche Ereignis änderten. Sie entwickelte die Phantasie, die Eltern hätten sich die Geschichte nur ausgedacht. Sie glaubte, die Eltern würden ihr verheimlichen, dass ihr Bruder woanders lebt.

Kinder sind Meister im Wahrnehmen kleinster Signale. Birgit hatte gemerkt, dass etwas an der Geschichte nicht stimmte, aber sie hatte einen falschen Schluss daraus gezogen. Sie hat mit ihrer Phantasie die Realität verharmlost und verdrängt, dass der kleine Bruder tödlich verunglückt war. Menschen, die mit Familiengeheimnissen aufwachsen, bemerken, dass ihnen etwas vorenthalten wird. Die Kinder bilden eine Vielzahl von Annahmen. Manche davon sind richtig, manche falsch. Beunruhigend ist das ganze Spektrum der Möglichkeiten.

Blockiert sein durch gebundene Kräfte

Es gibt zwei Hauptstrategien der Bewältigung von Geheimem, nur Geahntem: Der eine Weg heißt, zu grübeln, hartnäckig und mit detektivischem Geschick die Spuren zu verfolgen. Die Phantasien über das Vorenthaltene binden Energien und Kräfte, die für andere Lebensbereiche nicht mehr verfügbar sind.

Der andere Weg heißt, Konflikte und Belastendes zu verdrängen, Gefühle auszublenden, wegdenken und weghören. Obwohl als Schutz für uns alle zeitweise erforderlich, hat das Verdrängen hohe «Nebenwirkungen» und führt leider nicht problemlos zum gewünschten Erfolg. Der hieße: Das Unangenehme ist entfernt, alles Positive bleibt mir erhalten. So einfach funktioniert unsere Psyche nicht. Wenn wir verdrängen, so «vernichten» wir auch lebendige, positive Gefühle, verlieren vielleicht unsere Feinfühligkeit, oder wir werden körperlich krank. Dies betrifft uns Erwachsene ebenso wie unsere Kinder.

Sich verschließen, nicht mehr zugänglich sein

Kinder spüren die Anstrengung, die ein Erwachsener vollbringt, um sie von der Wirklichkeit fern zu halten. An ganz anderer Stelle reagieren sie dann schwierig oder selbstunsicher, bekommen Angst oder träumen schlecht. Die Kinder übernehmen den Auftrag, etwas nicht verstehen zu sollen, manchmal sehr gründlich: Sie hören nicht hin. Sie sagen: «Mir ist alles egal.» Sie lenken ab. Da das Kind fühlt, dass die Eltern Wesentliches verschweigen, interessiert es sich nicht mehr für das, was sie sagen. Die Eltern stellen fest: Wir finden keinen «richtigen Zugang» mehr zu unserem Kind.

Andere belügen

Wir alle kennen Kinder, die Gehörtes umdeuten, die Wahrheiten verschleiern, die sich ständig Dinge ausdenken. Manche dieser Kinder werden «weltfremd» oder flüchten sich in eine Traumwelt. Manche können Wirklichkeit und Wunsch nicht mehr voneinander trennen. Sie ziehen oft falsche Schlüsse, sie schätzen soziale Zusammenhänge häufig falsch ein.

Eltern sagen dann: «Ich weiß nicht genau, ob unser Kind mit Absicht lügt oder ob es selbst daran glaubt.» Und diese Frage lässt sich tatsächlich bei manchen Kindern nicht mehr klären, weil sie nicht gelernt haben, zwischen Lügen und Wahrheit zu unterscheiden. Diese Kinder können die wirklichen Zusammenhänge nicht mehr gut einordnen, sie wurden als Kleinkinder von ihren Eltern oder anderen nahen Bezugspersonen verwirrt und sie stiften nun ständig neue Verwirrung.

«Dumm werden»

Eine erhebliche Folge von Geheimhaltung ist manchmal, dass Kinder ihren Wissensdurst einstellen. Sie sollen nichts wissen, also lernen sie nicht mehr. In ihrem Buch *Wo komm ich eigentlich her?* schildert die adoptierte Claudia Guderian auf beeindruckende Weise, wie sie als 5-jähriges Kind die Irritation ihrer Adoptivmutter registrierte, als sie diese fragte, ob sie auch von ihr gestillt worden sei.

«Ihr Blick flackert zur Freundin hinüber. Einen Moment lang blitzt helle Angst auf. Wovor? Wovor? Was habe ich ihr angetan mit dieser Frage? … Wer fünf Jahre lang, Tag und Nacht, sieben Tage in der Woche miteinander zubringt, den kann man nicht mehr täuschen über das, was einen bewegt. Und das hier bewegt sie zutiefst. Was aber ist das Geheimnis dieser Angst? Und warum fürchte ich mich plötzlich?» (Guderian, 1994, S. 13)

Etwas später schildert sie:

«Ich weiß nur, daß mein Tasten in die Vergangenheit gefährlich ist. Das habe ich heute gespürt. Eine innere Alarmglocke hat angeschlagen. ‹Finger weg!› schrillt sie.» (Guderian, 1994, S. 14)

Claudia Guderian berichtet, dass sie regelrecht dumm wurde. Erst nachdem das Geheimnis gelüftet war, konnte sie wieder lernen und später ihr Abitur ablegen.

Familiengeheimnisse – Schranke gegenüber der Außenwelt

Ein allein erziehender Vater ist hoch verschuldet. Er leistet den Offenbarungseid und verdient auf einer halben Stelle offiziell gerade so viel, wie er mit den Kindern zum Leben braucht, hat aber noch Nebeneinkünfte, die nirgendwo erscheinen. Sein Auto läuft auf den Namen seines Vaters. Jedes halbe Jahr kommt unangekündigt der Gerichtsvollzieher. Der 12-jährige Markus erklärt dann, dass der PC und das Klavier ihm gehören. Als Markus kleiner war, hat er seinen Vater gefragt: «Kann ich dir nicht mein Erspartes geben, damit du die Schulden bezahlen kannst?» Da hat ihm der Vater erklärt, dass seine Ersparnisse bei weitem nicht ausreichen. Großvater und Vater haben Markus eingeschärft, dass niemand aus dem Verwandtenkreis und auch seine Freunde nicht erfahren dürfen, dass der Gerichtsvollzieher regelmäßig kommt.

Die allein erziehende Mutter vertraut ihrem nichtehelichen Sohn Jan-Luca mit 6 Jahren an, dass sein Vater ein in seiner Stadt bekannter Politiker ist, der eine Familie hat, die nichts von Jan-Luca weiß. Kontakte zwischen Vater, Mutter und Sohn finden zweimal im Jahr ganz geheim an einem Ferienort statt. Vater und Mutter haben Jan-Luca eingeschärft: «Niemand darf erfahren, wer dein Vater ist. Sonst kann es passieren, dass du entführt wirst und Gangster ein Lösegeld vom Vater erpressen.»

Kinder möchten ihren Eltern helfen. Markus hätte das Problem gern für seinen Vater aus der Welt geschafft. Weil dies nicht möglich ist, fügt er sich freiwillig in das Schweigegebot. Bei Jan-Luca ist es noch schlimmer. Weil es ihn gibt, ist der Vater in Schwierigkeiten. Zusätzlich muss er Angst haben, dass er entführt wird.

In beiden Beispielen tragen die Kinder ein erhebliches Maß mit an den Lasten ihrer Eltern.

Das auferlegte Schweigegebot schmiedet Elternteile und Kinder enger zusammen. Gleichzeitig hemmt es Kinder und Jugendliche oft bis in das Erwachsenenalter hinein, unbelastete Außenbeziehungen, engere Freundschaften einzugehen. Die enge Verpflichtung gegenüber der Familie behindert gesunde Ablösungsprozesse der Jugendlichen.

Es wäre keine Lösung, die Fakten vor den Kindern geheim zu halten. Würde der Vater bei den unangekündigten Besuchen des Gerichtsvollziehers Markus fortschicken, so würde dies den Sohn mehr belasten als die Offenlegung der Tatsachen. Auch Jan-Luca wäre durch die geheimen Treffen mit dem Vater stärker beunruhigt, wenn er gar nicht wissen dürfte, weshalb Mutter und Sohn den Vater nur heimlich sehen.

Wenn Erwachsene ihre Kinder nicht belasten wollen, so müssen sie die Ursache für den Zwang der Verheimlichung – wie auch immer – aufheben. Geheimnisse verlieren ihre Macht bei Offenlegung. Beim verschuldeten Vater hieße dies, sich einem Insolvenzverfahren zu unterziehen und einen Teil seiner Schulden abzutragen. Für den Vater von Jan-Luca hieße es, das Geheimnis gegenüber seiner Frau und seinen Kindern zu lüften und damit nicht mehr erpressbar zu sein. Wenn

Elternteile nicht die für solche Schritte notwendige Belastbarkeit mitbringen, können sie die psychischen Folgen für ihre Kinder kaum abmildern: enge Loyalitäten zu den Eltern oder Elternteilen, deren Geheimnis sie mithüten, möglicherweise Scham- und Schuldgefühle und eine Vielzahl von Ängsten, mit denen ein Kind groß wird.

Wenn Eltern ihre Kinder zu Komplizen machen

Das Telefon klingelt und die Mutter schickt die Tochter an den Apparat: «Wenn es die Frau Moser ist, dann sag ihr, ich bin nicht da!» Es ist der Tochter ein wenig unbehaglich, aber der Mutter zuliebe lügt sie.

Kinder mit gutem Realitätsbezug können solch harmlose Komplizenschaften gut einordnen und sie schaden ihnen nicht. Anders wiegt das folgende Verhalten eines Erwachsenen gegenüber seinem Sohn:

Ein Vater fährt Auto, obwohl ihm der Führerschein entzogen wurde. Der 10-jährige Marvin erzählt der Oma: «Gestern war ich mit Papa mit dem Auto in Kassel.» Die Oma ruft am Abend gleich ihren Sohn an und regt sich über sein Verhalten auf. Der Vater wirft Marvin vor: «Du hast mich verpetzt!» Wenige Minuten später ruft Marvin die Oma zurück und erklärt: «Ich habe gestern vergessen, dir zu sagen, dass die Mama gefahren ist. Der Papa ist nur mitgefahren.» Marvin geht es in den Tagen danach gar nicht gut. Er schämt sich.

Kinder sind willig, ihre Eltern zu decken und für sie zu lügen. Wenn Mütter oder Väter ihre Kinder zum Lügen verpflichten, so fühlen sich Kinder einerseits geschmeichelt, dass der Erwachsene ihnen vertraut, sich quasi in ihre Hand gibt. Andererseits ist das Kind im Zwiespalt. Die gleichen Eltern sind streng und ärgerlich, wenn das Kind lügt. Doch wenn sie selbst etwas Verbotenes vertuschen wollen, dann ist Lügen plötzlich erlaubt.

Die positive Distanz zwischen Elternebene und Kindebene ist verschwunden. Das Kind regelt etwas für seine Eltern, und nicht die Eltern etwas für das Kind. Normen und Grenzen verschieben sich, werden zu Kippbildern. Das Kind wird mit seinem Unbehagen allein gelassen.

Als der Vater Marvin vorwirft, er hätte ihn verpetzt, gibt er vor, die Solidarität mit Gleichaltrigen stünde ihm zu. Dabei ist es ein großer Unterschied, ob ein Kind mit einer Lüge Gleichaltrigen gegen die Erwachsenenwelt hilft oder ob es für den Erwachsenen gegenüber anderen Erwachsenen lügen soll. Den Freund oder die Freundin, den Bruder, die Schwester nicht zu verpetzen, steht auf der positiven Seite unseres Regelsystems. Hier sind auch Lügen aus Solidarität erlaubt. Der Vater hat die Welt auf den Kopf gestellt und das Kind für seine Interessen und seinen Zweck benutzt. Er verkennt, dass Kind und Eltern sich nicht auf derselben Ebene befinden. Das Kind ist abhängig, loyal und lässt über sich verfügen.

Wenn Eltern zu Komplizen ihrer Kinder werden

Die 5-jährige Maya hat bei Freunden Nagellack «mitgehen» lassen. Die allein erziehende Mutter hat dies erst zu Hause entdeckt. Sie hat Maya heftig ausgeschimpft. Die Mutter verlangt Maya jedoch nicht ab, den Nagellack zurückzugeben.

Der 16-jährige Marius hat zusammen mit einem Freund mehrere Sweatshirts gestohlen. Zu Hause bemerkt seine Mutter eine Woche später, dass fremde Pullis in der Wäsche liegen. Die Eltern wollen Marius nicht schaden. Sie wollen nicht, dass er im Polizeicomputer erfasst wird. Er darf die Sachen weiter anziehen.

Kinder haben oft eine mangelnde Impulskontrolle, sie probieren eine Grenzüberschreitung, eine Regelverletzung. Bei vielen Kindern ist das Normensystem noch nicht so fest gefügt. Sie riskieren etwas, weil sie unbedingt etwas haben möchten.

Entscheidend ist nun die Reaktion der Erwachsenen: In beiden Beispielen scheuen die Eltern vor dem Naheliegenden zurück. Sie nehmen den Kindern die gestohlenen Sachen nicht fort. Sie sind nicht imstande, ihren Kindern die gesellschaftliche Regel zu vermitteln: *Du darfst Gestohlenes nicht behalten. Du musst es zurückgeben und den Schaden wieder gutmachen.* Sie sind sich nicht im Klaren, dass sie damit zwar nicht mit Worten, aber durch ihr Handeln das Kind bestärkten. Es ist den Eltern peinlich, gegenüber Dritten zuzugeben, dass ihr Sohn bzw. ihre Tochter zum Dieb, zur Diebin geworden ist. Sie schimpfen, decken aber ihre Kinder. Der Schutz ihres Kindes und ihre Angst, sich als Eltern zu blamieren, ist ihnen wichtiger. Solche Erfolge verleiten Kinder, weiter zu stehlen.

Eltern, die ihr Kind schützen und nicht «verraten wollen», stellen sich ebenfalls auf eine Stufe mit ihrem Kind. Sie ziehen das Kind nicht zur Verantwortung und tragen selbst ebenfalls nicht die nötige Verantwortung. Auch hier ist die positive Grenze zwischen Erwachsenem und Kind aufgehoben. Die Eltern sind zu Komplizen ihres Kindes geworden. Sie hüten zusammen mit ihrem Kind ein Geheimnis. Mit ihrer vermeintlichen Hilfe verstärken sie das Abhängigkeitsverhältnis zwischen Eltern und Kind. Außerdem bleibt oft der stille Vorwurf der Eltern zurück. Das Problem ist nicht ausgeräumt. Aggressionen entstehen. Eltern dürfen sich nicht wundern, wenn ihre Kinder dann bestimmte Grenzen nicht wahren oder ihren Eltern mit geringer Achtung begegnen.

➡ So peinlich dies auch sein mag: Eltern sollten ihre Kinder nach einem Diebstahl anleiten, den Geschädigten das Gestohlene zurückzugeben. Ist dies nicht möglich, weil das Gestohlene schon aufgebraucht ist, sollten Kinder angehalten werden, den Diebstahl gegenüber den Geschädigten zuzugeben und den Verlust wieder gutzumachen. Dann wahren Eltern die positive Trennlinie zwischen Erwachsenen und Kindern, stecken nicht mit ihrem Kind unter einer Decke und sind ein gutes Modell für die Aufrichtigkeit im Zusammenleben der Menschen.

2 Große Umbrüche im Familienleben – Was müssen Kinder wissen?

«Eine Scheidung ist eine Krise, die verschiedenste Affekte und Gefühle hervorruft. Ein gesundes, einigermaßen normales Kind muss auf eine solche Krise reagieren. Alle Hoffnungen, das Kind möge nicht reagieren, gehen eigentlich in eine ganz falsche Richtung.» (Figdor, 1998, S. 24)

Trennung der Eltern

Die Eltern von Elisa, Celina und Justin haben sich getrennt. Doch sie wollen dies ihren Kindern gegenüber möglichst lange verheimlichen. Der Vater kommt jeden Abend wie bisher nach Hause, und erst wenn die Kinder im Bett sind, geht er in seine Wohnung. Manchmal kommt er einige Tage nicht. Dann wird den Kindern gesagt, der Vater sei beruflich unterwegs.

Elisa, Celina und Justin merken, dass etwas anders geworden ist. Früher haben Mutti und Vati ganz viel beim Abendessen miteinander geredet. Die Kinder mussten sich ganz schön anstrengen, um zu Wort zu kommen. Jetzt dürfen sie beim Abendessen die ganze Zeit erzählen. Mutti und Vati haben sich nicht viel zu sagen, schauen sich anders an als früher.

Manchmal wollen Eltern ihre Trennung vor ihren Kindern verbergen. Helmuth Figdor berichtet in seinem Buch *Kinder aus geschiedenen Ehen: Zwischen Trauma und Hoffnung*, wie es einer Mutter gelang, ihrem Jungen gegenüber zwei Jahre lang die Trennung vom Vater zu verheimlichen: «Mario, 6 Jahre alt, erzählte sie zunächst, dass die eheliche Wohnung neu tapeziert werden muss, Papa in der Zwischenzeit bei seiner Mutter wohne, weil die Wohnung der Freundin für alle zu klein sei. Die ‹Tapezierarbeiten› zogen sich über Wochen hinaus, dann verkaufte der Papa angeblich die Wohnung, und als Mario nicht aufhörte, nach seinem Vater zu fragen, wurde ihm mitgeteilt, der Papa arbeite jetzt in einer anderen Stadt.» (Figdor, 1991, S. 28) Natürlich schöpfte dieses Kind Verdacht, merkte, dass seine Fragen nicht erwünscht waren, und entwickelte eine Vielzahl von seelischen Störungen.

Die Trennung der Eltern betrifft Kinder zutiefst. Es geht sie an. Es ist ausgeschlossen, im Rahmen von Trennung und Scheidung die Kinder vor Trauer und Schmerz zu bewahren. Geheimhaltung ist kein Schutz.

Es ist ein berechtigtes Interesse von Frauen und Männern, ihre Partnerschaft zu lösen, um sich von einer Beziehung, unter der sie leiden, zu befreien. Eine Trennung ist oft der einzige Ausweg aus jahrelangen Konflikten und Krisen. Für Kinder und Erwachsene bedeutet sie eine Chance, ein zufriedeneres Leben in anderer Konstellation zu beginnen. Manches Kind erlebt eine Trennung der Eltern als Beruhigung, wenn jahrelange Streitigkeiten vorausgegangen sind.

2003 wurden in Deutschland 383 000 Ehen neu geschlossen und 214 000 Ehen geschieden. Jede dritte Ehe geht statistisch gesehen irgendwann in die Brüche. Jährlich sind ca. 170 000 Kinder von der Scheidung ihrer Eltern betroffen. In der offiziellen Statistik nicht mitgezählt sind Trennungen aus nichtehelichen Lebensgemeinschaften mit Kindern.

Der geeignete Zeitpunkt, «es» den Kindern zu eröffnen

Es hilft Kindern in der schweren Zeit am besten, wenn die Erwachsenen mit ihnen die besondere Lage ehrlich und genau durchsprechen. Denn Gewissheit zu bekommen, wie die nächsten Schritte aussehen, was auf das Kind zukommt, hilft, in Krisen nicht völlig unterzugehen und von Ängsten überwältigt zu werden. Die Kinder brauchen Klarheit und deutliche Informationen über jede Stufe der bevorstehenden Ereignisse.

Wenn für die Erwachsenen entschieden ist, dass sie sich trennen werden, ist das der richtige Zeitpunkt, einem Kind zu sagen, dass der eine oder andere Elternteil ausziehen wird. Auch ganz kleine Kinder sollten informiert werden, selbst wenn sie die Sprache noch nicht beherrschen. Wir wissen aus der modernen Säuglingsforschung, dass kleinste Kinder die Sprache schon verstehen und dass alle seelischen Prozesse von ihnen genau wahrgenommen werden.

Dieses Gespräch darf nicht zu kurzfristig stattfinden. Wenn ein Vater dem Kind eröffnet: «Morgen ziehe ich aus», dann ist das Kind überrumpelt und überwältigt. Es hatte keine Möglichkeit, sich auf die schmerzliche Situation vorzubereiten, sich von der gemeinsamen Lebensphase zu verabschieden. Neben der Erschütterung über die geplante Trennung der Eltern fragt es sich: *Was habe ich falsch gemacht, dass sie mir nichts gesagt haben, und weshalb habe ich das nicht schon längst gemerkt?* Scham und Selbstzweifel entstehen und sind eine Zusatzlast, wenn wir das Kind zu spät informieren.

Die wichtigsten Informationen für das Kind

Es genügt nicht, dem Kind zu eröffnen, dass die Eltern beschlossen haben, sich zu trennen. Folgende Schritte, die Wahrheit zu sagen, sind eine Hilfe für die Kinder:

- ***Informieren, dass die Eltern sich trennen werden:*** «Du hast ja schon lange mitbekommen, dass Papa und Mama oft schlimm streiten. Wir haben uns entschieden, auseinander zu gehen, und wir werden nicht mehr zusammen wohnen.»
- ***Gefühle des Kindes aufgreifen:*** «Wir verstehen, dass du jetzt ganz außer dir bist. Das ist alles sehr schwer und aufregend für dich. Wir sind beide ganz unglücklich, dass wir dir so etwas Schlimmes zufügen. Jedes Kind, dessen Eltern sich trennen, ist sehr traurig und verzweifelt.»
- ***Auseinanderhalten von Paar- und Elternebene:*** «Auch wenn wir als Paar nicht mehr zusammenleben, bleiben wir für dich immer Mutter und Vater. Wir haben dich als unser Kind genauso lieb wie bisher.»
- ***Unterschiede zwischen Position von Mutter und Vater nennen:*** Geht ein Elternteil aus der Familie und der andere hätte gern an der Verbindung festgehalten, so sollte der Partner, der den anderen «verlässt», dem Kind erklären: «Ich will ausziehen, obwohl die Mama lieber hätte, dass ich bleibe.» Oder: «Ich habe eine andere Frau lieb, mit der ich jetzt zusammenwohnen möchte. Ich weiß, dass dich das sehr böse und traurig macht. Ich bin dann nicht mehr Mamas Mann. Aber ich bleibe immer dein Vater, der dich lieb hat.»
- ***Entlastung für das Kind, selbst Mitverursacher für die Trennung zu sein:*** «Du kannst überhaupt nichts dafür. Es liegt an uns Erwachsenen, dass es nicht mehr zusammen weitergeht.»

- ***Die vergangene gemeinsame Zeit wertschätzen:*** «Unsere gemeinsame Zeit bleibt ein Teil in unserem Leben. Wir sind froh, dass wir uns früher mal so lieb hatten, denn deshalb gibt es dich. Und es ist wunderschön, dass es dich gibt.»
- ***Konkrete Schritte erörtern:*** «Papa wird sich eine Wohnung suchen und dann einige Möbel mitnehmen.» Oder: «Wir suchen uns als Mutter und Kinder eine andere Wohnung. Ihr könnt weiter in die bisherige Schule gehen.» Hat der andere Elternteil schon eine Wohnung gefunden, so sollte dem Kind diese Wohnung frühzeitig gezeigt werden. Ziehen die Kinder zusammen mit einem Elternteil aus, so sollten die Kinder beim Suchen und Besichtigen von Wohnungen beteiligt werden.
- ***Perspektiven aufzeigen, wie sich die Beziehung zum anderen Elternteil aufrechterhalten lässt:*** «Es wird noch ganz viele Fragen geben, die wir regeln müssen, wie alles weitergeht. Du sollst den Papa oft sehen und besuchen, auch wenn er nicht mehr bei uns wohnt. Du wirst mit ihm auch Teile der Ferien verbringen.»
- ***Klärung der Verantwortlichkeiten:*** Das Kind kann bei der künftigen Neuorganisation der Familie mitwirken, mitsprechen. Es hat aber keine Entscheidungsbefugnis bezüglich der Frage, ob die Eltern zusammenbleiben oder nicht. Hier tragen die Erwachsenen die alleinige Verantwortung. Die Erwachsenen sollten bei ihren Trennungsregularien den Kindern auf keinen Fall die Schiedsrichterrolle übertragen. «Du kannst bei vielen Sachen mitreden und mitentscheiden. Aber es gibt Sachen, die müssen wir Erwachsenen untereinander regeln. Auch wenn du möchtest, dass wir weiter zusammenwohnen, geht das nicht.»
- ***Dem Kind zusichern, dass es weiterhin sowohl Mutter wie auch Vater lieb behalten darf:*** «Es gehört jetzt zu unserem Leben dazu, dass wir traurig und verzweifelt sind. Aber wir haben dich alle beide weiterhin sehr, sehr lieb, so wie auch du uns alle beide weiter so lieb hast wie bisher.» Diese Zusicherung und Erlaubnis, dass das Kind uneingeschränkt Vater und Mutter lieben darf, muss ihm immer wieder neu gegeben werden.

Während der Phase des Umbruchs und der Trennung benötigt das Kind tägliche Gespräche mit beiden Elternteilen, um sich auf die neue Situation vorzubereiten.

Was Kinder während der Trennung empfinden

Für die junge Mutter des 3-jährigen Jeremy ist nach einer langen, schweren Phase von Krisen und Krächen ganz klar: Es gibt für sie keinen anderen Weg. Sie muss sich von ihrem Partner und Jeremys Vater trennen. Wenige Tage nach ihrem Einzug in ihre neue Wohnung wird Jeremy das erste Mal krank. Er fiebert und erbricht so sehr, dass er wegen großer Flüssigkeitsverluste ins Krankenhaus muss. Jeremy erholt sich schnell. Doch wenn er beim Vater ist, kommt er oft mit Fieber zurück und muss erneut erbrechen. Jeremys Mutter glaubt an Zufall. Sie kann sich nicht vorstellen, dass ein kleines Kind so auf die Trennung reagiert. Ihr geht es gut, sie ist froh, den Schritt in die Unabhängigkeit gewagt zu haben. Beide Eltern haben eine zwanglose Besuchsregelung vereinbart, und Jeremy ist gern mit dem Vater zusammen.

Weil es Mutter und Vater gut mit ihrem neuen Leben geht, fühlt sich auch Jeremy überwiegend zufrieden. Kleine Kinder übernehmen das Grundgefühl ihrer nahen Bindungspersonen. Gleichzeitig aber hat Jeremy keinen Platz für seine Trauer. Denn es gibt einen dritten Teil in ihm, der das bisherige Zuhause, die Eltern als Ganzes vermisst.

Hier spielen tief im Unbewussten liegende Prozesse eine Rolle. Das Scheidungskind erlebt im guten Fall, wie Jeremy, zu jedem einzelnen Elternteil persönliche Nähe und Vertrautheit. Das Kind lebt, weil die Eltern ein Liebespaar waren. Manchmal fragt sich das Scheidungskind: Wenn diese Liebe zerbricht, ist dann nicht der Grund für seine Existenz weg? Manche Kinder fühlen sich unbewusst der Berechtigung zu leben beraubt, wenn das elterliche System auseinander fällt. Es ist ein großer Unterschied, ob Eltern als gemeinsames Ganzes durch eine Liebesbeziehung miteinander verknüpft sind oder als zwei einzelne Bezugspersonen neu gefunden werden müssen.

Ganz junge Kinder reagieren manchmal mit Krankheiten auf die seelische Krise, bekommen Fieber oder müssen wie Jeremy erbrechen, andere schlafen und träumen schlecht. Kinder im Vorschulalter geben sich häufig selbst die Schuld an dem Ereignis. Sie reagieren mit Depression, Aggression oder Resignation. Schulkinder entwickeln häufig Lern- und Leistungsstörungen und haben Konzentrationsschwierigkeiten. Kinder in der Pubertät reagieren mit desorganisierten, chaotischen Verhaltensweisen, viele mit vermehrtem Lügen oder Stehlen. Sie haben Schulschwierigkeiten. Die Reaktionen der Kinder auf die elterliche Trennung und Scheidung treten umso intensiver auf, je weniger es Eltern während ihres Trennungsprozesses gelingt, ihren Kindern die Sicherheit zu geben, dass beide Elternteile für sie erhalten bleiben.

Viele Kinder hoffen noch lange, die Familie könnte von ihnen gerettet werden. Es löst Ohnmacht und Minderwertigkeitsgefühle aus, dass die Eltern nicht dem Kind zuliebe zusammenbleiben. Der Elternteil, mit dem die Kinder künftig nicht mehr den Alltag teilen, hat meist in ihrem Erleben nicht nur den anderen Elternteil verlassen, sondern auch die Kinder. Manchmal entwickelt das Kind jedoch auch eine ambivalente Beziehung zum Elternteil, mit dem es lebt, weil es vermutet oder weiß, dass dieser den anderen Elternteil fortgeschickt hat. Hin und wieder ist durch die Scheidung die Grundfeste des Vertrauens in beide Eltern erschüttert. Einige Kinder können bis zur Pubertät nicht erkennen, dass der Vater die Mutter verlässt oder die Mutter den Vater. Sie fühlen sich selbst ganz persönlich von ihrem anderen Elternteil verlassen.

Trauer ist erlaubt

Die Phase der Trennung ist eine Zeit der Krise, der Umbrüche und der Neuorganisation. Mütter und Väter, die dies nicht verleugnen, sind ihren Kindern die beste Unterstützung. Es ist das Allerwichtigste, dass Eltern ihrem Kind die Trauerprozesse zugestehen, die mit der elterlichen Trennung verbunden sind. Manchmal ist Eltern dieser Weg wegen ihrer Schuldgefühle versperrt. Oder sie sind der Auffassung, was für sie ein guter Weg ist, müsste vom Kind mitgetragen werden. Väter und Mütter müssen hier lernen, zwischen ihren Gefühlen und denen des Kindes klar zu trennen.

Wenn wir einen Schmerz als zum Leben dazugehörig hinnehmen und uns nicht mehr dagegen wehren, wächst uns daraus neue Kraft, auch wenn wir voller Trauer sind. Dies geht unseren Kindern ebenso. Der beste Schutz gegen die Entwicklung psychischer Symptome beim Kind ist, wenn die nahen Bezugspersonen dem Kind zugestehen, dass es uneingeschränkt verzweifelt sein kann, und wenn Sie Ihrem Kind in dieser schweren Zeit zuverlässige Gesprächspartner sind.

➡ Jeremys Mutter könnte sagen: «Für dich ist es ganz schwer und schlimm, dass du nicht mehr mit Papa und Mama zusammenwohnst. Ich kann verstehen, dass du zum einen Teil zufrieden bist, weil du merkst, dass es für Papa und für mich notwendig war, auseinander zu gehen. Aber in einem anderen Teil ist dir noch ganz elend und du musst brechen.»

In einigen Kinder-Jugend-Eltern-Beratungsstellen gibt es Angebote für Kinder und Jugendliche, die Scheidungssituation mit betroffenen Gleichaltrigen unter fachkundiger Hilfe zu besprechen. Dies ist für Kinder eine Möglichkeit, sich in ihrer schweren Umbruchsituation nicht allein zu fühlen und sich auf ihre neue Lebenssituation besser einzustellen.

Nach der Trennung

Spüren die Eltern durch die Trennung erst einmal Erleichterung, können auch die Kinder – trotz ihres Grundschmerzes, der nicht wieder aufzuheben ist und sie für immer prägt – in ihrem neuen Leben ein Stück zuversichtlich sein.

Sobald das getrennte Leben der Elternteile in zwei Wohnungen beginnt, sind es meist die Kinder, die die Distanz zwischen ihren Eltern überbrücken müssen. Kinder haben in der Folge des Scheidungsprozesses mehr Pflichten als andere Kinder. Sie können über das festgelegte Besuchswochenende nicht beliebig verfügen. Die Erwachsenen sollten die Leistung würdigen, die das Kind hier vollbringt: «Ihr habt uns beide nicht mehr wie früher zusammen in einer Wohnung. Das ist nicht einfach für Kinder.»

Das Leben mit zwei Familien hat auch positive Aspekte. Kinder haben nach der Trennung oft mehr von jedem Elternteil. Am Besuchswochenende nimmt sich der andere Elternteil etwas Besonderes vor. Die Kinder haben, gerade wenn Elternteile in neuen Partnerschaften leben, zwei soziale Lebensräume. Sie bekommen mehr Impulse, mehr Modelle. Sie erleben ein breiteres Spektrum von Familienleben. Doch damit es ihnen gut geht, benötigen sie von jedem Elternteil die Erlaubnis, sich in der Welt des anderen wohl zu fühlen und zu entfalten: «Ich will, dass du gern zu deinem Vater gehst, und ich bin froh, dass du dich mit ihm gut verstehst.»

Wenn zwischen den Partnern noch keine Phase der Beruhigung eingetreten ist, sollten sie die Spannungen nicht auf das Kind übertragen: «Zwischen uns Erwachsenen ist noch vieles schlimm und angespannt. Das hat nichts mit dir zu tun. Genieße den Tag mit deinem Papa. Es ist okay für mich, wenn du dich auf ihn freust.»

Kinder im Loyalitätskonflikt

Gehen Kampf, Krise, Wut und Enttäuschung zwischen den Partnern weiter, kommen Kinder nicht zur Ruhe. Dann wird das Kind gerade vor und nach Kontakten besonders leiden und besonders durcheinander sein. Die Wunde, dass die Eltern nicht mehr zusammenleben, bricht immer wieder auf. Und oftmals unabsichtlich und subtil bleiben die Kinder vom Konflikt zwischen den Erwachsenen nicht unbehelligt.

Die Beziehung zwischen den Partnern ist beendet. Die Beziehung zwischen Kind und anderem Elternteil hingegen besteht fort. Das Interesse des Kindes deckt sich hier nicht mit dem des Elternteils, bei dem es lebt. Aber das Kind identifiziert sich mit dem Elternteil, bei dem es lebt. So übernimmt es manchmal die Haltung des Erwachsenen und erklärt, es wolle den anderen Elternteil nicht mehr sehen.

Manches Kind möchte am liebsten «klare Verhältnisse» und glaubt, es müsse sich für den einen und gegen den anderen Elternteil entscheiden. Es handelt sich hier um ein starkes Bedürfnis vieler Kinder, selbst Ordnung in ihr Leben zu bringen. Sie glauben manchmal, wenn sie nicht zwischen zwei Familien pendeln müssen, sei ihr Leben einfacher. Doch wenn sie den anderen Elternteil abweisen, haben sie gleichzeitig ein schlechtes Gewissen. Wenden sie sich dem anderen Elternteil zu, befürchten sie, vom ständigen Elternteil nicht mehr geliebt zu werden.

Nur wenn es beiden Elternteilen gelingt, den jeweils anderen weiterhin als Vater oder Mutter des Kindes zu respektieren und Ja zur gemeinsam gelebten Zeit zu sagen, kann das Kind seine neue Situation annehmen. Väter könnten nach der Trennung sagen: «Du bist bei deiner Mutter zu Hause und ich bin froh darüber.» Eine Mutter, die ihr Kind nach der Trennung beim Vater lässt, kann sagen: «Es ist für mich voll in Ordnung, dass du bei deinem Vater lebst.»

➡ Gelingt dies nicht, so sollten Eltern die Hilfe in einer Beratungsstelle für Eltern, Kinder und Jugendliche aufsuchen. Durch die ausdrückliche Billigung des Kontaktes zum anderen Elternteil durch die Beraterin oder den Berater kann das Kind eher seine Interessen erkennen und wird ermutigt, seine Position zu beziehen: «Deine Mama sagt dir zwar, du sollst zum Papa gehen, aber du spürst, dass sie noch so traurig darüber ist, dass er nicht mehr bei euch lebt. Auf der einen Seite würdest du es gern der Mama recht machen und den Papa nicht treffen, andererseits würdest du gern den Papa sehen, weil er eben dein Papa ist. Dein Papa hat sich zwar von deiner Mama getrennt, aber nicht von dir. Kinder dürfen Vater und Mutter weiter sehen und lieb haben, auch nach einer Trennung der Eltern.»

«Mich ärgert nun, dass man mir und meiner Schwester überhaupt nichts von der ganzen Sache erzählt hat. Noch nicht einmal unsere Eltern hatten mit uns darüber gesprochen. Wir wurden einfach von ihnen weggeholt.»
(Katja W., 13 Jahre, in ihrem Aufsatz: «Was mich ärgert», Kapitel: Mit Kindern ihre Biographie bearbeiten, (S. 197/211)

Akute Lebenskrise: Trennung von zu Hause

Dominik, 7 Jahre, und July, 5 Jahre, wohnten bisher mit ihrer von seelischen Krisen stark belasteten Mutter zusammen, die häufig durch eine Familienhelferin unterstützt wurde. Der Vater der Kinder ist Amerikaner und schon vor langem in sein Land zurückgekehrt. Im Trennungsprozess von ihrem letzten Partner geht es der Mutter so schlecht, dass sie keine Kraft mehr für die Kinder hat. Sie bittet ihre Sozialarbeiterin, die Kinder in eine Bereitschaftspflegestelle zu vermitteln. Das sind Familien, die, im Auftrag des Jugendamtes, Kindern für einen überschaubaren Zeitraum ein Zuhause geben, bis die weitere Perspektive für das Kind geklärt ist.

Die beiden Kinder werden von den Bereitschaftspflegeeltern Grüner gut versorgt. Es wird viel gespielt, gelacht und viel unternommen. Die Kinder sprechen nicht über ihre Mutter und den hinter ihnen liegenden Umbruch im Leben. Die Bereitschaftseltern wollen von sich aus die Wunde nicht aufreißen. Nach vier Wochen besucht die Mutter ihre Kinder zusammen mit der Sozialarbeiterin zum ersten Mal. Danach sind die beiden eine Woche «durcheinander», zerstören viel, beeinträchtigen die anderen Kinder in der Familie.

Krisen unterschiedlichsten Ursprungs führen dazu, dass Kinder ihr Zuhause plötzlich verlassen müssen. Väter oder Mütter sind an ihre Grenzen gestoßen, befinden sich in Scheidungskrisen, sind seelisch oder körperlich krank oder es gibt Gewalt, Sucht- und Abhängigkeitsprobleme in Familien. Oftmals sind es Menschen, die sich auch ökonomisch und sozial in einer Notlage befinden. Manchmal sind es allein erziehende Frauen, die schlechte Wohnbedingungen und keine Unterstützung durch ihre Partner erhalten, die das Jugendamt um Hilfe zur Erziehung bitten. Viele Erwachsene, die in solch seelisch-sozial bedingte Notlagen kommen, haben in ihrer Kindheit Einsamkeit, Gewalt und Beziehungsabbrüche erlebt. Sie können wegen ihrer schweren Geschichte ihren Kindern keinen sicheren Halt geben. Die Kinder haben bei der Herausnahme aus der Familie oft schon eine Zeit von mangelnder Versorgung, Wechselbädern der Gefühle, Angst, Alleinsein und Stress hinter sich. Dennoch ist der Schritt der Trennung eine unvorstellbar spannungsreiche und schmerzhafte Erfahrung. Die Kinder verlieren meist unvorbereitet alles bisher Vertraute.

Die Mutter wieder zu sehen, löst in July und Dominik Glücksgefühl und zugleich tiefen Schmerz über den erlittenen Verlust aus. Hinter ihrer Flucht in Aktionismus verbergen die Kinder viele nicht gestellte Fragen. *Weshalb mussten wir fort? Warum dürfen wir heute nicht einfach wieder mit heim? Wie geht es der Mutter? Wie geht es weiter? Haben wir etwas falsch gemacht, dass unsere Mama uns nicht mehr will? Bei den neuen Leuten ist es recht schön. Wenn wir wieder nach Hause gehen, sind die dann böse mit uns?* Das alles bewegt die Kinder, aber sie können es nicht von sich aus in Worte fassen. Niemand von den Erwachsenen hat mit Dominik und July darüber deutlich gesprochen. Die Angst, Wunden aufzureißen oder etwas Falsches zu sagen, führt oft dazu, dass Betroffene und Fachkräfte den Kindern in ihrer Notlage zu wenig sagen.

Alle Kinder im Umbruch brauchen Erwachsene, die sie in ihrem Schmerz begleiten und ihnen Orientierung geben. Wir können ihnen das Schlimme und Traurige, das sie durchstehen müssen, nicht abnehmen. Aber wir können sie stärken, wenn wir ihnen gegenüber aussprechen, was gerade geschehen ist, warum es geschieht und was die nächste Zukunft bringen wird.

Hilfen durch Eltern und Fachkräfte der Jugendämter

Meist sind Mütter oder Väter selbst so belastet und durcheinander, dass sie in der Krise für ihre Kinder keine geeigneten Worte haben. In der einschneidenden Umbruchphase stehen die Kinder und ihre Eltern unter Schock. Nur mit viel Unterstützung und wiederholtem Üben können Herkunftseltern ihren Kindern mit angemessenen Worten die Wahrheit sagen. Folgende Schritte durch die Fachkraft des Jugendamtes können für die Kinder das Trauma der Trennung erträglicher machen.

Gegenüber Eltern und Kindern aussprechen, was gerade geschieht

Die Sozialarbeiterin kann vor den Kindern zur Mutter sagen: «Ich kann mir vorstellen, wie es in Ihnen aussieht. Wenn man gezwungen ist, sich von den Kindern zu trennen, dann ist das mit das Schlimmste, was es für Mütter oder Väter gibt.» Oder: «Ich kann mir vorstellen, wie weh es Ihnen tut, Ihre Kinder woanders hinzubringen. Ich rechne Ihnen hoch an, dass Sie den schweren Schritt gehen.» Noch besser ist, die Fachkraft kann die Eltern bewegen, das Kind gemeinsam in die Notpflegestelle oder Notaufnahme zu bringen. Dort werden dann Eltern und Kinder häufig zu einem gemeinsamen Gespräch empfangen.

Die Eltern ausdrücklich bitten, den Kindern zu sagen, weshalb sie untergebracht werden

Ob beim Einpacken der Koffer oder beim Gespräch in der Krisenstelle, am besten erklären Eltern ihren Kindern, weshalb sie in die Bereitschaftsstelle gebracht werden müssen. Viele Eltern können dies nicht von sich aus. Ihnen fehlen die Worte. Es hilft, wenn die Fachkraft der Mutter etwas vorspricht. Zur Mutter von July und Dominik hätte sie sagen können: «Sie sind jetzt wie unter Schock. Es ist wichtig, dass July und Dominik von Ihnen hören, weshalb sie heute woanders hingebracht werden. Sagen Sie: ‹July und Dominik, ihr habt mitbekommen, dass ich in letzter Zeit ganz schlecht drauf bin. Ihr könnt nichts dafür. Ich bin eure Mutti und kann nicht wie eine Mutti auf euch aufpassen. Ihr braucht jemanden, der für euch kocht und mit euch spielt. Deshalb kommt ihr jetzt erst mal in die Pflegestelle.› Sagen Sie dies den Kindern mit Ihren Worten.»

Mit Kindern darüber sprechen, weshalb sie herausgenommen werden müssen

Können Eltern dies gegenüber ihren Kindern nicht in Worte fassen, so sollte dies die Fachkraft tun. Im Falle von July und Dominik hätte sie den Kindern in Gegenwart der Mutter sagen können. «Eure Mama hat in letzter Zeit ganz schlechte Nerven und schreit viel und hat euch gehauen und wenig Kraft für euch gehabt. Sie hat euch ganz doll lieb. Sie will, dass Frau und Herr Grüner in nächster Zeit für euch sorgen.»

Ersten Kontakt zwischen scheidendem Elternteil und Kind vereinbaren

Eine Erleichterung ist es, wenn bereits der erste Besuchstermin oder wenigstens ein Telefonanruf mit dem Kind vereinbart werden kann. Wenn der Termin noch nicht festliegt, kann die Mutter sagen: «Ich werde euch demnächst besuchen.» Oder die Sozialarbeiterin erklärt: «Bald werde ich eure Mutti treffen und mit ihr vereinbaren, wann wir euch wieder besuchen.»

Inhalt und Ziel dieses ersten Besuches beschreiben

Damit die Kinder den ersten Kontakt nicht mit einer möglichen Rückkehr verwechseln und sich keine falschen Hoffnungen machen, ist es wichtig, dass die Fachkraft den Kindern erklärt, was bei dem Wiedersehen geschehen wird: «Wenn eure Mutti kommt, dann ist sie nur zu Besuch. Danach bleibt ihr hier bei den Pflegeeltern und die Mutti verabschiedet sich wieder. Eure Mutti möchte euch sehen, in den Arm nehmen und schauen, dass es euch gut geht. Ihr könnt ebenfalls sehen, wie es eurer Mutti geht. Sie geht zurück in ihre Wohnung (oder in ihre Therapie / Klinik) und ihr bleibt zunächst hier an eurem neuen Platz. Ich kann verstehen, wie schwer das für euch ist.»

Auf der Verabschiedung von Elternteil und Kindern bestehen

Wenn Väter oder Mütter dazu aufgefordert werden, schaffen sie es meist, ihre Kinder zum Abschied noch einmal zu umarmen. Auch wenn Eltern und Kinder dabei weinen: Es ist wichtig, dass sie einander verabschieden und nicht fortgehen, wenn die Kinder gerade anderswo beschäftigt sind. Sonst fühlen sich die Kinder übergangen und überrumpelt.

Was kann dem Kind gesagt werden, wenn es gegen den Willen der Eltern herausgenommen wurde?

Wurde ein Kind wegen Vernachlässigung herausgenommen, so kann die Sozialarbeiterin dem Kind beispielsweise sagen: «Du hast deine Mama lieb und sie hat dich lieb. Trotzdem ist deine Mama zurzeit so schlecht drauf, dass sie dich oft ohne Essen und ganz allein in der Wohnung gelassen hat. Deine Mama ist unglücklich, dass wir dich fortbringen. Sie hätte dich lieber bei sich behalten. Doch Kinder brauchen Erwachsene, die ihnen zu essen und zu trinken geben und sie nicht so lange allein lassen. Deshalb bringen wir dich zu Menschen, die sich um dich kümmern.»

Wurde ein Kind misshandelt, so kann ihm gesagt werden: «Es ist sehr schlimm, plötzlich von zu Hause fort zu müssen. Deine Mama hätte dich lieber bei sich behalten, aber sie hat dir sehr wehgetan, du hattest viel Angst vor ihr, deshalb hat ein Richter entschieden, dass du jetzt vor ihr beschützt werden musst. Trotzdem hast du sie lieb. Ich kann verstehen, dass du sie vermisst.»

Was kann dem Kind gesagt werden, wenn Kontakte zu den Eltern ausgesetzt werden sollen?

Es kommt heutzutage zwar seltener vor, aber manchmal werden Kinder noch im Einvernehmen von ihren Eltern getrennt und sollen zunächst keinen Kontakt zu ihren Angehörigen haben, damit sie sich in der neuen Umgebung einleben und «erst einmal zur Ruhe kommen». Es gibt viele Heime oder Kinderpsychiatrien, die am Anfang vier und mehr Wochen Kontaktsperre zu den Familien der Kinder verlangen. Doch gerade in den ersten Tagen nach der Trennung vermissen Kinder ihre Angehörigen ganz besonders. Für July und Dominik waren vier Wochen bis zum ersten Wiedersehen mit der Mutter viel zu lang, beunruhigend und beängstigend. Kinder kommen vielleicht äußerlich zur Ruhe, aber innerlich warten sie auf ihre Eltern, fürchten, von ihnen für immer vergessen oder verstoßen worden zu sein. Hier werden Kinder zusätzlich traumatisiert. Sie werden zu einer Scheinruhe gezwungen, die ihrer aufgeregten und aufgewühlten Umbruchsituation nicht entspricht.

Besuche zwischen Eltern und Kindern nach einer Herausnahme zu unterbinden, ist erforderlich, wenn Kinder von nahe stehenden Erwachsenen sexuell misshandelt oder Opfer von schwerer körperlicher und seelischer Gewalt wurden. Diese Kinder haben Anspruch auf Schutz und auf eine Ruhephase. Gleichzeitig vermissen auch sie ihre Eltern. Gerade diese Kinder benötigen besonders viel Information und eine offene Aussprache über das, was ihnen widerfahren ist und weshalb sie ihre Eltern zunächst nicht wieder sehen werden, z.B: «Erst wenn dein Vater einsieht, dass das schlimm ist, was er dir angetan hat, und wenn er dir erlaubt, hier bei anderen Menschen beschützt zu werden, will ich, dass du ihn wieder siehst. Dann werde ich dabei bleiben und dich nicht mit ihm allein lassen. Das geht aber jetzt alles nicht so schnell. Zunächst wirst du bei den neuen Leuten wohnen und deinen Vater nicht sehen. Du kannst nichts dafür und ich weiß, dass du dein Zuhause und deinen Vater trotz allem vermisst.»

Andere Kontakte zur bisherigen Umgebung knüpfen

Sollen Eltern zum Schutz des Kindes zunächst keinen Kontakt haben, dann sollten wenigstens andere Bezugspersonen aus früherer Zeit zu den Kindern gelassen werden: Geschwister, Verwandte oder Großeltern. Wichtig ist auch, dass die Kinder Sachen aus ihrer vertrauten Welt mitnehmen dürfen: Spielsachen, Schmusetiere, Kleidung. Jeder Mensch bestimmt sich zu einem Großteil aus der Vergangenheit. Hilfreich ist, wenn die neuen Bezugspersonen mit dem Kind bald in die Gegend, die Straße, vielleicht in den früheren Kindergarten besuchsweise zurückkehren. Gute Erinnerungen stärken das Kind, schlimme Erfahrungen können, wenn sie erinnert werden dürfen, eher «bearbeitet» werden. Wenn wir zu lange warten, Bindeglieder zur Vergangenheit herzustellen, dann muss ein Kind zu viel von dem, was geschehen ist, auslöschen oder abspalten, dann kann es auch in Zukunft kein vollständiger und lebendiger Mensch werden.

Die zeitnahe Perspektive ansprechen, auch wenn sie noch offen ist

Die Kinder brauchen Hinweise, was weiter mit ihnen geschieht, ob und wann sie wieder nach Hause können. Zu July und Dominik hätte schon früh während des Umbruchs gesagt werden müssen: «Wenn eure Mutter wieder für euch sorgen kann, könnt ihr wieder nach Hause. Wenn sie es nicht schafft, so werdet ihr für lange Zeit nicht heim können. Aber die Mutti kommt zu Besuch.» Dieses Gespräch kann durchaus in Anwesenheit der Mutter geführt werden. So wissen die Kinder, dass die Eltern denselben Informationsstand haben. Und Eltern werden sich ihrer Situation deutlicher bewusst, wenn die Fachkraft das alles in der akuten Situation der Herausnahme des Kindes noch einmal klar ausspricht.

Dem Kind Zeitpläne mitteilen

Sobald es eine zeitliche Planung durch die Sozialarbeiterin gibt, soll sie diese den Kindern mitteilen: «Wir haben ausgemacht, dass ihr jetzt für ein halbes Jahr bei den Grüners lebt. Jetzt ist Herbst und die Bäume verlieren ihre Blätter. Wenn der Winter vorbei ist und die Bäume neue Blätter bekommen, dann ist ein halbes Jahr um. So lange bleibt ihr bei Grüners.»

Selbstverständlich genügt keine einmalige Erklärung. Bei jedem Kontakt von Sozialarbeiterin und Mutter brauchen die Kinder erneut Orientierung.

Wenn die Fachkraft mit den Kindern über die nächste Zeit spricht, so sollte sie auch mitteilen, wann die weitere Planung ansteht. In einem Wandkalender kann der Termin für das nächste Hilfeplangespräch eingetragen werden. Die Kinder sollen wissen: Hier gibt es etwas Neues, wie es mit uns weitergeht.

Die Rolle des Kindes in der Bereitschaftspflegefamilie klären

Die Fachkraft sollte Wege finden, den Kindern Klarheit zu geben, was auf sie zukommt. Wichtig ist auch, dass Dominik und July wissen, dass Grüners ihre Mutter für eine Zeit vertreten, aber nicht ersetzen. Wenn Kinder in Pflegefamilien kommen, so gehen sie manchmal sehr rasch davon aus, dass sie die Kinder dieser Familie werden sollen. Es gibt in Familien keine anderen Rollen als Eltern und Kinder. Wird Kindern nicht explizit gesagt, dass sie eine Gastrolle in der Bereitschaftsfamilie haben und welche Zukunftsperspektive es gibt, dann kommen sie durcheinander. Vermutlich sind July und Dominik auch deshalb nach Kontakten besonders verwirrt, weil sie nicht wissen, wessen Kinder sie denn nun in Zukunft sein würden: Sollten sie Grüners als neue Eltern annehmen oder durften sie Kinder ihrer Mutter bleiben?

Hier kann die Fachkraft ihnen Orientierung geben: «Grüners werden nicht Mama und Papa für euch sein, obwohl sie wie Mama und Papa mit euch wohnen. Ihr seid Gastkinder bei Grüners. Trotzdem dürft ihr die beiden auch lieb haben. Eure Mutti bleibt immer eure Mutti und ihr habt sie lieb. Kinder können und dürfen mehrere Menschen lieb haben. Wenn ihr zur Mama zurückkehrt, dann bleiben Marianne und Horst gute Freunde von euch, zu denen ihr manchmal zu Besuch fahren könnt.»

Mit Kindern sprechen, wie es langfristig weitergeht

Wenn langfristig keine Rückkehr zur Mutter möglich wird, so muss auch das den Kindern deutlich gesagt werden. Dazu benötigen sie die Information, dass sie bei dieser Bereitschaftspflegefamilie nur so lange bleiben werden, bis geklärt ist, wie es weitergeht und wo das Kind künftig leben kann. Steht dann fest, dass Kinder von anderen Menschen versorgt werden sollen, so kann ihnen in etwa gesagt werden: «Deine Mama und dein Papa haben dir das Leben gegeben. Aber sie können nicht auf dich aufpassen und du kannst deshalb nicht wieder bei ihnen wohnen, weil sie keine Kraft haben, ein Kind zu versorgen und zu beschützen. Du kommst zu Menschen, die dafür sorgen, dass du zu essen bekommst und schlafen kannst, spielen und lernen. Wir sagen dazu Pflegeeltern.»

Hilfen durch soziale Einrichtungen bzw. Bereitschaftspflegestellen

Ob in einer Bereitschaftspflegefamilie oder in einer Notaufnahmegruppe im Heim, es gibt eine Vielfalt von Möglichkeiten, den Kindern in ihrer Krise zu helfen. Was den Kindern widerfahren ist, sollte zum Thema gemacht werden. Viele Kinder sind verwirrt oder durch ihre Vorgeschichte beeinträchtigt, Fragen zu formulieren. Sie sind erleichtert, wenn Erwachsene ihnen diese Verantwortung abnehmen und auf folgende Themen eingehen: *Warum mussten wir fort? Was macht unsere Mama oder unser Papa ohne uns? Wann dürfen wir wieder heim?*

Eine Hilfe kann es sein, die Kinder ein Bild von ihrer bisherigen Wohnung malen zu lassen, aus der sie fort mussten. Oder sie malen ihre bisherige Familie. Konkrete Fragen zu ihrem Leben zu Hause können ihnen ebenfalls helfen: «Was hast du besonders gern gegessen? Was hast du am liebsten im Fernsehen geschaut? Wo hast du geschlafen? Was war ein schöner Tag mit deinen Eltern? Was war ein schwerer Tag in deinem bisherigen Leben?»

- Gerade wenn Kinder sich nicht von sich aus äußern, können sie entlastet werden, wenn die Betreuungsperson beispielsweise sagt: «Ihr beiden erlebt gerade etwas sehr Schlimmes. Eurer Mutti geht es so schlecht, dass sie euch nicht behüten kann. Und hier ist alles neu und fremd für euch. Und ihr fragt euch bestimmt, wie alles weitergeht. Kann sein, dass ihr bald wieder zurückkönnt, es kann auch sein, dass ihr noch länger hier bleibt. Das weiß ich auch noch nicht. Auf jeden Fall wird hier für euch gut gesorgt.»
- Die Betreuungsperson kann sagen: «Wenn ich als kleines Kind das erlebt hätte, von zu Hause fort zu müssen, dann wäre ich ganz durcheinander und unglücklich gewesen.» Oder: «Es gibt viele Kinder, deren Mama und Papa können nicht so gut auf sie aufpassen. Das ist so, weil sie als kleine Kinder selbst niemanden hatten, der lieb zu ihnen war. Ihr Kinder könnt nichts dafür.»
- Es ist ganz wichtig, den Kindern zu vermitteln, dass sie wegen ihres schweren Schicksals verzweifelt und traurig sein dürfen: «Natürlich würdest du am liebsten die schlimmen Gefühle jetzt nicht haben. Aber du steckst zurzeit in einer schweren Situation und es gehört zu deinem Leben dazu, dass du viele Gefühle hast, die nicht nur schön oder freudig sind.»
- Ältere Kinder können vielleicht ein Tagebuch, einen Kalender bekommen, in dem sie abends kurz aufzeichnen, was sie erlebt haben. Oder sie können einen Aufsatz schreiben. Es ist wichtig, dass die besondere Situation Thema bleibt.

Vor- und Nachbereitung bei Kontakten zur Herkunftsfamilie

Haben Kinder während ihres Aufenthaltes in der Krisenstelle Kontakte zu ihren Angehörigen, so benötigen sie eine Vor- und Nachbereitung durch ihre Begleitpersonen. Viele Heimerzieher berichten, dass Kinder und Jugendliche vor den Heimfahrwochenenden besonders aufgedreht sind und ihre Geduld strapazieren. Es gehört zu den Aufgaben der Bezugspersonen, den Kindern zu spiegeln, weshalb sie sich so benehmen und dass sie gerade vor ihren Gefühlen und Spannungen davonlaufen. «Ich würde in eurer Situation ähnlich reagieren. Wenn ihr heimfahrt, kommt alles wieder hoch, was euch wegen eurer Eltern bewegt, aber die Besuche zu Hause helfen euch auch, mit eurer besonderen Lage klarzukommen.» Mit diesen Worten hat ein Erzieher den Kindern und Jugendlichen gezeigt, dass er versteht, was gerade mit ihnen geschieht.

Ein Bereitschaftspflegevater kann dem Kind gegenüber erläutern: «Ich verstehe, dass du jedes Mal vorher besonders aufgeregt bist, wenn deine Mutter uns besuchen kommt. Du sehnst dich nach ihr und zugleich hast du Angst vor Enttäuschung.»

Nach der Heimkehr von Besuchen zu Hause benötigt das Kind ebenfalls vielfältigen Trost. Die ganze Realität des Getrenntlebens ist ihm wieder bewusst geworden. Grenzen oder Schwächen der Eltern wurden ihm deutlich. Hier können Helfer ebenfalls mit Worten helfen, indem sie die innere Befindlichkeit des Kindes aufgreifen: «Wenn ich von meinen Eltern getrennt leben würde und käme dann von einem Besuch, dann wäre ich ganz schön durcheinander. Es kommt einem an so einem Tag alles wieder hoch, was wehtut.»

Bindungen knüpfen und wieder lösen

Es ist Aufgabe von Fachkräften in Einrichtungen oder von Erwachsenen in Bereitschaftspflegestellen, Beziehungen zu den ihnen anvertrauten Kindern zu knüpfen und auch wieder zu lösen. Kinder können nur dann mit gutem Gefühl von den Menschen, die sie für eine Zeit begleitet haben, wieder scheiden, wenn diese Menschen die Kinder wieder «freigeben». Dies ist für die Übergangs-Bezugspersonen nicht immer leicht, erst recht, wenn sie die Kinder in eine recht unsichere Zukunft entlassen. Und dies ist häufig der Fall. Sich zu verabschieden bedeutet auch, ein

Stück zu trauern, als bisherige Betreuer keinen Einfluss mehr zu haben, wie es dem Kind ergehen wird. Oftmals birgt die Zukunft viele Risiken.

Betreuer helfen sich selbst und dem Kind oder Jugendlichen, wenn sie die gemeinsame Zeit in einem Abschiedsbrief dokumentieren, beispielsweise unter dem Thema «Was ich von dir weiß». Hier können sie noch einmal die gemeinsamen Erfahrungen und besonderen Ereignisse zusammenfassen, auch viele gute Wünsche mit auf den Weg in die Zukunft geben. Es kann aufgeschrieben werden, was hinter dem Kind liegt, oder festgehalten werden, was das Kind selbst erzählt hat, auch wie das Kind am Tag seiner Ankunft gewirkt hat. Dies kann ein wertvolles Dokument für das Kind sein. Viele Einrichtungen geben den Kindern ein Fotoalbum über ihre gemeinsame Zeit mit auf den Lebensweg, angefüllt mit schriftlichen Wünschen und Unterschriften aller Bezugspersonen.

Eine mir bekannte Bereitschaftspflegemutter hat zusammen mit ihren Kindern ein Bilderbuch für die Bereitschaftskinder gemalt und geschrieben. Die Bereitschaftspflegestelle ist die Insel in einem Fluss. Und wie der Fluss immer weiterfließt, so geht das Leben immer weiter. Mag sein, das Kind kehrt an das Ufer zurück, wo es herkommt, oder es startet von der Bereitschaftspflegestelle zum anderen Ufer mit neuen Menschen. Solche konkreten Dokumente sind ein Schatz für das künftige Leben der betroffenen Kinder und Jugendlichen.

«Die Kinder haben von Natur aus einen weiteren Atem in sich. Wir Erwachsenen sind es, die ihn verloren haben und uns nicht damit abfinden können»
(Tamaro, 1995, S. 62)

Zurück in die Familie nach längerer Trennung

Kasim lebt mit seiner allein erziehenden Mutter zusammen, bis er 4 Jahre alt ist. Die Mutter merkt, wie ihr immer wieder die Nerven durchgehen. Sie hat wenig Geld, Probleme mit Psychopharmaka, von denen sie abhängig ist. Hinzu kommt eine starke Gewaltproblematik mit ihrem Partner. Sie beantragt beim Jugendamt Hilfe zur Erziehung in einer Pflegefamilie, die bereit wäre, ihr Kind wieder zu ihr zurückkehren zu lassen, sobald es ihr besser geht. Der zuständige Pflegekinderdienst stellt ihr Pflegeeltern vor. Kasims Mutter ist von dieser Familie begeistert und vertraut ihr.

Schließlich vergehen vier Jahre, bis die Mutter die Rückkehr von Kasim fordert. In der Pflegefamilie ist Kasim inzwischen zu Hause. Seine Mutter, die ihm durch Besuche vertraut geblieben ist, liebt er ebenfalls und kann sich vorstellen, bei ihr und dem neuen Partner zu leben.

Für Kasim wäre es eine seelische Katastrophe, wenn er nun gezwungen würde, die Pflegefamilie schnell gegen die Herkunftsfamilie auszutauschen. Ich kenne einige Kinder, bei denen die Rückkehr zur Herkunftsfamilie mit einem Beziehungsabbruch von ihrer Pflegefamilie einherging. Sie haben sich geweigert, wieder eine positive Bindung zu ihren Eltern aufzubauen. Sie wurden zu Weglaufkindern, sie suchten viel Streit mit ihren Eltern. Viele von ihnen mussten erneut woanders untergebracht werden. Diese Kinder konnten die Trennung von den Eltern und dann wieder die Trennung von der Pflegefamilie nicht überwinden. Sie konnten kein Vertrauen mehr in ihre Eltern herstellen.

Bei Kasim verläuft dies anders. Beide Familien, Pflegeeltern und Mutter mit neuem Partner, sind bereit, Rücksicht auf Kasim zu nehmen, und setzen sich zu vielen Gesprächen zusammen. Sie werden sich gemeinsam klar, dass es Kasims Schicksal ist, an zwei Familien existenziell gebunden zu sein. Wie Scheidungskinder die Scheidung ihrer Eltern dann am ehesten aushalten, wenn beide Eltern ihnen erlauben, weiterhin beide Eltern zu lieben und ausgedehnten Kontakt zu haben, so gilt dies auch für Pflegekinder.

Die Mutter lernt, dass sie ihr Kind nach Jahren nicht ohne weiteres wieder in Empfang nehmen kann. Ihr wird klar, dass Kasim seine Pflegefamilie weiterhin braucht. Sie kann unter Tränen zugestehen: «Wenn Kasim sagt oder durch sein Verhalten zeigt, dass er nicht wieder ganz bei mir leben kann, dann werde ich dies respektieren.» Die Pflegeeltern begreifen, dass Kasim nur glücklich sein wird, wenn er keine seiner beiden Familien verlieren muss. Sie können sich vorstellen, dass Kasim bei der Mutter wohnt und sie ihn an Wochenenden und in den Ferien bei sich haben.

➡ Die Mutter sagt zu ihrem Sohn: «Kasim, ich weiß, dass du bei Peter und Moni zu Hause bist. Du hast dort deine Pflegegeschwister, deine Freunde, deine Schule. Gleichzeitig möchte ich, dass du wieder bei mir wohnst. Aber nur wenn du es auch möchtest. In der nächsten Zeit hole ich dich jedes zweite Wochenende und in den Ferien. Und dann hätte ich am liebsten, dass wir es umgekehrt machen: Du gehst bei uns zur Schule, lebst bei uns, fährst jedoch jedes zweite Wochenende zu deinen Pflegeeltern und auch in allen Ferien, so wie du es willst. Wenn du aber ganz traurig wirst und gar nicht bei mir wohnen kannst, dann bin ich dafür, dass du weiter bei den Pflegeeltern wohnst und bei uns nur an Wochenenden und in den Ferien.»

➡ Die Pflegeeltern sagen zu Kasim: «Kasim, du lebst jetzt vier Jahre bei uns. Die Hälfte deines Lebens hast du mit deiner Mama gelebt und die zweite Hälfte bei uns. Wir können uns vorstellen, dass du wieder bei deiner Mama wohnst. Du kannst dann an Wochenenden und in den Ferien zu uns kommen. Wenn du weiter bei uns leben möchtest, dann kannst du das auch. Aber wir haben dich genauso lieb und freuen uns, wenn du zu deiner Mutter zurückkehrst. Auch wenn jetzt eine Zeit der Ungewissheit auf dich zukommt, eines bleibt dir sicher: Du hast zwei Familien und keine davon musst du je wieder ganz aufgeben. Wir Erwachsenen haben uns geeinigt.»

Kasim lernt, sich in der Familie der Mutter allmählich wohl zu fühlen – trotz großer Turbulenzen und wiederholter Tests, die Beziehung wieder aufs Spiel zu setzen. Er bleibt bei seiner Mutter und deren Partner. Für Kasim bleiben die Pflegeeltern Wochenend- und Urlaubsziel. Und er sagt: «Sie bleiben für mich Eltern.» Geburtstage und Feste feiern Kasims Familie und seine ehemalige Pflegefamilie miteinander.

- Erlebt das Kind, dass beide Familien Teil seines Lebens bleiben dürfen, können mögliche seelische Schäden eingegrenzt werden, dann kann Rückführung für die Kinder positiv verlaufen. Solche Bedingungen sind jedoch heute noch eher die Ausnahme. Sie müssten aber eigentlich durch die Jugendhilfe geschaffen werden, wenn Kinder aus Pflegefamilien zurückkehren sollen.
- Rückführung von Kindern in ihre Familien muss sanft und in vielen kleinen Schritten gestaltet werden. Es wurde schon einmal über die Kinder verfügt, als sie von ihrer Familie fort mussten. Es soll nicht erneut über sie verfügt werden. Das Kind soll beteiligt werden, ohne dass die Entscheidung auf das Kind abgewälzt wird. Die Erwachsenen schlagen einen Weg vor, das Kind kann darauf reagieren. Signale vom Kind müssen ernst genommen und richtig eingeordnet werden.
- Waren Eltern über lange Zeiträume von ihren Kindern getrennt, dann müssen sie zulassen, dass ihre Kinder in der anderen Umgebung Freundschaften geknüpft haben, sich an Menschen banden oder Pflegeeltern wie Eltern annahmen, ähnlich wie alle Eltern ihren erwachsenen Kindern gestatten, dass sie Partnerschaften eingehen und mit anderen Menschen ihr Leben gestalten. Die Menschen, bei denen das Kind während der Trennung gelebt hat, sollten nicht mehr aus dem Leben des Kindes verschwinden.
- Die künftige Basis darf nicht heißen, die eine gegen die andere Familie auszutauschen, sondern beide Familien zu bewahren. Es fördert die Persönlichkeitsentwicklung von Kindern und Jugendlichen, wenn sie besuchsweise häufig oder seltener – je nach der verbrachten Zeit – zu den Orten und Menschen zurückkehren können, bei denen sie eine Zeit lang ohne Eltern gelebt haben. Im neuen Kindschaftsrecht ist der Anspruch des Kindes auf Besuche bei seinen früheren Pflegeeltern verankert. Es gibt ein Besuchsrecht der Pflegeeltern gegenüber dem ehemaligen Pfle-

gekind. Dem Kind sollen die beiden Lebenswelten auch nach Rückkehr in seine Herkunftsfamilie erhalten bleiben.

➨ Oftmals handeln Eltern verantwortlicher, wenn sie ihr Kind nach Jahren in der neuen Umgebung lassen. Kinder sind erleichtert, wenn sie mitbekommen, dass es ihrer Mutter oder ihrem Vater wieder besser geht. Und sie dürfen dennoch in ihrer vertraut gewordenen Umgebung und bei lieb gewordenen Menschen bleiben. Wenn die Pflegefamilie dann ihrerseits dem Kind ermöglichst, großzügig Kontakte zu seiner Herkunftsfamilie zu gestalten, so kann das Kind bestmöglich mit seiner besonderen Situation aufwachsen.

Was Kinder von ihren Eltern brauchen, wenn sie nach einer Trennung zurückkehren

In nahezu allen Heimkindern und in so manchem Pflegekind lebt eine große Sehnsucht, wieder ganz bei den Eltern zu sein. Dies bedeutet aber nicht, dass ein Zusammenleben auch klappen wird. Es ist die Sehnsucht, in einer heilen Welt bei den «richtigen» Eltern zu leben, so wie Scheidungskinder oft noch lange davon träumen, die Eltern mögen wieder zusammenkommen und sich miteinander vertragen.

Nur ein geringer Teil von Kindern kehrt aus Dauerpflegefamilien in die Herkunftsfamilie zurück. Viele haben eine Zeit in einer Krisenpflegestelle gelebt, andere in einem Heim oder einer Jugendwohngruppe, wieder andere blieben bei Großeltern oder in Familienpflege bei Verwandten, weil ihre Eltern oder Elternteile in schweren Krisen steckten und ihre Elternrolle nicht wahrnehmen konnten.

Die Eltern bekommen ein durch die Trennung verändertes, psychisch verwundetes Kind zurück. Das Zusammenleben kann nicht unkompliziert fortgesetzt werden, wo es aufhörte. Meist haben Eltern und Kinder hohe Erwartungen aneinander. Das Kind hat sich über lange Zeit danach gesehnt, wieder heimkehren zu dürfen, und Illusionen aufgebaut, wie herrlich das Zusammenleben sein würde. Ebenso die Eltern. Manche haben heftig um die Rückkehr ihres Kindes gestritten. Nun wollen sie endlich wieder Normalfamilie sein. Am liebsten möchten manche Eltern so tun, als ob es die Zeit der Trennung nie gegeben hätte. Sie glauben, sie könnten ihr Eltern-Kind-Verhältnis fortsetzen, wo es aufgehört hat, oder sie sind überzeugt, dass jetzt alles besser wird als jemals zuvor.

Doch in den Kindern kämpfen zwei psychische Ebenen: Auf der einen Ebene wollen sie wieder ganz Kind ihrer Eltern sein, möchten sie eine heile Welt bauen. Meist bewegen sich die Kinder in der ersten Zeit nach ihrer Rückkehr auf dieser Ebene. Alles wirkt harmonisch, Kind und Eltern strengen sich an, konfliktfrei zusammenzuleben. Wir haben es mit einer Phase der Anpassung auf beiden Seiten zu tun. Doch die Kraft des Kindes reicht nicht aus, ständig auf dieser Ebene zu bleiben. Auf der anderen Ebene bleiben die Kinder vorsichtig, haben Angst, ihren Eltern wieder innig zu vertrauen. Sie sind verunsichert. Manche Kinder müssen sich unbewusst rächen für den angetanen Schmerz der vorhergegangenen Fremdplatzierung. Andere testen unbewusst aus, wie weit sie gehen können und ob ihre Eltern sie wieder fortgeben, wenn sie sich ganz unausstehlich betragen. Manches Kind probiert aus, was geschieht, wenn es sich verweigert, entzieht oder provoziert. Bei Streitigkeiten kommt schnell: «Dann gib mich doch wieder ins Heim.» Wie können Mütter oder Väter ihren Kindern helfen, sich wieder mit ihnen «anzufreunden» und zu ihnen wieder Vertrauen aufzubauen?

Wenn der Neuanfang gelingen soll

Damit das neue Zusammenleben eine echte Chance hat, muss zuallererst die frühere Trennung, das Trauma zwischen Eltern und Kind, Thema werden. Denn unbewusst sind diese Erlebnisse noch präsent. Durch Verschweigen und Wegschieben, Beschönigen oder Verleugnen wird die Basis für ein neues Zusammenleben geschwächt.

➠ Eine große Hilfe für ihr Kind ist es, wenn die Mutter oder der Vater ihre Verantwortlichkeit und Beteiligung an den Vorkommnissen, die zur Herausnahme bzw. Fortgabe des Kindes führten, einsehen und dem Kind gegenüber ansprechen können. Das Kind braucht von seinen Eltern eine verständliche Darstellung von allem, was zur Trennung geführt hat. Hierbei müssen die Eltern selbstkritisch und ehrlich ihre früheren Fehler und Schwächen einräumen, z. B.: «Wir hatten euch sehr lieb. Aber wir wussten im Grunde nicht, was ein Kind braucht. Wir haben dich viel allein gelassen. Es ging dir damals schlecht und du hattest Angst. Wir bereuen, was alles passiert ist. Und wir wissen, dass man so etwas Schreckliches nie ungeschehen machen kann. Und ich kann auch verstehen, dass du heute noch ängstlich und schreckhaft oder wütend bist.»

➠ Kasims Mutter hat nichts beschönigt und ihrem Sohn erzählt: «Mir ging es damals sehr schlecht und ich habe mich nicht um dich gekümmert, sondern dich ständig bei anderen Leuten abgegeben. Ich war tablettenabhängig und immer nur an mir selbst interessiert. Ich hatte nicht die Reife, einem Kind zu geben, was es braucht. Deshalb habe ich das Jugendamt gebeten, dich zu Pflegeeltern zu bringen. Sie haben mir Peter und Moni vorgestellt und ich mochte sie. Sie haben gut für dich gesorgt. Und ich bin ihnen dafür dankbar, dass sie für dich da waren.»

➠ Mütter oder Väter sollten dem Kind immer wieder deutlich sagen: «Es war nicht deine Schuld, dass wir uns trennen mussten. Es lag an uns Erwachsenen. Wir haben Fehler gemacht. Wir waren mit unseren Problemen beschäftigt und mussten euch anderen Menschen anvertrauen.»

➠ Alte Erlebnisse können bearbeitet werden, indem die Mutter oder der Vater mit dem Kind am Jahrestag oder des Auseinandergehens wieder daran zurückerinnern. «Und dann bist du in das Kinderheim zur Notaufnahme gekommen. Nach einer Woche habe ich dich das erste Mal besucht. Weißt du noch, wie wir beide geweint haben, als ich wieder fortging?»

- Mutter oder Vater können eine Chronik der Ereignisse aus der Zeit des Getrenntlebens zusammenstellen: der erste Besuchstag, weitere Besuche, Ausflüge, der erste Geburtstag, den das Kind nicht zu Hause verbracht hat, wichtige Ereignisse in der Schule: Zeugnisse, Wanderwoche. Eine Aufzeichnung von den Menschen, die das Kind im Heim oder der Pflegestelle lieb gewonnen hat. Auch was die Eltern in der Zwischenzeit erlebt haben, interessiert das Kind: vielleicht der Therapiebeginn der Mutter in einer Klinik, ein Umzug, Kennenlernen eines neuen Partners usw.
- Die Phase, in der das Kind bei anderen Menschen gelebt hat, war eine intensive und aufregende Zeit für das Kind, in der es sich verändert hat. Je mehr Bindeglieder zu dieser Zeit aufrechterhalten werden, umso eher kann das Kind sich auf das Wiederzusammenleben mit seinen Eltern einlassen. Die Eltern sollten häufig mit dem Kind zusammen die Bilder aus dieser Zeit anschauen. Oder sie können öfter das Heim oder die frühere Pflegestelle besuchen. Hat das Kind in der Verwandtschaft gelebt, so sollte das Kind oft wieder dorthin dürfen.
- Mütter oder Väter können für ihre Kinder ein Lebensbuch anlegen, in welchem die ersten Jahre des Zusammenlebens dokumentiert sind, die Jahre der Trennung und die begonnene neue Zeit miteinander. Das Kind kann den Eltern Erlebnisse diktieren über jene Zeit, die es woanders verbracht hat. Sind nicht genug Fotos aus der Zeit des Getrenntlebens vorhanden, sollten Eltern das Kind auffordern zu malen: «Male doch die Tiere, die bei euch gewohnt haben, die Kinder aus deiner Gruppe, deinen früheren Lehrer, das Haus deiner Pflegefamilie, male dein Kinderheim …»
- In Alltagskonflikten sollten die Eltern immer wieder realisieren: Ihr Kind ist eine eigenständige Persönlichkeit geworden, die eine lange Zeit ohne die Eltern bewältigt hat. Die Kinder haben ein Stück Unabhängigkeit erworben, auch wenn sie gleichzeitig sehr hilfsbedürftig sind. Dies können Eltern aussprechen: «Ich verstehe, dass du in vielem einen eigenen Kopf hast. Schließlich musstest du lange ohne mich auskommen.»

- ➡ Durch die Umbrüche im Leben kann das Kind nicht einfach die ersehnte Harmonie mit seinen wiedergewonnenen Eltern leben. Zu viele Verletzungen, Zweifel und Ängste bestehen unbewusst. Die Zeit der Trennung hat bleibende Spuren hinterlassen. Auch dies könnten Eltern sagen: «Ich wäre an deiner Stelle ganz schön empfindlich, wenn ich so lange ohne meine Mutter hätte leben müssen. Es hat alles sehr wehgetan. Und du hast viele Zweifel, weißt noch nicht, ob du mir wieder vertrauen kannst. Ich akzeptiere das.»
- ➡ Wieder den Alltag miteinander zu verbringen ist schwerer, als Eltern und Kind sich vorher ausgemalt haben. Dies sollten Eltern akzeptieren und ihrem Kind viel Zeit geben: «Vorher hatten wir nur eine Besuchs- und Feiertagsbeziehung. Wir haben davon geträumt, wie schön das Zusammenleben sein würde. Aber wir sind uns im Alltag ein bisschen fremd geworden. Das gehört jetzt zu unserem Leben dazu. Wir brauchen noch viel Zeit, um uns wieder aneinander zu gewöhnen.»

Um das alles zu können, benötigen Eltern viel Anleitung, Hilfe und Übung durch soziale Fachkräfte. Eltern und ihre Kinder benötigen vor, während und nach der Rückkehr ihres Kindes in ihre Familie intensive Begleitung und fachliche Hilfe, damit das neue Zusammenleben nicht wieder scheitert. Sie sollten Beratung durch eine sozialpädagogische Familienhilfe annehmen oder zumindest in einer Beratungsstelle für Eltern, Kinder und Jugendliche Hilfe suchen. Es sollte immer wieder ins Bewusstsein zurückgeholt werden, dass Eltern und Kinder sich in einer Umbruch- und Ausnahmesituation befinden. Es ist nicht einfach, das Zusammenleben langsam wieder zu erlernen.

«Neun Jahre alt! Bald wird es zwölf sein und kein Kind mehr. Neun Jahre lasten. Es wird Hornhaut auf der Seele haben. Scharfe Sporen, um die Richtung einzuschlagen, die ihm passt. Es wird älter sein als neun an Lebenserfahrung, uralt vielleicht und abgestumpft von unzähligen Verletzungen. Und dann wird es hier wie ein Neugeborenes anfangen müssen, ohne Sprache, neu in einer Familie.»
(Storz, 1999, S. 43)

Neubeginn in einer Pflege- oder Adoptivfamilie

Die 7-jährigen Zwillinge Jannik und Niclas leben seit einem Jahr im Kinderheim. Ihre Mutter ist verstorben. Bis die Behörden geklärt haben, ob der Vater in USA die elterliche Sorge übernehmen will, hat es lange gedauert. Nun sollen die Jungen in eine Pflegefamilie mit Aussicht auf Adoption vermittelt werden. Die potentiellen Pflegeeltern sollen sich die Kinder im Heim erst einmal anschauen. Die Leiterin erklärt den Kindern: «Das sind Leute, die das Heim besichtigen wollen.» Beim nächsten Besuch sagt sie: «Denen hat es das letzte Mal so gut bei uns gefallen. Die wollen noch mal ein bisschen mitspielen.» Jannik hat die Ereignisse von damals wie einen Film in sich gespeichert und sagt zwei Jahre später: «Uns Kindern im Heim war klar, dass ihr gekommen seid, um uns zu besichtigen. Und ich hab gedacht, ihr wollt uns vielleicht nicht haben.»

Die Anbahnung in eine Pflege- oder Adoptivfamilie steht bevor, weil inzwischen klar geworden ist: Die Eltern werden für sehr lange Zeit oder gar nicht mehr für ihre Kinder selbst sorgen können. Was soll Kindern gesagt werden, wie können sie vorbereitet werden? So verständlich das Anliegen ist, Kindern Aufregung zu ersparen, mit dem Vorspiegeln falscher Tatsachen, wie es die Leiterin des Heims von Jannik und Niclas versucht hat, helfen wir den Kindern nicht. Im Gegenteil. Durch ihre Ausreden hat sie die Spannung der Kinder erhöht. Auch die Bewerber fühlen sich unwohl. Sie müssen sich verstellen. Sie kommen sich unecht und unsicher vor. Die

Jungen haben dies registriert, aber anders ausgelegt. Sie denken, die künftigen Pflegeeltern wollen sie vielleicht nicht haben.

Niclas und Jannik haben vermutet, weshalb die Fremden ins Kinderheim gekommen sind. In jedem Heim gibt es Kinder, die schon eine Anbahnung anderer Kinder erlebt haben. Wenn erwachsene Bezugspersonen dann das Gegenteil behaupten, so bringen sie Kinder nur von ihrem sicheren Gespür ab und nehmen ihnen die Möglichkeit, Aufregungen als zum Leben dazugehörig zu erleben und an den Herausforderungen zu wachsen. Wir lassen Kinder mit ihren Vermutungen und Spannungen, Freuden und Ängsten sogar ein Stück allein. Kinder in solch schweren Umbruchsituationen haben viel hinter sich und viel vor sich. Sie entwickeln viel Stärke. Wir können sie vor Unruhe und Zweifeln nicht schützen, sie wohl aber unterstützen und ermutigen.

Die Leiterin des Kinderheims wollte verhindern, dass die Zwillinge sich in Phantasien, Träume oder Ängste hineinsteigern. Auch die analytisch orientierten Therapeuten Monika Nienstedt und Arnim Westermann haben zum Ziel, «gerade bei der Kontaktanbahnung eine Situation zu schaffen, die vom Realitätsdruck, von Anpassungsforderungen weitreichend befreit ist...» (Nienstedt, Westermann, 1998, S. 36). Sie behandeln im Heim zwischenplatzierte Kinder in ihrer psychologischen Praxis und lassen künftige Pflegeeltern wie zufällig als ihre Bekannten vorbeikommen. Hier wird eine Situation geschaffen, die nicht der Wirklichkeit entspricht. Vermeintlicher «Schutz» des Kindes geht über in Manipulation. Es gibt viele Möglichkeiten, das Kennenlernen für das Kind zu erleichtern, ohne ihm ein abgekartetes Spiel vorzusetzen.

Der erste Tag des Kennenlernens oder: Wie sagen wir's dem Kind?

In den meisten Kinderheimen werden die Kinder nicht mehr getäuscht, der Erstkontakt wird ganz offen angekündigt und Kinder werden gut vorbereitet.

Zunächst müssen sich die Erwachsenen darüber klar werden: Bislang fremde Menschen als mögliche Eltern kennen zu lernen, ist für jedes Kind außerordentlich kompliziert, beunruhigend und belastend: Das Bedürfnis, sich anzustrengen, den neuen Menschen zu gefallen. Die Trauer um die Herkunftseltern, die Angst, diesen untreu zu werden, und viele widersprüchliche Gefühle bewegen die Kinder. Manche Kinder denken: *Diese fremden Leute können doch unmöglich meine Eltern sein. Und was, wenn die mich nicht mögen?* Illusionen, Hoffnungen, Widerstand, Aufregung, all das sind berechtigte Gefühle der Kinder. Fast alle Kinder haben Angst, nicht gemocht zu werden. Manche inszenieren sogar schwieriges Verhalten, um einer Zurückweisung zuvorzukommen. Andere strengen sich ganz besonders an und zeigen sich von ihrer besten Seite. Ein Stück Ordnung in dieses Gefühlsdurcheinander zu bringen, ist Aufgabe der erwachsenen Begleitpersonen beim Anbahnungsprozess.

➠ Etwa zwei oder drei Tage vor dem ersten Zusammentreffen kann dem Kind beispielsweise gesagt werden: «Deine erste Mama und dein erster Papa bleiben immer deine Eltern. Aber sie können dir kein Zuhause geben. Das weißt du schon lange. Wir haben jetzt Menschen gefunden, die möchten für ein Kind sorgen, das nicht bei seinen Eltern wohnen kann. Zunächst sind das ganz fremde Leute für dich. Und das macht jedem Kind erst mal einen Schrecken. Du wirst noch dreimal schlafen, dann werden sie zu Besuch kommen. Sie werden mit dir viel unternehmen und spielen, dann wirst du sie oft besuchen, und erst wenn du sie ganz gut kennst, wirst du zu ihnen umziehen. Zunächst einmal wohnst du weiter bei uns.»

➠ Ganz wichtig ist folgende Erläuterung: «Zunächst kannst du zu ihnen keine Gefühle wie zu Mama und Papa haben. Das dauert ganz lange, bis solche Gefühle wachsen. Stelle dir mal vor, wenn eine Blume entsteht: Zuerst gibt es nur ein winziges Samenkorn. Und wenn das in Erde kommt und oft gegossen wird, wird nach langer Zeit eine Blume daraus. So ist das auch mit den Gefühlen zu den neuen Menschen. Sie wachsen ganz langsam. Du musst dich zu nichts zwingen.»

➠ In weiteren Vorbereitungsgesprächen kann zum Kind gesagt werden: «Das ist ganz aufregend, solche Leute kennen zu lernen. Manche Kinder haben Angst, dass die Leute sie nicht mögen. Den Leuten geht es genauso: Sie sind nicht sicher, ob das Kind sie mag. Das ist alles nicht leicht. Für dich nicht und für die Leute auch nicht. Solche Gefühle gehören dazu.»

Beim ersten Mal sollten Kind und mögliche Pflegeeltern noch nicht miteinander fortgehen, sondern in Gegenwart der bisherigen Bezugsperson miteinander spielen und sprechen.

- Hilfreich ist, wenn die künftigen Pflegeeltern beim ersten Kontakt dem Kind gegenüber formulieren können: «Das ist für dich sicher ganz beunruhigend, fremde Leute kennen zu lernen und zu überlegen, ob man später mit denen wohnen kann. Uns geht es auch so.»
- Sie können das Kind bitten, sein Fotoalbum zu zeigen oder die Sachen, die es von zu Hause mitgebracht hat. Sie können beispielsweise gegenüber den Zwillingen einfließen lassen: «Wenn ich mir vorstelle, meine Mutter wäre gestorben und der Vater wäre in Amerika gewesen, als ich so klein war, das wäre für mich schlimm gewesen.»
- Und sie sollten signalisieren, dass die Herkunftseltern auch künftig ein Teil im Leben der Kinder bleiben: «Auch wenn ihr euren Vater nicht mehr kennt und eure Mutti gestorben ist: Sie haben euch das Leben gegeben, und wir wollen oft an sie denken.»
- Jeder Kontakt kann von den Begleitpersonen des Kindes vor- und nachbereitet werden. Bei kleinen Kindern kann es sehr hilfreich sein, mit einer Handpuppe zum Kind zu sprechen: «Erzähle mir, wie sehen die neuen Leute aus? Und wie heißen sie? Was habt ihr zusammen gespielt? Und wann wirst du sie wieder sehen?» Die Bezugsperson kann zum Kind sagen: «Es gehört dazu, dass du jetzt aufgeregt bist. Genauso geht es jetzt den beiden Erwachsenen.»

Es muss einem älteren Kind auch erlaubt werden, bestimmte Bewerber nicht anzunehmen. Manchmal können wir Probezeiten vereinbaren. Auch die nehmen den Zwang, einander sofort lieben zu müssen. Folgendes kann dem Kind gesagt werden:

- «Nicht alle Erwachsenen und alle Kinder passen einfach zueinander. Es hat schon Kinder gegeben, die nicht mit den Leuten mitgehen wollten. Und umgekehrt: Manchmal hat es Leute gegeben, die gemerkt haben: Wir passen mit dem Kind nicht zusammen. Dieses Kind braucht andere Menschen. Ob das Kind und die Erwachsenen wirklich gute Freunde werden können, das müssen alle langsam miteinander herausfinden. Ich traue dir zu, dass du das kannst, und wenn du Angst hast oder durcheinander bist, dann reden wir miteinander.»

Ein sehr hübsches Kinderbuch zum Thema Kennenlernen und Anbahnen ist *Sonntagskind* von Gudrun Mebs. Es ist aus der Sicht eines kleinen Mädchens geschrieben, das im Kinderheim lebt. Der Prozess des Kennenlernens und die damit verbundenen Höhen und Tiefen, Hoffnungen und Wunschträume werden hier empfindsam geschildert: «Und vor mir stand meine Sonntagsmami. Die Frau Fiedler. Erst hab ich gedacht, das kann ja gar nicht stimmen, das kann sie doch nicht sein ... und sie sieht überhaupt nicht aus wie die Sonntagsmami, die Andrea und ich uns ausgedacht haben. Das mit dem Kamin und dem Chauffeur und dem Bärenfell kann ich vergessen.» (Mebs, 1994, S. 23)

«Neue Eltern»?, «neue Mama, neuer Papa»?

Die 6-jährige Luisa lebt fast zwei Jahre in einer Bereitschaftspflegestelle. Die Bereitschaftspflegemutter will dem Kind nichts vormachen und erklärt: «Komm, Luisa, unten sind Leute zu Besuch, die wollen deine neuen Eltern werden.» Später erzählt Luisa: «Ich bin erschrocken, mir war ganz schwindelig im Bauch. Neue Eltern, die konnte ich doch gar nicht gebrauchen.»

Oft sagen die sozialen Fachkräfte: «Wir suchen eine neue Mama und einen neuen Papa für dich.» Es ist verwirrend für Kinder, völlig fremde Menschen jetzt schon als «neue Eltern» zu bezeichnen. Der Begriff Mama beinhaltet für die Kinder ihre einzigartige Mama. Und sie stellen sich unter «neuer Mama» eine bessere Ausfertigung ihrer Mama vor. Ebenso ist es mit dem Begriff Papa: Hat das Kind mit einem Papa zusammengelebt, so ist dieser Begriff belegt.

Ein kleines Mädchen von 4 Jahren sagt zu «Besuchern im Heim», die künftig Pflegeeltern des Kindes werden wollen, beim ersten Kontakt: «Ich kann nicht mit euch spielen gehen. Ich bekomme eine neue Mama und einen neuen Papa. Auf die warte ich jetzt.»

Die fremden Menschen, die mit dem Kind spielen wollen, haben selbstverständlich nichts mit der Vorstellung des Kindes von «neuer Mama» oder «neuem Papa» zu tun.

Die künftigen Pflegeeltern sollten sich nicht als «neue Eltern» ausge-

ben. Sie sollten ihren eigenen Kindern auch nicht erklären, sie bekämen eine Schwester oder einen Bruder. Die Rollenverteilung Eltern und Kind, Bruder und Schwester kann erst vorgenommen werden, wenn ein emotionales Eltern-Kind-Verhältnis entstanden ist, wenn das Kind seinen Platz in der Familie gefunden hat.

Manche Kinder wünschen sich gar keine neuen Eltern, sondern Erwachsene, die ihnen ermöglichen, zu essen und zu trinken, zu schlafen und zu spielen. Mehr wollen viele Kinder mit Verlusten und Beziehungsabbrüchen zunächst noch nicht. Wenn wir in der Anbahnungsphase den Begriff «Eltern» für fremde Menschen benutzen, dann legen wir dem Kind nahe, Eltern könne man beliebig austauschen. Kinder mit mehreren Wechseln im Leben verhalten sich denn auch oftmals distanzlos, sind zu jedem Fremden so intim und vertraut wie zu nahen Menschen.

Zeit für weiche Übergänge

Doreen, 6 Jahre, trifft ihre künftigen Pflegeeltern dreimal für zwei Stunden im Heim, dann nehmen sie das Mädchen im Einvernehmen mit Jugendamt und Heimleitung mit in ihr Haus. Am Morgen nach ihrer ersten Übernachtung sagt Doreen: «Ich muss jetzt zurück ins Heim.» Die Pflegeeltern bringen sie zurück und vereinbaren für das nächste Wochenende nur eine Übernachtung. Erst nach fünf Wochenenden ist Doreen bereit, zwei Nächte zu bleiben. Nun wird sie Wochenendkind in der künftigen Familie. Immer ist ihre Freude groß, wieder ins Heim zurückzukehren. Nach drei Monaten verlängern die Pflegeeltern die Wochenenden. Wenn sie zu dem Kind sagen: «Jetzt kannst du doch bald ganz bei uns wohnen», antwortet es: «Ich brauche noch ein bisschen mein Kinderheim.» Nach sechs Monaten erklärt Doreen: «Jetzt will ich nur noch ein Wochenende im Heim Abschied feiern und dann kann ich auch ganz bei euch wohnen.»

Durch die langsame Anbahnung ist den Pflegeeltern und dem 6-jährigen Mädchen klar geworden, dass sie nicht einfach die klassische Familie Vater-Mutter-Kind kopieren können, dass es etwas Besonderes ist, eine soziale Eltern-Kind-Beziehung aufzubauen. Der bisherige Platz, Bereitschaftspflege oder Heim, ist nach den dramatischen Ereignissen der Trennung von zu Hause für viele Kinder ein neutraler und vertrauter Boden geworden. Das Kind soll diesen erst verlassen müssen, wenn die neue Familie schon zum vertrauten Teil im Leben des Kindes geworden ist.

Weiche Übergänge sind für Kind und künftige Pflegeeltern oftmals schwer auszuhalten, schaffen aber eine gute Basis für die künftige Bindung. Wird das bisherige Zuhause zu schnell eingetauscht, so verinnerlicht das Kind dies als Grundregel für sein späteres Leben. Kinder mit abrupten Abbrüchen und schnellen Neustarts in Familien verlassen später ihre Pflegefamilien manchmal genauso plötzlich und abrupt. Sie kennen es nicht anders. Beziehungen entstehen langsam. Zwischen der ersten Verliebtheit und einer festen und zuverlässigen Zweierbeziehung liegt auch bei Erwachsenen ein langer Zeitraum. Zwischen Kindern und Erwachsenen ist dies nicht viel anders. Werdende Pflegeeltern müssen lernen, zwischen erster Begeisterung und Freude an Neuem und einer gewachsenen Bindung zu unterscheiden.

Viel zu oft werden Kinder sehr schnell umplatziert, auch weil räumliche Entfernungen zwischen Pflegefamilie und bisherigem Aufenthaltsort des Kindes bestehen. Manche Kinder sind selbst die treibende Kraft, weil sie die Zeit, in der sie zwei Welten angehören, verkürzen wollen. Diese «Flucht voran» bedeutet aber, dass die Beteiligten ihr neues Zusammenleben asynchron aufbauen. Sie bauen schon ein Haus, ohne dass der Grundstein gelegt ist.

Natürlich reagieren Kinder auch auf die Wünsche, Haltungen, Erwartungen und Ansprüche ihres Umfeldes. Wenn Kinder spüren, dass die Pflegeeltern an einer raschen Übersiedlung des Kindes interessiert sind, möchten sie dem nicht im Wege stehen und damit die Pflegeeltern etwa enttäuschen. Die Begleitpersonen im Heim glauben schnell, es stimme etwas nicht mit der künftigen Familie, wenn Kinder sich weiterhin im Heim wohl fühlen. Doch Vertrauen baut sich erst durch Erfahrung auf. Beziehungen, die anfangs viel zu schnell installiert wurden, verstärken später das Gefühl zwischen elterlichen Bezugspersonen und Kind, einander nicht zu erreichen und keinen «richtigen Zugang» zueinander zu haben. Das eine Leben nicht schnell gegen ein neues Leben und neue Menschen einzutauschen, hilft Kindern in schweren Umbruchsituationen, Gefühle zu bewahren, nicht all ihre Verzweiflung abzuspalten und zu verdrängen und somit lebendig und kontaktfähig zu bleiben.

Wie der Wechsel für Babys gestaltet werden kann

Auch Säuglinge benötigen weiche Übergänge. Natürlich braucht ein Säugling nicht Monate, um den Übergang zu bewältigen. Kleinkinder unter einem halben Jahr sind besonders stark auf ihre Umgebung angewiesen. Wenn wir das Zimmer eines Babys umräumen oder auch nur ein neues Mobile über das Bettchen hängen, dann wird manches Baby unruhig und quengelig, aber die Eltern können sich das nicht erklären. Babys schaffen sich selbst Sicherheit, indem sie sich genau merken, was in ihrem Revier an Gegenständen wohin gehört.

Oftmals wird ein Säugling zuerst von seiner vertrauten Umgebung getrennt, dann wieder ohne Anbahnung von der Bereitschaftsstelle zu den künftigen Pflege- oder Adoptiveltern gebracht. Diese schnellen Übergänge erschüttern das Vertrauen des jungen Kindes. Dabei spielt für Babys alles Vertraute, die Art, wie sie gehalten werden und ihr Fläschchen bekommen, auch der Geruch der Menschen, ihrer Kleidung und ihres Betts eine große Rolle.

Je älter Säuglinge sind, desto mehr haben sie sich an die Menschen angeschlossen, die sie betreut haben. Ein weicher Übergang bedeutet hier, dass die neuen Menschen eine Zeitlang täglich in die Umgebung des Kindes kommen sollten. Danach können sie das Kind stundenweise mitnehmen. Sie sollten es noch mehrmals zu seinen vertrauten Menschen zurückbringen, bevor sie es ganz zu sich holen. Danach sollten die neuen Bezugspersonen das Kind noch mehrmals in die alte Umgebung begleiten.

Es kann sein, dass das Kleinkind dann weint, wenn es dort wieder fort muss. Dieses Weinen zeigt, dass das Kind den Abschied wahrnimmt, dass die Trennung schmerzt. Die Rückkehr in die neue Wohnung ist dann jedoch nicht mehr traumatisch, weil das Kind hier auch schon zugehörig ist. Das Weinen soll nicht verhindert oder vermieden werden. Ein Kind, das nach der Trennung weint, hat noch ein intaktes Gefühlsleben. Wir sollten das Kind in seiner Trauer nicht allein lassen, sondern trösten: «Es ist schwer für ein kleines Kind, die vertraute Umgebung zu verlieren. Ich verstehe, dass du weinen musst.»

Babys und Kleinkinder verstehen die Sprache, auch wenn sie noch nicht sprechen können, und hören hin, wenn ihnen ihre Geschichte und die bevorstehenden Übergänge benannt werden. Dem Kind eindringlich seine seelische Situation von Trennung und Neuanfang zu benennen und ihm bei der Bewältigung zu helfen, ist auch im frühesten Säuglingsalter für das Kind beruhigend.

Vertrautes mitnehmen ins neue Leben

Je länger ein Kind im Heim oder bei Bereitschaftspflegeeltern war, umso stärker fühlt es sich dort zugehörig. Für Kleinkinder und Babys ist es besonders wichtig, vertraute Gegenstände in die neue Umgebung mitzubekommen: Kuscheltierchen, Spielsachen, Beißring, Schnuller, Bettde-

cke, Kleidung, ein T-Shirt der bisherigen Bezugsperson. Eine große Hilfe ist es für die Kinder, wenn sie auch das Bett selber mitbekommen. Ich habe eine Anbahnung miterlebt, bei der ein 3-jähriges Kind für zwei Monate täglich zu den künftigen Pflegeeltern nach Hause geholt wurde und jeden Abend zurückwollte in die vertraute Gruppe in der Übergangseinrichtung. Die Pflegeeltern hatten schon ein Bett angeschafft. Erst als sie das Bett aus dem Heim neben dem neuen Bett aufstellten, konnte das Kind bei der Pflegefamilie schlafen. Es schlief vier Wochen lang in seinem alten Bett und wechselte dann in das neue. Zusammen brachten sie zwei Wochen später das alte Bett zurück ins Heim.

Ich kenne eine sehr feinfühlige Bereitschaftspflegemutter, die lässt sich von den künftigen Pflege- oder Adoptiveltern des Babys eine Woche vor dem Wechsel Bettwäsche bringen. Diese vom Baby in der bisherigen Umgebung benutzte Bettwäsche wird ihm ungewaschen mit auf seinen Weg gegeben. Wenn das Kind in der neuen Umgebung vertraute Gerüche aus seiner bisherigen Umgebung vorfindet, fühlt es sich nicht ganz so einsam.

Bindeglieder zu früher bewahren

Ist ein Kind von der Bereitschaftsstelle zur festen Pflegestelle umgezogen, so helfen ihm Besuche in der früheren Umgebung oder Besuche von der Bereitschaftsfamilie oder von Herkunftseltern und Geschwistern. Noch immer glauben viele Menschen, Kinder würden nach dem einfachen Prinzip funktionieren: *Je mehr Einflüsse von früher wir fern halten, umso leichter wird das Kind in der neuen Umgebung «erst einmal zur Ruhe kommen»*. In Wirklichkeit handelt es sich hier nur um ein oberflächliches, scheinbares Eingewöhnen. Wenn Kindern alles Vergangene genommen wird, dann können sie sich auch in Zukunft nicht wirklich einlassen und hingeben. Wenn sie das Frühere schnell vergessen und hinter sich lassen sollen, werden sie sich innerlich ein Stück verschließen und können auch künftig nicht so viel Vertrauen in neue Menschen setzen.

Für den Aufbau einer guten Beziehung ist entscheidend, dass die künftigen Pflegeeltern das bisherige Schicksal des Kindes akzeptieren. Zu diesem Schicksal gehören Aufenthalte bei anderen Menschen oder in Heimen, gehören seine Herkunftsfamilie, Mutter, Vater, Großeltern und Geschwister und Verwandte. Zu all diesen Menschen sollte das Kind Gefühle bewahren dürfen. Den Menschen der Vergangenheit einen festen Platz im Leben des Kindes zu erlauben, ist die Basis für ein gutes Pflege- oder Adoptiveltern-Kind-Verhältnis.

Adoptionen von Kindern aus dem Ausland – ein radikaler Bruch

Die 5-jährige Anna ist vor zwei Jahren aus Bolivien geholt worden. Sie kann eine ganze Nacht kaum schlafen, nachdem bei den Adoptiveltern eine bolivianische Familie zu Besuch war. Die Adoptiveltern überlegen, den Kontakt zu dieser Familie nicht fortzusetzen, um beim Kind nicht erneut Wunden aufzureißen.

Das Gegenteil ist richtig. Die Adoptiveltern sollten dem Kind viel Gelegenheit bieten, mit Menschen seiner Sprache und seines Landes zusammenzutreffen. Allerdings benötigt das Kind Trost und Erklärung:

➠ «Als unsere bolivianischen Freunde zu Besuch waren, wurdest du unruhig und traurig. Vielleicht hattest du Heimweh nach Bolivien. Es hat wehgetan, deine vertraute Welt zu verlieren. Und vielleicht denkst du dann an deine erste Mama, aus deren Bauch du gekommen bist, die wir alle nicht kennen. Ich würde auch schlecht schlafen, wenn ich an all das wieder denken müsste. Aber das alles gehört zu deinem Leben dazu. Und es ist in Ordnung, dass du ab und an sehr traurig wirst, weil dir dein Bolivien und deine erste Mama fehlen. Wenn du nicht schlafen kannst, nehme ich dich ganz lange in den Arm und tröste dich. Wenn du etwas älter bist, fliegen wir nach Bolivien in Urlaub, damit du alles wieder siehst.»

Wir können das Erlittene für die Kinder nicht ungeschehen machen. Es ist eine große Hilfe für die Kinder, wenn ihr Schmerz wahrgenommen und von Erwachsenen erlaubt wird. Der Besuch der Bekannten aus dem Herkunftsland des Kindes wühlt auf, hat langfristig jedoch heilsame Wirkung auf die seelische Entwicklung des Kindes. Diese Menschen können ein Bindeglied unter vielen anderen zum früheren Leben des Kindes sein. Je besser das Kind Vergangenheit und Gegenwart verknüpfen kann – und dies geht nicht ohne Zulassen von Schmerz und Trauer –, umso besser kann das Kind sein seelisches Gleichgewicht finden.

Werden Kinder aus Rumänien, Russland, Südamerika, Indien oder Korea oder anderen Ländern zu Adoptiveltern nach Europa vermittelt, so wird ihnen ein besonders harter Umbruch ihres Lebens zugemutet. Selten kommen Babys zur Adoption. Viele Kinder waren schon Jahre im Heim, bis die Behörden einer Auslandsadoption zustimmen.

Vor dem ersten Kontakt wird den Kindern dann nahezu überall von ihren Betreuungspersonen erklärt: «Das sind jetzt deine neuen Eltern.» Was eine Eltern-Kind-Bindung beinhaltet, wird Kindern hier nicht vermittelt. Eltern bekommt ein Kind hier wie ein Paar neue Schuhe oder einen neuen Mantel. Die äußere Formalität der rechtlichen Elternschaft bedeutet noch lange nicht, dass eine Eltern-Kind-Beziehung entstanden ist. Die Phase des Kennenlernens beträgt bei manchen Organisationen nur wenige Tage, bei anderen bis zu acht Wochen. Dann reisen die Kinder mit ihren «neuen Eltern» bereits aus.

Nirgendwo wird es künftigen Adoptiveltern zur Pflicht gemacht, die Muttersprache des Kindes wenigstens in Teilen zu erlernen. In ihrer großen Sehnsucht nach einem Kind übersehen viele Bewerber das Heimweh, den Schock, unter dem Kinder stehen, wenn sie alles Vertraute verlassen müssen. Sie haben ihre Eltern oft schon lange verloren, mussten den vertrauten Boden im Kinderheim, ihre Freundinnen und Freunde und ihre vertraute Sprache abrupt aufgeben. In ihrer Not versuchen viele dieser Kinder ihre Vergangenheit auszulöschen und stürzen sich in den Wunschtraum von einem neuen, besseren Leben. Doch ein Teil ihrer Seele geht eigene Wege.

Es bleibt einem solchen Kind oft nichts anderes übrig, als vom ersten Tag an Vater, Mutter und Kind zu *spielen*. Die dazugehörigen Gefühle kennen sie meist gar nicht. Wenn dies gemäß den falschen Voraussetzungen beim Start auch später so bleibt, führt dies bei vielen Adoptiveltern zu großer Enttäuschung. Viele Kinder zeigen denn auch ein großes Repertoire an Auffälligkeiten, weil sie wegen früher Entbehrungen und Beziehungsabbrüche einerseits und von dem plötzlich übergestülpten Eltern-Kind-Verhältnis andererseits überfordert sind und keinen klaren Bezug zur Realität und zu sich selbst entwickeln.

Manche Adoptiveltern geben dem Kind sogar einen neuen Vor- und Nachnamen, weil sie glauben, das Kind damit hier besser zu integrieren. Dabei ist der Name Teil der Persönlichkeit. Diese Kinder müssen wie Undercover-Agenten ein Leben mit völlig neuer Identität beginnen.

Viele andere Adoptiveltern sind sich bewusst, was diese Kinder zu leisten haben. Sie sorgen feinfühlig für ein Minimum an weichen Übergängen. Sie lassen dem Kind seinen Namen, sie lernen die Sprache des Herkunftslandes, sie bewahren Fotos, Andenken und Dokumente.

➡ Sie sagen dem Kind am Anfang: «Zuerst wollen wir gute Freunde werden. Du nennst uns am besten bei unseren Vornamen. Es dauert lange, bis wir Gefühle zueinander haben wie Mama, Papa und Kind.»

➡ Sie definieren sich als interkulturelle Familie. Sie schließen die verlorenen Eltern in ihre Beziehung zum Kind mit ein und sagen: «Deine Mutter und deinen Vater werden wir nicht ersetzen. Wir sind ihnen dankbar. Sie wollten, dass es dir gut geht, deshalb haben sie erlaubt, dass du nach Europa adoptiert wirst. Wir wollen dir ein Zuhause geben, und irgendwann später haben wir einmal nahe Gefühle wie Eltern und Kinder zueinander.» Viele von ihnen fahren recht bald noch einmal in das Land und in das frühere Kinderheim. Sie bewahren den Kindern eine Verbindung zu früher und geben ihnen damit Sicherheit.

3 *Kinder in «besonderen» Familien*

«Auch wenn ich ihn nie gesehen habe,
in meinen Gedanken habe ich ihn Daddy genannt.»
(Susanne Sandweg, in: «Vater gesucht»,
WDR 3, gesendet am 22. 9. 1999)

Kinder in Einelternfamilien

Die 10-jährige Elena wächst bei ihrem Vater auf. Die Mutter hat beide verlassen, als Elena 2 Jahre alt war. Der Vater erklärt Elena oft: «Ihr Kind zu verlassen, ist das Schlimmste, was eine Mutter überhaupt tun kann.» Elena entwickelt sich seit einigen Jahren immer schwieriger. Sie ist frech, ist rücksichtslos zu ihrem Hund. Den Opa im Rollstuhl ärgert sie und rennt dann weg. Der Vater ist oft verzweifelt, kann sich Elenas Verhalten nicht erklären und befürchtet: «Sie wird wie ihre Mutter.»

Obwohl sie doch ihr Bestes geben, erleben allein Erziehende immer wieder, dass ihr Kind Auffälligkeiten entwickelt. Dies hat mehrere Gründe: Das Zusammenleben von Kindern mit einem Elternteil verläuft anders, als wenn zwei Erwachsene in der Familie leben. Viele Kinder sind dann beflissen, ein Stück Verantwortung für ihren allein erziehenden Elternteil mitzutragen. Viele allein erziehende erwerbstätige Mütter oder Väter haben Schuldgefühle gegenüber ihrem Kind und versuchen dies durch besondere Privilegien, die sie dem Kind einräumen, auszugleichen. Die Sozialisation eines Kindes in einer Einelternfamilie verläuft anders, als wenn zwei Erwachsene einen Teil der Kommunikationsbedürfnisse untereinander abdecken.

Elena hat gleich mehrere schwere Verwundungen erlitten, die ihr Wesen und ihr Sozialverhalten beeinflusst haben: Da ist die Erfahrung, als junges Kind von einer geliebten Bezugsperson verlassen worden zu sein. Ein schwerer früher Verlust wirkt sich auch auf die Vertrauensbildung in andere Menschen aus. Hinzu kommt Ohnmacht. Das Kind konnte nicht verhindern, verlassen worden zu sein. Und oftmals fühlen sich Kinder unbewusst mitschuldig, dass die Mutter verschwunden ist. «Vielleicht war an mir etwas nicht richtig, dass sie mich nicht wollte», ist eine häufige Hypothese von Kindern, deren Mutter nicht mit ihnen lebt. So wie Elena einst wehgetan wurde, gibt sie dies jetzt weiter. Manche Kinder mit einer solchen Last werden in der Jugendzeit depressiv, sind suizidgefährdet, andere werden eher aggressiv zu anderen oder destruktiv zu sich selbst.

Wenn Kinder ein negatives Bild vom anderen Elternteil in sich tragen

Viele Kinder haben Verhaltensauffälligkeiten, hinter denen sich ein Identitätsproblem verbirgt. Die Identitätsfrage heißt: Wem gleiche ich, mit wem stimme ich überein? Kinder definieren sich als Teil dieser Mutter oder dieses Vaters. Sie entwickeln ein Bild vom anderen Elternteil, das von den Gefühlen der nahen Erwachsenen beeinflusst wird. Je nachdem, was ihr Umfeld über den anderen Elternteil sagt, denkt und fühlt, ob dieser geachtet wird oder entwertet oder gehasst, fühlen sie sich selbst entsprechend wertvoll oder wertlos.

Kleine Mädchen wollen so werden wie ihre Mütter, kleine Jungen wie ihre Väter. Werden die Kinder älter, dann haben sie andere Ideale und Vorbilder, wollen sie bewusst oftmals nicht mehr ihren Müttern oder Vätern gleichen. Dennoch tragen sie manchmal unbewusst vermutete Verhaltensmuster dieser Elternteile mit sich durchs Leben. Der Junge, der viel Negatives über den Vater zu hören bekommt, denkt: «Bei diesem Vater kann aus mir ja nichts Gescheites werden». Diese Identifikation geht aktiv vom Kind aus. Aber ganz oft gibt es dazu noch Aufträge von Müttern oder Vätern an ihre Kinder in Form von sich selbst erfüllender Prophezeiung. Entwickelt ein Kind Schwierigkeiten, provoziert es oder eckt an, dann kann es das schließlich nur vom «ungeliebten» anderen Elternteil «geerbt» oder übernommen haben. Auch Elenas Vater befürchtet, Elena käme nach ihrer Mutter.

Weil der Vater seine tiefe Enttäuschung selbst nicht überwunden hat, hat er gegenüber Elena noch nie eingeräumt: «Dass deine Mutter fortgegangen ist, hat nichts mit dir zu tun.» Oder: «Deine Mutter habe ich einmal geliebt.» Oder: «Deine Mutter war eine gute Mutter und hatte dich lieb.» Aus diesen Informationen hätte Elena – trotz der erlittenen Verletzung – ein positives Selbstwertgefühl beziehen können.

Der Vater, der sein Kind bei der Mutter lässt, wird gesellschaftlich nicht verurteilt. Negativ wird es bewertet, wenn eine Mutter ihre Kinder beim Vater aufwachsen lässt. Sie wird mit Missbilligung und Unverständnis betrachtet. Diese gesellschaftliche Werthaltung wird auf Elena übertragen. Kann eine «Rabenmutter» denn überhaupt ein liebenswertes Kind haben? Was kann Elena bei dieser Mutter Gutes von sich erwarten? Vielleicht ist Elena unbewusst sogar loyal gegenüber ihrer Mutter. Dann heißt ihr unbewusstes Programm: *Wenn ich mich bei meinem Vater unbeliebt mache, dann gleiche ich meiner Mutter und dann liebt er mich nicht mehr – und vielleicht muss ich von ihm fortgehen, wie meine Mutter.*

Von negativen Bildern entlasten

Der Vater lässt sich wegen Elenas Schwierigkeiten beraten. Am Anfang erklärt er: «Ich will ihr nichts Gutes über ihre Mutter sagen. Dann könnte sie ja noch auf die Idee kommen, ihre Mutter zu lieben. Ich möchte verhindern, dass sie später einmal ihre Mutter sehen will.»

Im Lauf der Beratung überlegt er, wie die Sichtweise der Mutter zu den damaligen Konflikten aussehen könnte. Er räumt ein, dass auch er damals in der Partnerschaft «Fehler» gemacht hat. Langsam tastet er sich an die «Wahrheit» der damaligen Ereignisse heran, die beide Seiten einbezieht.

➡ Der Vater kann nach intensiver Auseinandersetzung mit der Vergangenheit seine innere Haltung zu seiner Expartnerin verändern und zu Elena sagen: «Elena, deine Mutter war ein sehr liebenswerter Mensch. Sie hatte dieselbe Begeisterungsfähigkeit wie du, sie war oft sehr lustig, ich habe sie geliebt. Du hast ja gemerkt, dass ich nie darüber hinweggekommen bin, dass sie damals fortging. Es hat nichts mit dir zu tun, dass sie wegging. Du kannst nichts dafür. Ich habe damals auch Fehler gemacht. Ich habe deine Mutter zu sehr eingeengt. Sie hat keinen anderen Weg gesehen, als fortzugehen. Ich hätte sie im Guten nicht gehen lassen. Und ich hätte nie erlaubt, dass sie dich mitnimmt. Sie liebt dich bestimmt und hat dich nicht vergessen.»

Es geht nicht darum, traurige, dramatische und schmerzliche Erfahrungen, die Mütter oder Väter mit dem anderen Elternteil gemacht haben, zu beschönigen. Das Kind würde eine solche «Lüge» bemerken. Doch es ist wichtig, die Zeitläufe von Erlebnissen und Erfahrungen nicht zu vergessen und diese den Kindern zu vermitteln.

- Es entlastet ein Kind bereits, wenn es Ambivalenzen bei seinem Vater oder seiner Mutter anzunehmen lernt: *Es gibt Seiten an meiner Mutter, die kann und will ich nicht verstehen, und es gibt andere Seiten, die achte ich.* Kinder können ein besseres Selbstbild entwickeln, wenn sie erfahren: Der andere Elternteil hat neben den negativen auch positive Seiten.
- Es wertet Kinder auf, wenn sie wissen: Mein abwesender Vater, meine abwesende Mutter war und ist liebenswert. Sätze wie: «Ich war mit deinem Vater eine Weile glücklich» oder «Ich habe deine Mutter einmal sehr geliebt, bevor all das andere kam» geben Kindern die Chance, sich mit dem anderen Elternteil positiv zu identifizieren und sich als ganze, wertvolle Menschen zu fühlen. Die Trauererfahrung um den Verlust eines Elternteils bleibt. Sie prägt Menschen oft lebenslang und kann nur langsam bewältigt werden.
- Auch wenn der allein erziehende Elternteil dem Kind sagt, dass es nur deshalb auf der Welt ist, weil sich diese Mutter und dieser Vater einmal nah waren, entlastet dies das Kind. «So schwer das für mich ohne deine Mutter ist, durch uns beide bist du auf der Welt und deshalb bin ich sehr glücklich.»

Wenn Kinder zum anderen Elternteil Kontakt haben

Der Vater sagt beim Abschied zur 5-jährigen Jeanine: «Frag die Mama, ob wir uns morgen außer der Reihe treffen können. Ich will dir ein paar Schuhe kaufen.»

Haben schon abwesende Elternteile eine starke Wirkung auf die seelische Entwicklung unserer Kinder, so ist dies erst recht beim vorhandenen anderen Elternteil der Fall. Erst wenn es Müttern und Vätern gelingt, ihre Kinder nicht in ihre ehemaligen Paarkonflikte zu verwickeln, können Besuche beim anderen Elternteil für ein Kind befriedigend verlaufen.

Auf den ersten Blick wirkt das Anliegen von Jeanines Vaters völlig unproblematisch. Und bei einer entspannten Beziehung zwischen den getrennt lebenden Elternteilen wäre es nicht tragisch, wenn der Vater zuerst das Kind über sein Vorhaben unterrichtet. Doch bei Jeanines Eltern ist dies nicht so einfach. Der Vater hat in der Vergangenheit ständig Besuchsregelungen nicht eingehalten, immer wieder Ausnahmesituationen herbeigeführt, weil er so Einfluss auf das Leben seiner früheren Partnerin gewinnen wollte. Die Mutter besteht deshalb seit einiger Zeit auf der strikten Einhaltung der vom Gericht festgelegten Kontakte.

Indem der Vater die gewünschte Ausnahme nun zuerst mit dem Kind bespricht, bringt er Mutter und Jeanine in eine schwierige Lage. Antwortet die Mutter gegenüber Jeanine, sie wolle nicht, dass sie mit dem Vater außer der Reihe einkaufen geht, fühlt sie sich gegenüber Jeanine als «die Böse», die dem Kind eine Extrazeit mit dem Vater nicht gönnt. Und Jeanine fühlt sich gegenüber dem Vater in einer schlechten Rolle, ihm das Nein der Mutter zu überbringen. Erlaubt die Mutter, dass Jeanine außer der Reihe zum Vater geht, so hat der Vater sein Ziel über den Einsatz des Kindes als Bote erreicht. Die Mutter ist ärgerlich auf den Vater. Jeanine spürt die schlechte Stimmung der Mutter und geht mit schlechtem Gewissen zum Vater.

- ➨ Wenn die Atmosphäre zwischen den Elternteilen nicht kooperativ und entspannt ist, dann sollte zum Schutz des Kindes die Verantwortung für Absprachen wegen des «Umgangs» immer bei den Erwachsenen liegen. Ganz oft übertragen Elternteile dem Kind viel zu früh, etwas mit dem anderen Elternteil auszumachen, weil sie den Konflikten mit ihrem Expartner oder ihrer Expartnerin so entkommen wollen. Sie legen dem Kind eine zu schwere Last auf die Schultern.
- ➨ Kinder können mit ihrem Wandern zwischen den Elternteilen gut leben, wenn sie von beiden ermutigt werden, die andere Seite als berechtigten und wichtigen Bestandteil ihres Lebens wahrzunehmen. Erst für Kinder und Jugendliche ab 12 oder 14 Jahren ist es allmählich zumutbar, dass sie selbst die Anzahl von Treffen mit dem anderen Elternteil aushandeln.

Kleine Abschiede

Die Mutter des 6-jährigen Ben wundert sich, dass Ben nicht mehr so gern zum Vater will. Dabei tue sie viel, um ihrem Sohn die Besuche beim Vater schmackhaft zu machen, sagt sie. Zum Beispiel würde sie Ben erklären: «Heute gehst du zum Papa. Bei mir kannst du sowieso nicht bleiben, weil ich viel vorhabe und ausgehe.»

Dies ist keine positive Ermutigung. Im Gegenteil. Die Mutter signalisiert dem Kind: *Heute kann ich dich nicht gebrauchen.* Für Ben ist der Besuch beim Vater nicht mehr so erstrebenswert, weil er sich von seiner Mutter abgeschoben fühlt. Für die Mutter ist es unbewusst sogar eine kleine Genugtuung, dass Ben nicht mehr so gern zum Vater geht und dass sie ihn drängen muss.

➡ Natürlich erleben allein erziehende Mütter oder Väter es als Entlastung, dass das Kind zum anderen Elternteil geht. Dies soll und darf so sein. Doch in erster Linie geht das Kind zum anderen Elternteil, damit es Zeit mit ihm verbringt und die Bindung bewahrt und nicht um den ständigen Elternteil zu entlasten. Bens Mutter braucht sich nicht zu verstellen, doch sie sollte beide Aspekte in ihrer Argumentation aufgreifen: «Mir ist ganz wichtig, dass du es dir mit Papa schön machst. Gleichzeitig tut es mir gut, etwas Zeit für mich zu haben.»

Für jedes Kind, das seinen anderen Elternteil besucht, ist damit gleichzeitig der Abschied vom ständigen Elternteil und vom Zuhause verknüpft. Um den anderen Elternteil zu sehen, muss das Kind den oder die «verlassen», bei dem oder der es lebt. Manchen Kindern fällt es schwer, anlässlich der Besuchszeiten ihre Mutter (oder ihren Vater) allein zu lassen.

➡ Immer wieder sollten die Elternteile, bei denen das Kind wohnt, darauf hinweisen, dass sie es wichtig finden, dass das Kind seine Beziehung zum anderen Elternteil pflegt und genießt. «Ich freue mich, dass du dich mit deinem Vater gut verstehst. Ich will, dass ihr in engem Kontakt bleibt.»

➡ Es ist positiv, wenn das Kind gelegentlich von der Pflicht, zwischen Vater und Mutter zu wandern, befreit wird. Manche geschiedenen Paare können es gut zulassen, dass der getrennt lebende Elternteil die Kinder in ihrer Wohnung besucht, während die Mutter etwas für sich unternimmt.

➡ Für Scheidungskinder kann es auch ein Genuss sein, die Eltern gelegentlich wieder gemeinsam zu erleben. Auch Expartner erleben oftmals die begrenzte Zeit miteinander als wohltuend, genießen ihre alte Vertrautheit. Entweder alle machen als «Exfamilie» miteinander einen Ausflug oder gehen gemeinsam in eine Gaststätte. Geburtstage der Kinder können zusammen gefeiert werden.
Meistens ist solche Kooperation von Vater und Mutter kurz nach der Trennung noch nicht möglich. Voraussetzung für ihr Gelingen ist nämlich, dass beide sich mit ihrer alten und neuen Lebenssituation ausgesöhnt haben.

Besuchszeit – Ausnahmezeit

Für Besuchsväter und -mütter ist es gar nicht einfach, die gemeinsame Zeit so auszugestalten, dass sie ihrer besonderen Situation gerecht werden. Schließlich ist es eine Unterbrechung des Alltags, eine kleine Teilzeit des Lebens, wenn Kinder mit dem anderen Elternteil einmal oder zweimal im Monat ein Wochenende verbringen. Manche Besuchsväter oder Besuchsmütter sehen sich veranlasst, ein ganz besonderes Programm anzubieten. Oftmals wird viel konsumiert. Es ist eine Kunst, einerseits der Ausnahmesituation gerecht zu werden und zugleich so viel Alltäglichkeit wie irgend möglich in die gemeinsame Zeit zu packen.

Für Kinder ist es besonders beruhigend, wenn sie in der Wohnung des Besuchselternteils Spielzeug, Kleider, ein Bett, eine Ecke oder sogar ein Zimmer für sich haben. Dann empfindet sich das Kind nicht nur als Besucher, sondern verfügt quasi über einen zweiten Wohnsitz.

Viele Besuchsväter oder -mütter schaffen mit ihren Kindern Rituale, setzen sich zu einer Begrüßungsmahlzeit zusammen und erzählen sich, was es Neues gibt. Oder sie spielen jedes Mal zuallererst ein ganz bestimmtes Spiel miteinander. Oder sie schauen mit ihrem kleinen Kind zuerst ein bestimmtes Bilderbuch an. Oder sie singen gemeinsam ein Lied, einen Schlager, eine «Wiedererkennungsmelodie». Manchmal sind es Wortspiele, die zur Begrüßung und zum Abschied gesagt werden, um die Vertrautheit schnell wiederherzustellen. Rituale helfen dem Kind, die Ausnahmesituation schneller als vertraut zu erleben. Geht die Besuchszeit dem Ende zu, können sich Elternteil und Kind regelmäßig ein- und dieselbe Sache vornehmen: Ein gemeinsames Federball- oder Fußballspiel, ein Gang zur Eisdiele, ein Lied oder ein gemeinsam gesprochener Reim zum Abschied.

Was erzähle ich den beiden jeweils voneinander?

Ein besonders schwieriges Feld für Kinder, die ihren anderen Elternteil besuchen, dort übernachten und tageweise dort leben, ist die unbewusste oder offene Entscheidung zur Frage: Welche Informationen gebe ich weiter? Wo ist der Schutz der Intimsphäre der jeweils anderen Seite? Was kann ich aus dem einen und dem anderen Leben jeweils weitererzählen? Es herrschen in jeder Familie andere Gewohnheiten, Ordnungen, Regeln. Was davon geht den anderen Elternteil etwas an? In der Küche des Vaters türmt sich das Geschirr. Wenn das Kind dies zu Hause bei seiner Mutter erzählt, hat es dann den Vater verraten? Das Kind, das zwischen zwei Familien wandert, muss für sich Klarheit erlangen, was und wie viel Wissen und Fühlen es jeweils in die andere Familie transportieren darf. Dies geschieht oftmals ohne Zutun der Erwachsenen. Auch Kinder, denen nie gesagt wurde, sie sollten etwas nicht weitererzählen, filtern ganz von selbst, was sie berichten, denn sie spüren, dass jede der beiden Familien einen Schutzmantel benötigt. Getrennte Eltern und Kinder leben mit dieser Realität.

➡ Eltern können dies den Kindern gegenüber thematisieren: «Du kennst dich bestens in beiden Familien aus. Du weißt über das Leben deines Papas viel mehr als ich. Und du weißt viel mehr über unser Leben als der Papa. Manchmal erzählst du dem Papa nicht so viel von unserem Leben und mir nicht so viel von Papas Leben. Du willst uns nicht in Schwierigkeiten bringen. Das machst du gut so. Allerdings darf keiner von uns dich zwingen, etwas nicht weiterzuerzählen. Damit würden Papa und ich dir das Leben schwer machen.»

Wenn Elternteile sich zurückziehen

Biancas Eltern haben sich getrennt, als sie 5 war. Heute ist sie 10 Jahre. Der Vater holt sie immer seltener ab, seit er eine neue Familie gegründet hat. Bianca beschwert sich manchmal darüber bei ihrer Mutter. Die sagt zu Bianca: «Sag dem Papa, dass er dich gefälligst öfter holen soll.» Doch das schafft Bianca nicht.

Biancas Mutter erweckt den Eindruck, das Kind selber habe die Macht und die Verantwortung, zu regeln, dass der Vater sie öfter zu sich holt. Bianca hingegen fühlt, dass sie sich eine weitere Niederlage einhandeln würde, wenn sie den Vater bittet, sie öfter abzuholen. Bianca könnte durch die Aufforderung der Mutter sogar vermuten, es läge an ihr, dass der Vater nicht mehr so oft kommt.

Wenn Elternteile sich zurückziehen, so ist dies besonders schmerzlich für das Kind. Fast immer gehen Kinder davon aus, sie hätten den Rückzug des anderen Elternteils selbst verschuldet oder sie seien es nicht wert, vom anderen Elternteil geliebt zu werden.

Es ist nicht einfach, Vater- oder Mutterrolle nur für ein paar Stunden innezuhaben und vielleicht mit vielem, wie der andere Elternteil mit dem Kind lebt und wie er es erzieht, nicht einverstanden zu sein. Deshalb entscheiden manche Mütter oder Väter nach dem Prinzip «alles oder nichts». Sie treffen sich nicht mehr mit ihrem Kind. Sie ertragen es nicht, keinen großen Einfluss mehr zu haben. Oftmals sind es auch Verwundungen aus der Paarbeziehung, die dazu führen, dass der draußen lebende Elternteil beschließt, sich ganz zurückzuziehen. Andere Väter lassen die Kontakte «einschlafen», weil sie ihr früheres Leben nicht in ihr gegenwärtiges einbauen wollen. Biancas Vater wird bei seinem Bestreben, mit seiner neuen Familie eine «heile Familie» darzustellen, durch sein Kind aus erster Ehe «gestört». Dies ist eine schmerzhafte Erfahrung für dieses Kind.

➡ Bianca benötigt Trost von ihrer Mutter: «Du kannst nichts dafür, dass er so selten kommt. Es liegt nicht an dir. Es hat mit dem Leben deines Vaters zu tun und mit seinen Problemen. Er denkt, dass in seinem Leben nur eine Familie Platz hat. Früher waren wir das. Jetzt ist das seine neue Familie. Es fällt ihm schwer, seinem ersten Kind einen Platz in seinem Leben einzuräumen. Das tut dir weh, das kann ich gut verstehen.»

➡ Statt das Kind zu beauftragen, kann die Mutter ein Gespräch mit dem Vater suchen und ihm erklären, dass seine Tochter ihn braucht. Viele Väter, die sich zurückziehen, sind sich nicht im Klaren, dass ihre Kinder sie lieben und ihre Zuwendung weiterhin benötigen. Manchmal hilft es schon, wenn sie es gesagt bekommen.

Wenn Kinder ohne Vater groß werden

Die überwiegende Anzahl der Einelternfamilien sind Familien mit Müttern. Der Anteil allein erziehender Väter hat in den letzten Jahren zwar zugenommen, dennoch leben nur in etwa jeder fünften Einelternfamilie Kinder bei ihrem Vater. Mütter verschwinden seltener aus dem Leben ihrer Kinder. Väter dürfen sich auch heute noch ihrer Rolle und ihrer Verantwortung entziehen.

Manche Mütter haben es den ehemaligen Liebespartnern nicht gesagt, dass sie Vater geworden sind. Es sind vielfältige zwischenmenschliche Dramen, Scham, Schmerz, die Frauen veranlassen, einem Partner eine Schwangerschaft zu verschweigen. Manchmal wollte der Mann gar nicht Vater werden, die Frau hingegen wollte das Kind.

Hin und wieder haben verschwundene Väter woanders eine Familie gegründet, haben andere Kinder, für die sie da sind. Dies schmerzt besonders. Schlimm ist auch, wenn Kinder spüren, ihr Vater hat ihrer Mutter einmal schweren Kummer, schwere seelische Verletzungen zugefügt. Manche Mütter schweigen über die Väter ihrer Kinder. Wenn das passiert, so kann ein Kind nicht lastenfrei aufwachsen. Das schwere Thema steht zwischen Mutter und Sohn oder Tochter. Menschen, die aufwachsen, ohne ihren Vater zu kennen, tragen ein Gefühl von Verlust in sich. Ihnen fehlt eine entscheidende Bezugsperson. Sie können ihre Herkunft nicht vollständig erfassen und rekonstruieren. Aufzuwachsen, ohne den Vater zu kennen, bleibt eine lebenslange Verletzung, bedeutet, mit einer bleibenden Lücke leben zu lernen. Es gibt nur den Weg, diese Trauer anzunehmen.

Die Verbitterung, dass der Vater keine Verantwortung für das Kind übernommen hat, veranlasst Mütter manchmal zu ihrem Kind zu sagen: «Der wollte dich ja nicht «oder «Der hat ja kein Interesse an dir.» Einer solchen Formulierung entnimmt ein Kind schnell, dass es nicht liebenswert sei oder es selbst verursacht habe, dass der Vater verschwand. Dabei liegt es nicht am Kind, sondern am Vater selbst oder an der Paarbeziehung, dass er sich zurückgezogen hat. Es fällt Müttern schwer, dem Kind die Informationen so zu geben, dass das Kind sich nicht – zusammen mit seinem unbekannten Erzeuger – abgeurteilt oder schuldig und verlassen fühlt.

- Eine Mutter muss sehr weit im Verarbeiten des Erlittenen sein, damit sie ihrem Kind nicht nur die negative Seite seines Vaters darstellt. Es ist ein großer Unterschied, ob Mutter und Kind gemeinsam trauern, oder ob eine Mutter ihre ganze Wut und Enttäuschung auf den Expartner beim Kind ablädt und gar nicht mehr vermitteln kann, dass sie diesen Menschen einmal geliebt hat.
- Mütter, die ihr Kind allein aufziehen, sollten dem Kind gegenüber nicht so tun, als ob es diesen Mann nie gegeben hätte. Sie sollten ihrem Kind zuliebe dem Vater einen Platz im Leben einräumen, selbst wenn sie diesen Mann am liebsten vergessen würden. Ein Bild, ein Name, die Geschichte der Liebesbeziehung helfen dem Kind, dass sein Vater Gestalt annimmt und Teil seines Lebens wird.
- Mütter helfen ihren Kindern besonders, wenn sie nach positiven Gemeinsamkeiten zwischen dem Vater und dem Kind suchen: «Dass du so gut tanzen kannst, das hast du von deinem Vater.» Oder: «Deine schönen Füße und deine Hände, die hast du von deinem Vater.» «Wenn du lachst, dann gleichst du deinem Vater.»

Auf Vatersuche

Vielen Kindern lässt es bis ins Erwachsenenalter keine Ruhe, einen Teil ihrer Wurzeln nicht zu kennen, und sie begeben sich mit über 20, 30 oder 50 Jahren noch auf die Suche nach ihrem Vater. Manchmal dürfen ihre Mütter davon nicht erfahren, weil Söhne oder Töchter deren alte Wunde nicht aufreißen wollen. Manchmal kommt es zu dramatischen Auseinandersetzungen zwischen erwachsenen Söhnen oder Töchtern und ihren Müttern, weil diese den Schritt nur schwer ertragen, dass das von ihnen allein großgezogene Kind nun nach dem Vater sucht.

Oftmals verläuft auch die Suche enttäuschend. Manchmal streiten Väter ihre Vaterschaft ab, wenn sie gefunden werden. Dann wird Menschen der Schmerz, vom Vater zurückgewiesen zu werden, ein zweites Mal zugefügt. Menschen brauchen viel psychische Widerstandskraft, die Aufregungen, die mit der Vatersuche verbunden sind, zu verarbeiten.

Mütter, die ihr Kind ohne Vater aufziehen, helfen ihren Kindern, wenn sie sich einer Vatersuche nicht entgegenstellen und ihre Kinder oder ihre Heranwachsenden ermutigen, diesen aufregenden Weg zu gehen. Das können sie dann, wenn sie ihre Gefühle zum Partner und die Rolle des Vaters für das Kind sorgfältig voneinander trennen.

«Jeder Stieffamilie geht also ein Abschied voraus. Es geht um den Abschied von einem Menschen, dem Partner oder der Partnerin, der oder die einem einmal sehr viel bedeutet hat. Es gilt auch Abschied zu nehmen von der bisherigen Familie, die in dieser Form nicht mehr weiter bestehen wird. Es wird diese so genannte Kernfamilie im Leben aller Beteiligten nicht mehr geben.»
(Krähenbühl u. a., 2000, S. 26)

Wenn Mütter oder Väter zweite Familien gründen

Die Mutter des 8-jährigen Joscha hat mit ihrem neuen Mann ein kleines Töchterchen, Joschas Halbschwesterchen Sophia. Joscha ist ein liebevoller älterer Bruder. Nach der Trennung von Joschas Vater waren Mutter und Joscha für zwei Jahre allein zusammen. Alle zwei Wochen geht Joscha ein Wochenende zum Vater, den er sehr liebt und der mit einer neuen Partnerin zusammenlebt. Joschas Eltern haben ihre Trennung konstruktiv bewältigt. Und auch mit Mutters neuem Mann Tim versteht Joscha sich gut. Doch manchmal zieht Joscha sich zurück. Er entwickelt vermehrt Ängste, er träumt, dass er von Monstern bedroht wird. In der Schule passt er nicht mehr so gut auf. Und manchmal sagt er sogar, dass er nicht mehr so gern lebt. Kürzlich beschwerte er sich bei Tim und sagte: «Du hast die Sophia viel lieber als mich.» Tim antwortet ihm, er wolle auch für ihn Vater sein und hätte ihn genauso lieb wie Sophia.

Der Aufbau einer zweiten Familie unterscheidet sich von Anfang an vom Aufbau der ersten Familie: Ein Elternteil bildet mit seinem Kind eine familiäre Einheit. Der neue Partner teilt die Vergangenheit nicht mit den beiden. Er hat keine solch dichte Vertrautheit mit dem Kind. Die neue Partnerschaft hat keine Muße, Flitterwochen zu durchleben. Während das Paar sich findet, muss zugleich die komplizierte Aufgabe bewältigt werden, mit einem oder mehreren Kindern zusammenzuleben. Bekommen die beiden Partner schnell ein gemeinsames Kind, so ändert sich die Position und die Rolle des ersten Kindes. War am Anfang der neue Partner eher Außenseiter, so fühlt sich nun das Kind aus der ersten Verbindung schnell überflüssig und nicht mehr ganz dazugehörig. Joschas Ängste und seine Äußerungen, dass er nicht mehr so gern lebt, haben hier ihre Ursache. Joscha fühlte sich bisher als Bindeglied zwischen seiner Mutter und seinem Vater. Die kleine Schwester bindet nun Mutter und Tim miteinander als Eltern zusammen. Die drei bilden eine «natürliche» Familie. Er ist der Einzige von den vieren, der eine existentielle Bindung außerhalb der Familie hat.

Viele andere Kinder sind bereits außerordentlich unglücklich, wenn ihre Elternteile sich wieder neu verlieben. Der neue Partner oder die neue Partnerin werden vom Kind als Fremde und Eindringlinge erlebt. Das Kind empfindet sie oftmals als Störenfried, an dessen Platz es lieber den verlorenen Vater oder die Mutter haben möchte. Häufig legen alle Beteiligten, die eine zweite Familie gründen, großes Tempo vor. Sie wollen ganz schnell einer klassischen Normalfamilie gleichen, und nach außen wirken sie ja auch so. Sie gestehen sich selbst nicht ein, dass sie eine Familie mit besonderer Zusammensetzung sind.

Die Rolle des Stiefelternteils

In Märchen und Mythen waren Stiefmütter oder Stiefväter in der Regel diejenigen, die Kindern Böses zufügten. Das Wort Stieffamilie hat im deutschsprachigen Raum, anders als das englische stepmother oder stepfather, heute noch einen negativen Beiklang. Wer diese Rolle ausfüllt, dem wird unterstellt, er sei im Unrecht. «Stiefkinder werden verstanden als arme Wesen, die nicht geliebt werden und zu kurz kommen, Stiefmütter als harte und herzlose Frauen, die keinen Sinn für kindliche Bedürfnisse und Nöte haben. Da erscheint es wenig attraktiv, sich als Mitglied einer Stieffamilie zu bekennen.» (Dusolt, 2000, S. 9) Dabei geht es eigentlich um einen ganz objektiven Tatbestand: Das Stiefkind ist nicht das leibliche Kind. Das beeinflusst die Gefühle aller Beteiligten. Stieffamilie zu sein, bedeutet immer, über das Kind mit dem anderen Elternteil und mit einer anderen Familie verknüpft zu sein. Doch diese Realität wollen viele Menschen dem Kind «ersparen».

Dabei gibt es sie heute sogar ziemlich häufig: allein Erziehende, allein Erziehende in neuer Partnerschaft, Stieffamilien, zweite oder dritte Familien, Patchworkfamilien, Wochenendfamilien. Fast jede dritte Ehe, die geschlossen wird, ist eine Zweitehe. Es ist heute schon nahezu «normal», dass nicht beide biologischen Eltern mit dem Kind zusammenleben, bis es erwachsen ist.

Tims Angebot, für Joscha Vater sein zu wollen, bringt Joscha möglicherweise in Konflikt mit seinen Gefühlen zu seinem Vater. Auch stimmt es nicht, wenn Tim sagt, er habe Joscha genauso lieb wie Sophia. Tim darf zu seiner Tochter andere Gefühle haben. Joscha drückt mit seiner Beschwerde in Wirklichkeit aus, dass ihm fehlt, was Sophia hat: den leiblichen Vater innerhalb der Familie.

Ganz oft bieten neue Partner dem Kind viel zu schnell die Vaterrolle an. Bisher allein erziehende Mütter delegieren gern elterliche Kompetenzen auf die neuen Partner. Doch die Kinder sind hier gespalten: Einerseits gefällt ihnen, dass die Mutter wieder zufrieden ist, und sie profitieren von der Bereitschaft des neuen Partners, mit ihnen in guten Kontakt zu kommen. Doch der neue Mann der Mutter kann zwar guter erwachsener Freund sein, kann langsam zum sozialen Zweitvater werden, aber eben nicht den Vater ersetzen. Erst im Lauf von vielen Jahren können Joscha und Tim eine große Vertrautheit wie Vater und Sohn aufbauen.

Kleine Kinder sind bereit, den Partner der Mutter als sozialen Vater anzunehmen. Doch auch sie haben ihre Wurzel draußen beim Vater und sind mit dem Mann, der nun die Vaterrolle einnimmt, nicht verwandt. Etwas anderes daraus machen zu wollen, verwirrt die Kinder. Besonders schmerzlich bleibt für das Kind aus einer früheren Partnerschaft, dass die Kinder aus der neuen Partnerschaft das haben, was das Kind vermisst: Vater und Mutter zusammen unter einem Dach, verbunden durch eine Liebesbeziehung.

Sobald neu zusammengesetzte Familien so tun, als gäbe es keinen Unterschied zwischen den Kindern aus erster und aus zweiter Partnerschaft, wird den Kindern die Chance genommen, sich ihrer Realität zu stellen. Manche Kinder beteuern dem neuen Partner: «Du bist jetzt mein Papa.» Dies geschieht dann besonders schnell, wenn Kinder keinen Kontakt zum Herkunftsvater haben.

➡ Kinder können viel besser mit ihrer besonderen Situation zurechtkommen, wenn diese auch von den Erwachsenen anerkannt wird. Tim könnte Joscha helfen, wenn er sagt: «Ich bin dein Stiefvater und ein sehr guter erwachsener Freund. Und du hast deinen Vater lieb. Das ist in Ordnung so.»

➡ Was aber kann Tim antworten, wenn Joscha sagt: «Die Sophia hast du lieber, weil sie dein richtiges Kind ist?» Mutter und Tim können nicht vermeiden, dass Joscha sich manchmal ausgeschlossen oder benachteiligt fühlt. Wichtig ist, ihm diese Gefühle nicht auszureden, sondern ernst zu nehmen:

➡ «Ich kann verstehen, wenn du das so empfindest. Schließlich bin ich nicht dein leiblicher Vater. Die Sophia habe ich selbst gezeugt, dich nicht. Deshalb gehe ich vielleicht auch anders mit ihr um. Ich habe euch beide lieb und doch jedes Kind auf andere Weise. Das hast du gemerkt. Das gehört so zu unserem Leben dazu. Für dich ist das nicht einfach.»

➡ Hilfreich wäre, wenn Tim und Joschas Mutter die von Joscha empfundene Ausnahmesituation aufgreifen: «Sophia hat beide Eltern jeden Tag bei sich und du vermisst deinen Papa. Du hast es am schwersten von uns in unserer neuen Familie. Ich traue dir aber zu, dass du damit zurechtkommen wirst.»

➡ Von seinem Vater benötigt Joscha Unterstützung und die Erlaubnis, Tim zu mögen. Joschas Vater könnte sagen: «Du hast mich als Vater lieb und das soll immer so bleiben, und du magst Mamas neuen Partner, den Tim. Mit Tim bist du mehr zusammen als mit mir. Ich wünsche mir, dass du ihn gern hast. Kinder können mehrere Menschen sehr lieb haben. Das ist in Ordnung so.»
Kinder wie Joscha sind nicht nur benachteiligt gegenüber dem Kind aus der neuen Partnerschaft. Sie haben auch ein größeres Spektrum an Entwicklungsmöglichkeiten, weil sie die Lebensgewohnheiten zweier Familien kennen lernen, weil sie mit zwei Familien vertraut sind. Joschas Mutter könnte dies aussprechen:

➡ «Joscha, Sophia hat ihren Papa bei sich und deiner wohnt woanders. Das ist schwer für dich. Andererseits hast du dafür zwei Familien, von denen du viel bekommst und bei denen du viel lernst. Du hast zwei Männer als Vorbild: Du kannst dir Sachen vom Papa abschauen und vom Tim. Du wirst anders groß als Sophia. Es ist schwer, aber es ist auch spannend, zwei Familien zu haben.»

Joscha wird erneut in eine Krise geraten, wenn auch sein Vater mit seiner neuen Partnerin ein weiteres Kind bekommt. Dann hat jeder Elternteil seine neue «Kernfamilie», in denen es die Vater-Mutter-Kind-Einheit gibt. In beiden Familien repräsentiert Joscha die frühere Partnerschaft eines Elternteils. Joscha gehört in beiden Familien nicht ganz «richtig» dazu. Das wird bei Joscha erneut zu Trauerprozessen führen. Wenn die beteiligten Erwachsenen sich darüber im Klaren sind, in welch kompliziertem Gebilde sie leben, dann können sie den Kindern helfen, mit der besonderen Rolle zurechtzukommen.

Wenn Stiefelternschaft verschwiegen wird

Anja war 2 Jahre alt, als ihre Mutter Barbara sich wieder an einen neuen Partner band. Nach der Eheschließung bekam Anja den Nachnamen der übrigen Familienmitglieder. Ein weiteres Kind kam: Hendrik. Heute ist Anja 7 Jahre alt und Hendrik 4. Anja geht davon aus, dass Hendriks Vater Michael auch ihr Vater ist. Michael und Anjas Mutter nahmen sich vor, Anja die Wahrheit zu sagen, falls sie fragen würde. Doch Anja schien nichts zu ahnen. Beide Erwachsenen schoben die Aufklärung von Jahr zu Jahr vor sich her. Nun ist Anja gerade in die Schule gekommen. Jetzt ist bestimmt nicht der richtige Zeitpunkt, es ihr zu sagen. Aber wann?

Viele Familien sind in einer ähnlichen Situation. Sie befürchten, dass es für das Kind ein Schock wäre, die Wahrheit zu erfahren. Sie wollen verhindern, dass das Kind sich als Außenseiter fühlt. Michael befürchtet zudem, Anja könnte ihn als Vater nicht mehr so anerkennen oder so lieben, wenn sie erfährt, dass sie einen anderen Vater hat.

Doch neben dem Bedürfnis, Anja vor einer schweren Wahrheit zu schützen, gibt es noch andere Beweggründe. Barbara verbindet mit Anjas Vater Klaus schmerzliche Erinnerungen. Sie hat Klaus leidenschaftlich geliebt, sich extrem von ihm abhängig gefühlt. Es hat sie enorme Kräfte gekostet, sich aus der Beziehung zu befreien.

Seit Mutter und Anja ausgezogen sind, zahlt Klaus keinen Unterhalt für das Kind. In der Ehe hat es gemeinsame Schulden gegeben, die von Barbara noch jahrelang abgezahlt werden mussten. Klaus stellt keinerlei Ansprüche an ein Besuchsrecht. Er wolle das Kind nicht durcheinander bringen, sagt er. Deshalb war er auch mit der Einbenennung Anjas einverstanden. Barbara ist der Überzeugung, dass er keine Verantwortung für das Kind tragen wolle.

Was sollte sie Anja überhaupt sagen? «Du hast einen anderen Vater, aber der hat kein Interesse an dir»? Damit würde sie Anja doch nur verletzen. Und wenn Anja die Zusammenhänge wüsste: Was würde alles passieren, wenn Anja ihren «richtigen» Vater dann einmal sehen wollte? Dann würde die ganze schreckliche Zeit wieder wach werden.

Manchmal hat Barbara Angst, Anja könnte schlechte Eigenschaften von Klaus geerbt haben. Sobald Anja mal aufbraust, erinnert dies die Mutter an den Jähzorn von Klaus. Sie ist froh, dass Anja kein Junge ist. Der hätte sie sicher noch stärker an Klaus erinnert. Ihre tiefe Ambivalenz gegenüber Klaus hat die Mutter ohne Absicht teilweise auf Anja übertragen.

Dazu wird sie in einer Ecke ihres Herzens das Gefühl nicht los, dass sie keinen Menschen wieder so lieben könnte wie Klaus. Sie liebt Michael, ist zufrieden mit ihm. Doch manchmal vermisst sie die Intensität, mit der sie damals geliebt und gelitten hat. Sie hasst sich selbst dafür: Aber manchmal überkommt sie blitzartig ein Gefühl von großer Sehnsucht nach Klaus.

Auch Michael will Barbaras schwere Zeit mit Klaus nicht zurückholen. Ihm ist klar, dass Barbara Klaus einmal sehr geliebt hat. Nun haben sie sich eine «richtige» Familie aufgebaut, in der nichts an den ersten Mann im Leben seiner Frau erinnern soll. Wenn Anja irgendwann Kontakt zu ihrem Vater suchen würde: Würde am Ende die frühe Liebe und Leidenschaft zwischen Barbara und Klaus noch einmal aufflammen? Könnte ihre schöne fest gefügte Welt ins Wanken kommen? Sich vorzustellen, dass Anja das lebendige Bindeglied zu diesem Mann ist, tut Michael weh. Es ist viel beruhigender, sich dem Gefühl hinzugeben, dass Anja ihn, Michael, für ihren Vater hält.

So wie bei Anja ist es in vielen zweiten Familien. War das Kind noch sehr klein, als die zweite Partnerschaft begann, so hat es «vergessen», dass

es einen anderen Vater hat. Die Zweitfamilie hat die Möglichkeit, dem Kind eine intakte Familie vorzuspiegeln. Doch meist geht es um viel mehr. Der Lebensphase von damals einen Platz im jetzigen Leben zu geben, scheint viele neue Partnerschaften zu beunruhigen. Am liebsten soll die alte Liebesbeziehung aus dem Leben der Mutter und damit auch der Vater aus dem Leben des Kindes gelöscht werden.

Viele Kinder ahnen etwas

Anja hat anderthalb Jahre lang ihren ersten Vater erlebt. Auch wenn ihr Erinnerungsvermögen nicht zurückreicht: Unbewusst hat sie gespeichert, dass es einen Vater vor Michael gab. Sie hat die Befindlichkeiten ihrer Mutter als kleines Kind registriert: deren Aufregung, Stress, Angst und dann wieder deren Freude und Hoffnung. Wir alle sind als kleine Kinder geprägt worden von dem, was wir erlebten, aber auch von dem, was uns unsere Eltern später über uns erzählten. Aufregende, bewegende Ereignisse werden Kindern weitergegeben. Das Kind fügt diese Informationen in sein Bild über sich selbst ein. Wenn Eltern eine ganze Lebensphase aus ihrem Leben verbannen, spürt das Kind dies. Wenn über die frühe Zeit nie mehr gesprochen wird, so fehlen Anja viele Bausteine in ihrem Leben. Sie hat längst gemerkt, dass bei ihr etwas anders ist als bei Hendrik. Sie wagt nicht, das heiße Thema aufzugreifen, weil sie unbewusst die Barriere bei ihren Eltern spürt.

Zudem gibt es Angehörige, Freunde, Nachbarn, die alle wissen, dass Michael nicht Anjas leiblicher Vater ist. Dieser Wissensvorsprung wird von Anja ebenfalls registriert. Anja spürt das Familiengeheimnis, und dies setzt sie unter Spannung. Aber sie hält sich an die Spielregel. Sie fragt nicht, weil sie fühlt, dass ihre Fragen Angst auslösen und nicht gestellt werden dürfen.

Die Eltern müssen es für sich klären

Bevor Mutter und Stiefelternteil spontan die «richtigen» Worte finden, die das Kind verstehen und annehmen kann, bedarf es vieler Klärungsprozesse auf der Erwachsenenebene. Ein Kind zu haben, bindet eine Frau und einen Mann zeitlebens aneinander. Denn Vater und Mutter bleiben sie, auch wenn sie ihre Partnerschaft gelöst haben. Oftmals wird die Erinnerung an die ehemalige Liebesbeziehung wieder wach, wenn beide sich nach Jahren bei Kontakten zwischen Kind und anderem Elternteil begegnen. Aber auch Enttäuschungen und schmerzhafte Erlebnisse kehren zurück. Niemand kann wichtige Jahre aus seinem Leben entfernen. Eine zweite Partnerschaft befindet sich nur dann auf sicherem Boden, wenn sie die erste Partnerschaft als zum Leben dazugehörig respektiert.

Barbara müsste sogar erkennen, dass sie Anteile in sich trägt, die ermöglichten, dass sie von einem so chaotischen Mann in Liebe abhängig wurde. Barbara muss lernen, sich mit ihrer Geschichte auszusöhnen. Manchmal ist das mit viel Trauer, aber auch mit neuer Lebendigkeit verbunden.

Der erste Schritt für Barbara heißt, ihre Vergangenheit anzunehmen. Ohne Klaus hätte sie keine Anja. Und die möchte sie niemals mehr missen. Ohne ihre bitteren Erfahrungen mit Klaus wäre sie vielleicht nie mit Michael zusammengeblieben. Klaus stand für Leidenschaft, Ambivalenz, Gewalt und Chaos, Michael für Geborgenheit, Zuverlässigkeit, Solidarität. Beide Beziehungen sind Teil ihres Lebens. Barbara darf sich die ganz unterschiedlichen Qualitäten beider Beziehungen zugestehen.

Auch Michael muss lernen, dem Vater von Anja einen Platz im gemeinsamen Leben einzurichten und die Einflüsse aus jener Zeit nicht zu fürchten. Die leidenschaftlicheren Gefühle, die Barbara einst zu Klaus hatte, gehören zu seiner Partnerin. Michael und Barbara können beide weniger Angst haben, wenn sie jene Anteile ans Licht holen, die ihre Partnerschaft bedrohen könnten. Sie haben inzwischen eine stabile Zuneigung. Vor die Wahl gestellt, würde Barbara sich – wenn auch unter Trauer um ihre Liebe zu Klaus – wieder für Michael entscheiden. Wenn sie sich hier sicher ist, dann braucht Klaus keine Macht in der neuen Partnerschaft zu haben. Alle neu zusammengesetzten Familien haben sichtbar oder unsichtbar noch eine Bande zu einem Menschen außerhalb der Familie. Dies anzuerkennen, ist der erste Schritt zur konstruktiven Aufklärung des Kindes.

Wie kann den Kindern ihre Abstammung erklärt werden?

Manchmal wollen Mütter oder Väter den schweren Schritt endlich hinter sich bringen und sagen zu einem 4-, 6- oder 8-jährigen Kind: «Du hast noch einen anderen Papa.»

Viele Kinder wollen auf diese Eröffnung hin möglichst schnell das Thema wechseln. Sie stellen keine Fragen. Für diese Kinder ist ein Papa ein geliebter, fürsorglicher Mensch, mit dem sie vertraut sind. Bei der bloßen Information «Du hast noch einen anderen Papa» sagen die meisten Kinder: «Das ist nicht wahr» oder: «Du lügst!»

Viele Eltern sind dann ratlos. Sie haben versucht, ehrlich zu sein, doch das Kind streitet das Gehörte ab. Wenn die Eltern erneut davon anfangen, entzieht sich das Kind. Es wird insgesamt unzufriedener, gereizter. So vieles in seinem Leben passt nicht mehr zusammen.

Die bloße Information «Du hast noch einen anderen Papa» führt beim Kind zu Panik. Bleiben wir bei Anja. Sie kennt keinen anderen Papa. Sie hat zu einem fremden Menschen keine Gefühle wie zu einem Papa. Jedes Kind hat nur einen Papa. Darf sie also Michael nicht mehr lieb haben? Hat Michael sie nicht lieb? Um all diese verwirrenden Fragen zu verscheuchen, beschließt sie: *Michael ist mein Papa und alles andere stimmt nicht.*

Damit ein Kind die Information, von einem anderen Vater abzustammen, aufnehmen kann, muss sie eingebettet werden in die Lebensgeschichte von Mutter und Kind aus jener Zeit. Zuerst müssen wir einen Begriff finden. Wird der neue Partner der Mutter Papa genannt, so sollte nicht derselbe Begriff für den leiblichen Vater benutzt werden.

- Zunächst muss ein Kind wissen, was einen Mann zum Vater macht: «Ein Mann gibt seinen Samen dazu, dass ein Kind im Bauch einer Frau wachsen kann. Wenn das Kind geboren wird, werden die beiden zu Mutter und Vater. Du lebst mit Michael zusammen, seit du zwei Jahre alt bist. Du hast den Michael wie einen Papa sehr lieb gewonnen, und der Michael liebt dich ebenfalls. Das wird auch so bleiben. Aber Michael hat nicht seinen Samen gegeben, damit du in meinem Bauch gewachsen bist. Damals liebte ich einen anderen Mann. Sein Name ist Klaus. Er ist dein Vater. Ich liebte ihn sehr, aber später trennten wir uns. Ich hatte viel Ärger und Aufregung mit Klaus. Du kannst gar nichts dafür. Klaus war einverstanden, dass du mit Michael wie mit einem Papa zusammenlebst. Deshalb hat er auch zugestimmt, dass du unseren Familiennamen bekommen hast. Als Baby hast du Anja Schneider geheißen, weil Klaus auch Schneider hieß. Ich habe auch früher Schneider geheißen. Und jetzt heiße ich Schröder, so wie Michael. Und als Michael und ich verheiratet waren, hast du auch den Namen Schröder bekommen. Aber dein leiblicher Vater heißt Klaus Schneider. Hier habe ich Fotos von ihm mit dir zusammen, als du noch ganz klein warst.»
- Nun braucht Anja vorläufige Antworten auf viele noch nicht gestellte Fragen: Barbara sollte ihrer Tochter erläutern, weshalb sie dem Kind bisher nichts von Klaus gesagt hat: «Ich hatte Angst, dass du dich gegenüber Hendrik benachteiligt fühlen würdest, wenn du weißt, dass Michael nicht dein leiblicher Vater ist. Und ich selbst wollte am liebsten die Vergangenheit vergessen. Aber nun will ich, dass du endlich die Wahrheit weißt. Und wenn du irgendwann den Klaus mal sehen willst, helfe ich dir dabei. Gefühle wie zu einem Papa hast du zu Klaus nicht mehr, weil du ihn gar nicht mehr kennst. Gefühle wie zu einem Papa hast du zu Michael, weil wir in einer Familie zusammenleben. Du hast einen Vater, der dir das Leben gegeben hat, und einen Papa, mit dem du zusammenwohnst und den du lieb hast.»
- Manchmal ist es ratsam, dass die Erwachsenen zunächst mit anderen Erwachsenen üben, was sie dem Kind sagen können, oder sie schreiben ihre Formulierungen auf, verfassen einen Lebensbrief, bevor sie mit dem

Kind sprechen. Sonst passiert es schnell, dass statt einer Information, die das Kind entlastet, Verletzungen entstehen, die das Kind belasten.

➡ Auf die mögliche Frage von Anja, weshalb Klaus nie zu Besuch kommt, könnte sie sagen: «Es gibt Väter, die sich nicht vorstellen können, dass sie für ein Kind wichtig bleiben, das einen ‹neuen Papa›, einen Stiefvater hat. Er wollte sich in unser Leben nicht mehr einmischen. Und er wollte sein eigenes Leben führen. Das hat nichts mit dir zu tun. So hätte er bei jedem anderen Kind auch gehandelt.»

Die neue Familienkonstellation anerkennen

Die Mutter und ihr neuer Partner müssen Abschied von der Illusion nehmen, sie könnten beiden Kindern dieselbe Grundlage bieten. Ein Kind mit einem anderen Elternteil hat eine andere Geschichte. Es hat schon einen Verlust erlitten. Es hat Bausteine von einem anderen Menschen mitbekommen. Seine Identität und sein Selbstwertgefühl werden geprägt von der Rolle, die dieser andere Mensch im Leben der neuen Familie spielt. Nur wenn die Eltern der Stieffamilie mit dem anderen Elternteil einen wie auch immer gearteten inneren Frieden hergestellt haben, geht es dem Kind in der neu zusammengesetzten Familie gut.

Leichter ist es für alle, wenn neu zusammengesetzte Familien von klein an mit der Realität eines anderen Elternteils offen umgehen. Fotos im Album des Kindes informieren über die Zeit mit dem Herkunftsvater. Meist ist es besser, wenn die Erwachsenen ein Übereinkommen getroffen haben, damit dem Kind seine Beziehung zum anderen Elternteil erhalten bleibt. Viel schwerer ist es, einem unsichtbar gewordenen Elternteil einen Platz in der neuen Familie zu geben.

Michael hat die soziale Vaterschaft übernommen. Die leibliche Elternschaft von Anjas Vater ist niemals im Leben aufhebbar. Viele Menschen, die mit einem Kind «bloß» die soziale Elternschaft leben, haben das Gefühl, dass die soziale Bindung die «schwächere» Form von Elternschaft sei. Doch das tägliche Zusammenleben bindet, baut Nähe und Vertrauen auf. Und das Vertrauen wird umso besser, je weniger ein Elternteil des Kindes ausgegrenzt und weggeschoben wird, je weniger eine Lüge zwischen Erwachsenen und Kindern in der gegenwärtigen Familie steht.

Die Einbenennung: Das Kind bekommt den gemeinsamen Namen des neuen Ehepaares

Unser Name ist unser Etikett, er macht uns unverwechselbar und wiedererkennbar. Er ist Bestandteil unserer Identität. Das Kindschaftsrecht hat die Einbenennung eines Kindes im § 1618 BGB geregelt. Unter Einbenennung verstehen wir, dass das Kind den nach einer Eheschließung gemeinsamen Namen des Paares erhält. Stimmt der andere Elternteil dem zu, so kann dies die Akzeptanz symbolisieren, die der Vater dem neuen Lebensumfeld des Kindes entgegenbringt.

Stimmt der andere Elternteil einer Namenserteilung nicht zu, so kann diese nicht vorhandene Zustimmung vom Gericht ersetzt werden. Die Einbenennung entspricht allerdings nicht immer dem wirklichen Interesse eines Kindes. Der Wunsch nach Namensänderung entspringt meist der Sehnsucht des neuen Paares, für die Kinder und gegenüber der Umwelt als natürliche, «normale», heile Familie zu gelten. Mit der Trennung des Namensbandes wird oftmals auch eine seelische Trennung vom anderen Elternteil vollzogen. Auch das Kind will durch die Namensgleichheit sicherstellen, dass es zur neuen Familie ganz dazugehört, dass nach draußen seine besondere Situation nicht auffällt. Doch es kann die damit verbundenen Folgen nicht überblicken. Schließlich kann die zu schnelle Abkopplung vom ursprünglichen Namen für das Kind langfristig sinnlos und belastend sein. Wird die Ehe der Mutter nämlich wieder geschieden, kann die Mutter ihren Mädchennamen annehmen. Die Kinder behalten den Namen des Mannes. Sie haben dann keine Chance zur Namensänderung, es sei denn, die Mutter heiratet erneut. Dann können die Kinder wieder den Namen des nächsten Mannes bekommen. Im Stammbuch der Kinder finden sich dann mehrere verwirrende Sondereintragungen.

Kritisch zur Einbenennung hat sich das Oberlandesgericht Oldenburg geäußert: «Eine völlige Durchtrennung des Namensbandes, welches das Kind mit seinem leiblichen Vater verbindet, ist dann nicht erforderlich, wenn mit der beabsichtigten Namenserteilung lediglich der Zweck verfolgt wird, die Integration des Kindes in der neuen Familie nach außen zu dokumentieren. Diesem durchaus anzuerkennenden Wunsch wollen die Kinder ihrerseits offenkundig entsprechen. Gleichwohl ist jedoch nichts ersichtlich für eine Annahme, dass das seelische Wohl der Kinder beeinträchtigt wird, wenn sie den Namen ihres Vaters behalten, zumal in der heutigen Gesellschaft verschiedene Namen innerhalb einer Familie nicht mehr ungewöhnlich sind.» (Oberlandesgericht Oldenburg, Beschluss vom 18. Juni 1999–11 UF 26/99, Quelle: Kind-Prax 2/2000, S. 60)

Das Amtsgericht Bad Oldesloe fordert einen Doppelnamen für das Stiefkind: «Auch wenn das Kind zu seinem leiblichen Vater, dessen Namen es trägt, überhaupt keine Beziehung mehr hat, so kann trotzdem die Beibehaltung des Namens von Bedeutung sein, um die mit der Namensgebung verbundene Identität des Kindes und damit seine Wurzeln zu erhalten.» (Amtsgericht Bad Oldesloe, Beschluss vom 9. September 1999–1F 80/99, Quelle Kind-Prax 2/2000, S. 61)

Wenn ein Kind weiß, von wem es seinen Nachnamen hat und dass dieser die Verbindung zu diesem Menschen symbolisiert, so ist ein Kind oftmals stolz auf seinen Nachnamen. Wenn dann der Name am Türschild angebracht wird, so kann ein Kind offen mit seiner Stiefkindsituation aufwachsen. Die neue Familie kann das Kind ermutigen, seinen Namen zu mögen:

➡ «Dein Nachname ist Becker, den hast du von deinem Vater. Und weil ich wieder geheiratet habe, heiße ich jetzt Weise. Ich heiße wie mein neuer Mann und du heißt wie dein Vater. Das ist so in Ordnung. Und wir bringen beide Namen an der Tür an, damit jeder dich findet. Ich finde den Namen Becker schön und er ist ein Zeichen, dass du der Sohn deines Vaters bist und bleibst.»

Die Stiefkindadoption

Oft möchte ein sozialer Vater oder eine soziale Mutter, die seit Jahren Tag für Tag wie Vater oder Mutter für ein Kind sorgen, diese Elternschaft rechtlich abgesichert haben. Der langjährige Stiefelternteil möchte gern die volle elterliche Verantwortung für das Kind übernehmen, wünscht sich die elterliche Sorge für das Kind und möchte, dass es erbberechtigt ist.

Doch der positive Aspekt einer Stiefelternadoption wird durch mehrere Nachteile aufgehoben. Per Gesetz erlischt durch die Adoption das verwandtschaftliche Band zum anderen Elternteil. Manchmal verliert ein Kind durch eine Stiefvateradoption nicht nur den Vater, sondern auch Großeltern, Onkel und Tanten, Geschwister oder Halbgeschwister. Zudem verführt die Stiefkindadoption dazu, ähnlich wie die Einbenennung, dem Kind vorzuenthalten, dass es sich um eine neu zusammengesetzte Familie handelt. Weiß ein Kind beispielsweise nicht, dass es einen Herkunftsvater und einen sozialen Vater hat, raten die Adoptionsfachleute dem Gericht ab, eine Stiefvateradoption vorzunehmen. Gleiches gilt für die Stiefmutteradoption.

Nach einer Scheidung der Eltern bleibt eine Adoption bestehen. Das Kind hat dann möglicherweise einen rechtlichen sozialen Vater, mit dem es nichts mehr zu tun hat und nicht mehr zusammenlebt, und einen leiblichen Vater, mit dem es per Gesetz nicht mehr verwandt ist. Und vielleicht hat es noch einen neuen sozialen Vater durch die gar nicht so seltene Wiederheirat der Mutter.

Die positive Erfahrung eines Kindes oder Jugendlichen, einen gesetzlichen Stiefvater oder eine Stiefmutter zu bekommen, ist mit der schmerzhaften Erfahrung gepaart, dass der «richtige» Elterteil diesen Auftrag nicht übernommen hat. Wenn wir mit Stiefkindern über ihre Herkunftsväter sprechen, so kommt viel Bitterkeit und Verletzung zutage. Unter einem «Mit dem will ich nichts mehr zu tun haben» oder scheinbarer Gleichgültigkeit verbirgt sich eine große Verwundung bis hin zu der Überzeugung, selbst als Kind dieses Menschen nicht in Ordnung zu sein.

Die rechtliche Lage bei einer Stiefkindadoption deckt sich nicht mit der psychischen, biologischen und sozialen Realität: Herkunftsväter oder -mütter, die ihr Kind zur Adoption freigeben, fühlen sich dennoch weiter mit ihrem Kind verwandt und als dessen Vater oder Mutter. Und Kindern geht es ebenso. Auch wenn sie intensive soziale Elternschaften erleben: sie können nicht ausblenden, dass sie ihr Leben durch diese Herkunftsmutter oder diesen Herkunftsvater bekommen haben.

Susanne von Puttkamer und Edgar Radziwill machen Vorschläge zu rechtlichen Regelungen für Stiefkinder ohne Stiefkindadoption. Sie bezeichnen diese Rechtsform als Stiefkindschaft (vgl. Kind-Prax 1/2000,

S. 21). Hier sollen Beginn und Beendigung, elterliche Sorge und erbrechtliche Fragen, Unterhaltsrecht und Umgangsrecht zwischen Stiefkind und Stiefelternteil geregelt werden, ohne dass der Herkunftselternteil des Kindes ausgeschlossen wird.

In England ist es seit 1989 möglich, die elterliche Sorge auf Dritte zu übertragen, die sich um das Kind kümmern, ohne dass für die Ursprungseltern gleichzeitig der Verlust der elterlichen Sorge eintritt. In der Folgezeit nahmen die Stiefkindadoptionen um die Hälfte ab! (Vgl. Puttkamer, in: Kind-Prax Nr. 2/2000, S. 53)

Die Verbindung «lesbisch» und «Mutter» oder «schwul» und «Vater» scheint auf den ersten Blick ein Widerspruch in sich zu sein. Es herrscht die Vorstellung: «So etwas gibt es nicht» oder «So etwas darf es nicht geben».
(Senatsverwaltung für Schule, Jugend und Sport, Berlin, 1997, S. 7)

Kinder in Familien mit gleichgeschlechtlicher Partnerschaft

Die Mutter von Sabrina (10 Jahre) und Johannes (15 Jahre) hat sich vor vier Jahren vom Vater der Kinder getrennt und ist mit ihrer Partnerin Gerda zusammengezogen. Sie ist mit ihrer Entscheidung sehr zufrieden und hat ihren Kindern gegenüber offen gelegt, dass sie ihre Partnerin liebt. Johannes sagt: «Ich kann das nicht allen Freunden erzählen. Ich merke daran, wer wirklich gute Freunde sind.» Johannes lässt sich allerdings von Gerda nicht gern «erziehen», er will sich nichts sagen lassen. Sabrina hingegen sagt: «Für mich ist das in Ordnung. Gerda ist für mich fast wie eine zweite Mutter.» Beide Kinder gehen alle zwei Wochen zum Vater, der mit einer neuen Frau zusammenlebt.

Obwohl gleichgeschlechtliche Partnerschaften immer stärker anerkannt werden, und trotz öffentlicher Diskussion über die Möglichkeit zur Eheschließung lesbischer und schwuler Paare gibt es ein ganzes Bündel sozialer Verurteilungen dieser Menschen, vor allem wenn sie Kinder haben. Nach Scheidungen und bei Sorgerechtsverfahren haben sie es besonders schwer. Manche lesbischen Mütter und schwulen Väter sehen sich auch heute noch gezwungen, ihre sexuelle Neigung vor den Kindern und dem Rest der Familie zu verheimlichen, um nicht diskriminiert zu werden. Andere gehen offen mit ihrer gleichgeschlechtlichen Liebe um, kämpfen entschlossen um ihre Respektierung und informieren ihre Kinder.

Eine weit verbreitete Befürchtung auch unter Fachleuten ist, Kinder könnten in der Geschlechtsrollenfindung irritiert und verwirrt werden. Einige Studien zu diesem Thema in den USA haben jedoch ergeben, dass

Kinder von homosexuellen Elternteilen ein Rollenverhalten entwickeln, das ihrem biologischen Geschlecht entspricht. Sie werden nicht häufiger homosexuell als Kinder heterosexueller Eltern. Und schließlich kommen fast alle homosexuellen Menschen aus Familien mit heterosexuellen Partnerschaften. Die seelische Entwicklung bei Ablösung und Kontakten zu Gleichaltrigen verläuft auch bei Kindern mit gleichgeschlechtlichen Eltern altersgemäß. Dennoch bleibt für alle Beteiligten, dass sie anders als die Mehrheit leben und dass sie noch immer diskriminiert werden. Dies ist auch für die Kinder nicht einfach. «Die Kinder, die ich befragt habe, sind in der Lage, den atypischen Charakter des Lebensstils ihrer Eltern zu begreifen und zu verbalisieren und dieses Atypische im Zusammenhang einer breiteren Perspektive der kulturellen Norm zu sehen.» (Green, 1978, S. 696)

Ein wertvoller Schritt für die betroffenen Kinder ist in jedem Fall, dass ihre Mutter oder ihr Vater sich offen zu ihrem Lesbisch- oder Schwulsein bekennen. «Die Kinder haben umso weniger Schwierigkeiten, je früher sie über das Lesbisch- bzw. Schwulsein des betreffenden Elternteils aufgeklärt werden.» (Senatsverwaltung Berlin, 1997, S. 31) Kinder können mit ihrer Ausnahmesituation gut groß werden, wenn sie sich dieser offen stellen und von ihren Eltern dabei unterstützt werden.

Sabrina und Johannes wurden von ihrer Mutter und ihrem getrennt lebenden Vater darin bestärkt, dass es in Ordnung ist, anders als die Mehrheit zu leben. Sabrinas Bemerkung, die Lebensgefährtin der Mutter sei fast so etwas wie eine zweite Mutter für sie, zeigt, dass zwischen Sabrina und Gerda schon eine soziale Mutter-Kind-Beziehung entstanden ist. Sabrina war sechs Jahre alt, als Gerda bei ihnen einzog. Vier Jahre reichten aus, um Vertrautheit zu einer mütterlichen Bezugsperson zu entwickeln. Je jünger Kinder beim Zusammenzug mit neuen Lebenspartnern oder -partnerinnen sind, umso stärker entwickelt sich eine soziale Elternschaft und eine Bindung.

Anders bei Johannes. Er spürt den gesellschaftlichen Druck, der auf gleichgeschlechtlichen Paaren lastet, und muss sich mit Gleichaltrigen entsprechend auseinander setzen. Vielleicht ist er als Junge auch dem Vater gegenüber stärker loyal geblieben. Er muss damit zurechtkommen, dass seine Mutter dem Vater eine andere Frau vorzog. Unbewusst fragt er sich möglicherweise, ob denn Männer überhaupt liebenswert sind. Vielleicht will er sich von Gerda deshalb nichts sagen lassen. In vielen heterosexuellen Stieffamilien wollen Kinder allerdings ebenfalls nicht vom neuen Partner oder der neuen Partnerin «erzogen» werden. Johannes war zudem schon elf, als die neue Familie entstand. In jedem Fall müssen alle vier Familienmitglieder sich mit ihrer besonderen Situation auseinander setzen.

➡ Die Mutter von Johannes und Sabrina könnte folgende Haltung entwickeln und an ihre Kinder weitergeben: «Ihr beide seid weiterhin die Kinder von eurem Vater und mir, eurer Mutter. Gerda ist meine Lebensgefährtin und ich habe sie mir ausgesucht, weil ich sie liebe. Ihr könnt Gerda gern haben wie eine mütterliche Freundin, aber sie braucht euch nicht zu erziehen. In Fragen des allgemeinen Zusammenlebens müsst ihr auf sie genauso Rücksicht nehmen wie auf mich oder auf euch Geschwister. Wir leben nun mal zu viert zusammen.»

➡ Von großer Bedeutung für Johannes ist, dass die Mutter auch den Vater wertschätzt und ihrer früheren Liebe zu einem männlichen Partner Platz in der heutigen Lebensphase gibt: «Ich bin froh, dass ich euren Vater kennen gelernt und geliebt habe. Sonst gäbe es euch nicht.»

«Love makes families» – Liebe macht Familien – heißt das Motto amerikanischer Interessenverbände von Schwulen und Lesben. So richtig dieser Slogan ist, so groß auch die Gefahr, dass jene, welche die Kinder «gemacht» haben, vergessen werden sollen. Zwei Lesbierinnen in USA teilten sich die Mutterschaft nach einer künstlichen Befruchtung durch einen anonymen Samenspender. Der einen Frau wurde die Eizelle entnommen und der anderen Frau eingepflanzt. Sie gebar das Kind. Ein Gericht entschied, in der Geburtsurkunde des Jungen die Rubrik Vater mit einer zweiten Rubrik Mutter zu ersetzen. (Vgl. Frankfurter Rundschau vom 12. 8. 2000) So positiv die Anerkennung für die beiden Frauen in ihrer Elternrolle zu werten ist: Der Erzeuger und Vater ist für dieses Kind nicht existent. Real haben drei Menschen zur Entstehung und Entwicklung dieses Kindes beigetragen: eine genetische Mutter, eine leibliche nichtgenetische Mutter und ein Vater. Folgerichtig hätte das Gericht alle drei Elternteile in die Geburtsurkunde aufnehmen müssen.

Viele schwule und lesbische Menschen haben einen langen, schweren Weg hinter sich, bis sie sich von gesellschaftlichen Normen befreien und sich ihrer Situation bewusst stellen. Kommen Kinder ins Spiel, so unterliegen Familien mit gleichgeschlechtlichen Partnerschaften – ähnlich wie Stief-, Adoptiv- oder Pflegefamilien – manchmal dem Streben, «Normalfamilien» nachzuahmen. Auch Kinder, deren Elternteil sich für eine gleichgeschlechtliche Lebensgemeinschaft entschieden hat, haben nur eine Mutter und einen Vater. Beide sollen einen Platz im Leben des Kindes behalten dürfen. Darüber hinaus bildet «Liebe» die Grundlage für neu zusammengesetzte Familien und es können viele Formen des Miteinandervertrautseins entstehen, bis hin zur sozialen Elternschaft. Kinder können ihre besondere Situation am besten annehmen, wenn Erwachsene die Ursprünge ihrer Kinder anerkennen, die neu entstandenen Familienkonstellationen in ihrer besonderen Struktur akzeptieren und mit ihren Kindern darüber sprechen.

➡ Folgende Botschaft der Mutter an Johannes und Sabrina gibt die Realität wieder und stärkt die Kinder: «Gerda, ich und ihr Kinder, wir leben zusammen wie andere Familien. Doch wir sind keine typische Familie. Denn ihr lebt nicht mit Mutter und Vater in einer Familie zusammen, sondern mit eurer Mutter und ihrer Lebensgefährtin. Gleichzeitig behaltet ihr für immer euren Vater. Ich bin stolz auf euch, wie gut und mutig ihr mit unserer besonderen Situation umgeht und wie ihr gegenüber anderen dafür eintretet, dass eure Mutter anders als die Mehrheit lebt.»

«SOHN: Ich bin ja mit großen Anstrengungen herbeigeführt worden und fühle mich gewollt – das kann nicht jeder von sich sagen. Aber vor allem haben meine Eltern mir das mit meinem fremden Erzeuger früh erzählt.
VATER: Für mich war immer klar, dass wir dir das sagen. Ich habe versucht, meine Vaterrolle so gut zu spielen, wie ich konnte, und dann hatte ich auch nichts zu verheimlichen.
MUTTER: Außerdem hatte mir mal eine Bekannte erzählt, in welch tiefe Krise sie geriet, als sie erfuhr, dass sie adoptiert war. Da war mir klar: Bei uns kommt die Wahrheit auf den Tisch.»
(DIE ZEIT Nr. 29, Der unbekannte Vierte, 13. Juli 2000)

Ungewöhnliche Bedingungen bei der Zeugung des Kindes

Früher war es eine heimliche Außenbeziehung, eine geheime Liebe: Der Ehemann durfte nicht wissen, dass ein anderer Mann der Vater des Kindes war. Manchmal wussten es beide Eheleute und das Kind sollte niemals erfahren, dass es einen anderen Vater hatte. Ein in der Ehe geborenes Kind ist gesetzlich das Kind des Ehemanns. Nach der Reform des Kindschaftsrechtes 1999 ist es leichter geworden, einen außerehelichen Vater des Kindes in die Geburtsurkunde einzutragen.

Eine neuere Variante von Geheimhaltung gibt es bei der donogenen Insemination (DI). Betroffene und Ärzte sprechen von der «Behandlung mit Spendersamen» und erwecken den Eindruck, es handle sich um eine medizinische Behandlung. Dass sich hinter diesem Begriff ein Mensch, ein Mann, ja der biologische Vater des Kindes verbirgt, wollen die Beteiligten am liebsten verdrängen. Aber das Kind hat in solch einem Fall einen sozialen und einen genetischen Vater. Die Fremdbesamung gehört seit den siebziger Jahren zum Repertoire der Fortpflanzungsmedizin.

Weltweit gibt es inzwischen viele Kinder und Jugendliche, an deren Entstehung und Entwicklung bis zu vier Menschen beteiligt sind. Ein Mann und eine Frau geben Eizelle und Samen, das befruchtete Ei wird der künftigen sozialen Mutter eingesetzt; diese trägt das Kind aus: Es hat somit ein genetisches Elternpaar und ein soziales. Oder eine Frau spendet anonym ihre Eizelle, diese wird mit dem Samen des künftigen Vaters befruchtet und einer dritten Frau zum Austragen eingesetzt, die es nach der Geburt der sozialen Mutter und dem genetisch-sozialen Vater überlässt … und was der Varianten mehr sind. Paradoxerweise wird in unserem Strafrecht zwar das Einpflanzen einer Eizelle von einer anderen Frau verboten, das Befruchten durch den Samen eines Fremden wird aber erlaubt.

Die seelischen und sozialen Aspekte der DI sind in Deutschland bislang wenig erforscht. Petra Thorn, die sich in Deutschland damit befasst hat, schätzt, dass durch sie jährlich zwischen «500 und 1200 Kinder in Deutschland geboren werden. Bei diesen Zahlen handelt es sich allerdings um Mutmaßungen, denn die Ärzte sind in Deutschland, wie auch in vielen anderen Ländern, nicht verpflichtet, diese ‹Behandlung› einer zentralen Stelle zu melden.» (Thorn, IVF-News 2, 1999, S. 3) Bei einer Fortbildung der FH Darmstadt im Juni 2000 berichtete Frau Thorn, dass in Neuseeland nur solche Männer Samen spenden sollen, die bereit sind, sich identifizieren zu lassen. In Neuseeland ist die Aufklärungsrate höher. Dort werden zunächst kulturelle und psychologische Fragen geregelt, ähnlich wie bei uns bei der Adoption, erst dann wird die donogene Insemination vorgenommen. In Schweden wird die Samenspende nicht bezahlt und es sollen nur Männer mit sozialer Motivation zugelassen werden. So gesehen muss die Motivation der derzeitigen Samenspender in Deutschland hinterfragt werden. Meist sind es Studenten, die 85 € erhalten. Für dieses Geld müssen sie sich umfassenden erbbiologischen ärztlichen Untersuchungen und wiederholten HIV-Tests unterziehen. (Vgl. Thorn, Fortbildung an der Fachhochschule Darmstadt, 9. Juni 2000)

In Deutschland haben die Ärztinnen und Ärzte zehn Jahre Dokumentationspflicht. Danach werden in etwa der Hälfte aller Praxen die Daten der Samenspender vernichtet. Manche Ärzte nehmen die Befruchtung sogar mit einer Samenmixtur von verschiedenen Spendern vor, um die Möglichkeit der Identifikation gering zu halten. Grund für diese Vorgehensweise: Die Samenspender, aber auch die «behandelnden» Ärzte, können nicht sicher sein, dass nicht irgendwann Unterhaltsansprüche gegen sie erhoben werden. Gesetzliche Regelungen sind unzureichend.

Bei zunehmender Unfruchtbarkeit von Männern und Frauen wird es immer selbstverständlicher, ein Kind mithilfe der Reproduktionstechniken zu zeugen. Aber es wird bei uns zu wenig oder gar nicht über die sozialen Folgen für die Kinder nachgedacht. Anders als die oben zitierte Familie, die sich in der *Zeit* öffentlich zur besonderen Familiengründung bekannte, wollen viele Betroffenen vor sich selbst und dem Kind das Besondere an ihrer Familienbildung verdrängen, nicht wahrhaben und geheim halten.

Klärende Gespräche mit Sozialarbeiterinnen und Sozialarbeitern, die auf die Besonderheit der Familiengründung aufmerksam machen, wie bei Adoption oder Stiefelternadoption, gibt es bei uns nicht. Der Arzt achtet beispielsweise bei der Wahl des anonymen Samenspenders häufig darauf, dass dieser dem sozialen Vater bezüglich Haarfarbe, Augenfarbe und Größe ähnlich sieht. Die Normalfamilie wird kopiert. In USA hingegen werden Leihmutterschaft, Eizellentransfer, Samenspende weniger tabuisiert. Dort gibt es Aufklärungsbroschüren für die betroffenen Kinder. Oder es kommt vor, dass eine Frau sich in den Medien bei der Spenderin der Eizelle bedankt, die ihr ermöglicht hat, das genetische Kind ihres Mannes und dieser anderen Frau auszutragen und zur Welt zu bringen.

Thorn berichtet, dass bei uns nur ca. 10 Prozent der Paare beabsichtigen, ihrem durch donogene Insemination gezeugten Kind seine Entstehungsweise mitzuteilen. «Erfahrungsberichte ausländischer Selbsthilfeorganisationen verdeutlichen, dass Menschen, deren Zeugung mithilfe von Spendersamen verheimlicht wurde, als Kind durchaus einen eigenartigen Umgang mit bestimmten Familienthemen wahrnehmen konnten, wie dies eine Frau sehr plastisch ausdrückte: ‹Das Merkwürdige ist nicht, dass es auf etwas zurückzuführen ist, was meine Eltern sagten, sondern dass es das Ergebnis von dem war, was sie nicht sagten. Sie sagten zum Beispiel nie: Du hast die Augen deines Vaters und die Persönlichkeit deiner Großmutter›». (Thorn, IVF-News 2, 1999, S. 4)

Die meisten Menschen glauben, es sei einem Kind nicht zuzumuten, seine ungewöhnliche Entstehung zu kennen. Hinzu kommt die Befürchtung, dass ein Kind Dritten gegenüber etwas weitersagen könnte,

wenn es «Bescheid weiß». Hier stehen traditionelle und irrationale Aspekte den psychologischen Konsequenzen aus der modernen Reproduktionstechnologie gegenüber. Viele DI-Eltern wagen es noch nicht, sich offen zur Herkunft ihres Kindes zu bekennen, wie es bei Adoptiveltern seit vielen Jahren immer selbstverständlicher wird. Diese Eltern stehen erst ganz am Anfang.

Einen mutigen Schritt aus der Isolation sind einige Paare gegangen, die eine «Initiative Donogene Insemination» gegründet haben. Zwar sprechen auch sie in ihrem Informationsblatt von «Behandlung mit Spendersamen». Doch auch das Wort «Zeugung», das der Wirklichkeit näher kommt, wird ausgesprochen: «Wir diskutieren darüber, ob, wann und wie DI-Kinder über ihre Zeugungsart aufgeklärt werden sollten.» (Informationsgruppe Donogene Insemination, Faltblatt, Stand Oktober 2000)

Wie Sie Ihrem Kind von seiner Zeugung erzählen können

Alle Kinder, die von einem Elternteil getrennt wurden, gleich, ob es sich um einen genetischen oder sozialen handelt, können sich dann gut entwickeln, wenn die Menschen, mit denen das Kind lebt, ein ausgesöhntes Bild von dem gegenwärtig nicht vorhandenen Elternteil haben. Der fremde Samenspender nimmt eine bedeutungsvolle Rolle im Leben der Familie ein. Spätestens wenn Kinder sich als Heranwachsende in eine Richtung entwickeln, die ihren Eltern nicht willkommen ist, werden sie Phantasien nicht mehr wegschieben, was das Kind denn von seinem Erzeuger mitbekommen hat. Das Kind hat real drei Elternteile: einen genetischen Vater, eine genetisch-soziale Mutter, einen sozialen Vater.

So schwer es für die Erwachsenen ist – es ist besser, wenn sie sich eingestehen: Die Fremdbesamung hat Auswirkung auf die Dynamik unter den Eltern, auf die innere Haltung zum Kind und Einfluss auf die Identitätsentwicklung des Kindes. Die betroffenen Eltern müssen an der Trauer arbeiten, dass der soziale Vater nicht der Erzeuger des Kindes ist und dass Mutter und Vater ein ungleiches Elternpaar sind.

Wie bei der Aufklärung über die Adoption sollten Eltern, deren Kind durch die Samenspende eines Dritten gezeugt wurde, dem Kind schon früh die Zusammenhänge von sich aus erklären. Je jünger Kinder sind, desto selbstverständlicher wachsen sie in ihre außergewöhnliche Situation hinein. Wenn Sie warten, bis Ihr Kind fragt, kann der geeignete Zeitpunkt weit überschritten werden. Kinder fragen ihre Mutter zwar häufig, wenn sie schwangere Frauen sehen: «War ich auch in deinem Bauch?» Aber was sollten sie fragen, wenn sie sich gar nicht vorstellen können, dass es in Arztpraxen Zeugungen mit dem Samen eines fremden Spenders gibt? Voraussetzung für die Offenlegung gegenüber dem Kind ist der offene Umgang der Erwachsenen gegenüber Freunden und Familie. Wie Adoptiveltern stehen auch Eltern eines DI-Kindes ständig neu vor der Entscheidung: Wem vertraue ich die Besonderheit der Entstehung unseres Kindes an und wen geht es nichts an? Ziehen Eltern die Grenze zwischen Familie und Außenwelt zu scharf, soll draußen niemand etwas erfahren, dann trennen sie das Kind möglicherweise von befriedigenden sozialen Kontakten ab.

Eltern sollten künftig darauf bestehen, im Interesse des Kindes Zugang zu den Daten des Spenders zu erhalten. Gesetzlich könnte in einem Fortpflanzungsmedizin-Gesetz verankert werden, dass nur jene Männer ihren Samen spenden dürfen, die auch bereit sind, ihre Identität preiszugeben.

Schon früh sollte ein Begriff gefunden werden, wie der Samenspender gegenüber dem Kind bezeichnet wird. Vorstellbar ist, dass die Eltern dem Kind seine Entstehungsgeschichte aufschreiben und vorlesen:

➨ «Ich möchte dir heute erzählen, wie du auf die Welt gekommen bist. Damit ein Kind im Bauch einer Mutter wachsen kann, braucht es immer einen Mann und eine Frau. Der Mann gibt seinen Samen in die Scheide der Frau. Bei uns ist aber auf diese Weise kein Kind entstanden. Daraufhin sind wir zu einem Arzt gegangen, der den Samen von deinem Vater untersucht hat. Er hat festgestellt, dass dein Vater keine Kinder zeugen kann. Nach langem Überlegen und weil wir uns so sehr ein Kind gewünscht haben, haben wir uns entschieden, dass der Arzt den Samen eines anderen Mannes in meine Scheide gibt. Daraufhin bist du in meinem Bauch gewachsen. Es gibt für dich zwei verschiedene Sorten von Vätern: deinen Papa, der dich gleich nach deiner Geburt in den Arm genommen hat, und deinen biologischen Vater, der dazu beigetragen hat, dass du in meinem Bauch wachsen konntest. (Statt «biologischer Vater» kann auch «genetischer Vater» gesagt werden.) Du bist also auf ganz besondere Weise entstanden. Ich bin sicher: dein genetischer Vater hat ganz viele liebe Seiten gehabt, sonst wärst du nicht ein so tolles Kind geworden.»

➨ Vielleicht will das Kind nun das Gespräch fortsetzen und fragt, wo der genetische Vater lebt. Sie können dem Kind sagen, dass er in einer anderen Stadt weiter fort lebt und dass er weiß, dass er ein Kind hat. Falls die Daten bekannt sind, kann dem Kind gesagt werden, dass es diesen Mann später einmal kennen lernen kann. Oder, dass der genetische Vater zwar dem Kind das Leben ermöglichen wollte, aber auch wollte, dass das Kind in seiner Familie ist und bleibt.

➨ Unter Umständen schließt das Kind: «Dann ist mein Papa gar nicht mein richtiger Papa?» Die Antwort kann lauten: «Ja, er hat dir nicht die Bausteine gegeben, aus denen du bist, die hast du von deinem genetischen Vater und von mir, deiner Mutter, aber er hat dich vom ersten Tag an lieb und er hat gesetzlich alle Rechte über dich, wie ein richtiger Vater.»

➠ Hilfreich kann auch sein, dem Kind die drei Bereiche der Elternschaft zu erläutern oder aufzumalen: «Es gibt biologische Eltern, die einem das Leben gegeben haben, soziale Eltern, die für das Kind sorgen und mit ihm leben, und gesetzliche Eltern, die über das Kind in wichtigen Fragen bestimmen dürfen. (Vgl. Ryan und Walker, 1997, S. 85.) Dein Vater hat zwei Elternschaften für dich, die gesetzliche und die sorgende. Er hat aber nicht die dritte, die leibliche Elternschaft. Die hat ein anderer Mann, den wir alle drei nicht kennen. Du bist nicht das einzige Kind, das seinen leiblichen Vater nicht kennt. Es gibt viele Kinder, die ebenso aufwachsen. Es ist nicht einfach für dich. Ein wenig Traurigkeit darüber gehört zu deinem Leben. Aber ich traue dir zu, dass du damit zurechtkommen wirst. Wir alle drei müssen mit dieser besonderen Situation fertig werden. Schließlich gäbe es dich gar nicht auf der Welt, wenn wir uns anders entschieden hätten. Wir sind froh, dass der fremde Mann seinen Samen dazugegeben hat, und wir sind glücklich, dass es dich gibt.»

Es gehört bestimmt viel Mut und viel Übung dazu, sich selbst, dem Partner und dem Kind die besondere Situation bewusst zu machen und zu ihr zu stehen. Es darf auch nicht bei einem einmaligen Gespräch bleiben. Ähnlich wie bei der offenen Adoption wäre es eine große Hilfe für das Kind, Elternpaare bekämen genaue Informationen und vielleicht ein Foto vom «genetischen Vater». Es ist auch vorstellbar, dass alle drei Erwachsenen sich vor der Zeugung kennen lernen. Dann stellen sie sich ganz bewusst ihrem Vorhaben. Bestimmt können jene Erwachsene selbstbewusst mit ihrer Ausnahmesituation umgehen, die nicht den Wert sozialer Elternschaft anzweifeln. Soziale Elternschaft gelingt umso besser, je ehrlicher die Grundlage hierfür ist. Und das bedeutet, gegenüber dem Kind nicht zu verheimlichen, wenn es von einem anderen Vater oder einer anderen Mutter abstammt.

«Unsere Adoptivtochter ist jetzt 4 Jahre alt. Seit ca. 2 Jahren ist sie mit uns im Gespräch über ihre Herkunft. Dabei geht die Initiative von ihr aus, das heißt, wir reden ihr nichts ein. Für uns ist eine tiefe Sehnsucht nach der Herkunftsfamilie spürbar, der Wunsch nach Kontakt. Vielleicht ist das ja das Normale? Es kann sich freilich nur zeigen, wenn es zugelassen wird.»
(Andrea O., Adoptivmutter, Adoption, Heim und Pflege, 1998, S. 33)

Kinder in Adoptivfamilien

Der heute 10-jährige Lasse wurde von seinen Adoptiveltern mit einem Jahr aufgenommen. Sie verschwiegen ihm, dass er adoptiert ist. Da sie keine Babybilder von Lasse hatten, besorgten sie sich Bilder eines Babys aus dem Bekanntenkreis und klebten sie in sein Fotoalbum.

Lasse fällt auf, dass er auf den Babyfotos nie mit seinen Eltern zusammen zu sehen ist. Ab dem zweiten Lebensjahr gibt es viele Bilder. Auf den wenigen Babyfotos sind seine Eltern, ihr Haus, ihr Garten nie zu erkennen. Haben sie woanders gewohnt, als er noch ein Baby war? Diese Frage haben die Eltern verneint. Aber Lasse spürt das Unbehagen der Eltern. War er vielleicht krank gewesen und die Eltern verrieten nichts? Oder haben sich die Eltern noch gar nicht gekannt? Dann hätte Lasse vielleicht eine andere Mutter oder einen anderen Vater? Seine Beobachtungen setzen eine ungeahnte Zahl von Vermutungen und Befürchtungen in Gang, die er wieder wegschiebt. Sie nehmen mehr emotionalen Raum bei Lasse ein, als wenn er sich mit seiner Ausnahmesituation hätte auseinander setzen können. Durch Nichtssagen und Verheimlichen wird das soziale Eltern-Kind-Verhältnis stärker belastet, als wenn das Kind in existentiellen Fragen seinen Adoptiveltern vertrauen kann.

Für die Adoptivfamilie wird durch die rechtliche Struktur der Anspruch untermauert, sich als einzige Eltern und ganz normale Privatfamilie zu fühlen. Die verwandtschaftlichen Verhältnisse zu den leiblichen Eltern sind für das Adoptivkind per Gesetz erloschen. Nach einer Adoption wird dem Kind nicht etwa eine Adoptionsurkunde ausgestellt, aus der hervorgeht, dass diese Eltern soziale und rechtliche Eltern sind, sondern ein Dokument mit dem Namen *Geburtsurkunde.* Per Gesetz bekommt das Kind eine Fälschung ausgestellt: Statt des Erzeugers steht hier der Name des Adoptivvaters und statt der Herkunftsmutter der Name der Adoptivmutter. Leibliche Elternschaft ist jedoch niemals im Leben aufhebbar, nur der soziale und rechtliche Teil der Elternschaft lässt sich abkoppeln. Unser Adoptionsgesetz hat hier ein verrückt machendes Konstrukt geschaffen. Solange das Gesetz einen solchen Austausch ermöglicht und sogar die Ausstellung einer falschen Geburtsurkunde legitimiert, ist es kein Wunder, dass das Leugnen der biologischen Herkunft von vielen als selbstverständlich angesehen wird.

Jedes Adoptivelternpaar benötigt für sich ein Konzept, wann es dem Kind Einzelheiten aus der Vorgeschichte vermittelt, ob es sich bemüht, in inneren oder realen Kontakt mit der Herkunftsfamilie zu treten. Was die Adoptiveltern über die Herkunftseltern fühlen und denken, beeinflusst den Entwicklungsprozess und das Selbstbild ihres angenommenen Kindes. Je intensiver die Adoptiveltern sich mit der Herkunft ihres Kindes befasst haben, je stärker sie diese wertschätzen, umso entspannter kann das Kind mit seiner zweifachen Elternschaft groß werden. Besonders gute Erfahrungen haben viele Adoptivkinder und ihre Eltern mit der offenen Adoption gemacht, in der alle Beteiligten sich kennen und sich gegenseitig einen Platz im Leben gegeben haben. Viele Adoptiveltern ermöglichen den Kindern Kontakte zu leiblichen Geschwistern oder Halbgeschwistern in den anderen Familien.

Adoptiveltern müssen ein Vielfaches mehr leisten als «normale» Eltern. Sie müssen ihr Kind versorgen, erziehen, begleiten wie alle Eltern, und dazu müssen sie ihrem Kind helfen, mit der Realität leben zu lernen, dass es nicht bei seinen eigenen Eltern aufwachsen kann. Adoptiveltern, die akzeptieren, dass sie einen anderen Weg der Familiengründung beschritten haben, können ihr Kind angemessen verstehen, trösten und bei seinem besonderen Schicksal unterstützen.

Nicht auf die Fragen des Kindes warten

Eine Adoptivmutter erzählt: «Unser 8-jähriger Timo hat noch nie etwas über seine Adoption gefragt. Dabei war er schon 5 Jahre alt, als wir ihn aus Rumänien geholt haben.» Etwas später berichtet sie, einmal wäre sie ganz entsetzt gewesen, da hätte Timo gefragt: «Mama, wie bin ich eigentlich hergestellt worden?» Sie habe geantwortet: «Kinder werden nicht hergestellt, Kinder werden geboren.»

Diese Mutter war der festen Überzeugung, dass Timo nie gefragt habe, dabei hat er die entscheidende Frage nach seinem Ursprung gestellt. Sie hat das Signal nicht erkannt. Dies hat Timo vermutlich irritiert und entmutigt, weiterzufragen.

➡ Die Adoptivmutter hätte hier gut anknüpfen können: «Du bist in Rumänien im Bauch deiner Mutter gewachsen. Sie hat dich geboren. Doch es fehlte ihr die Kraft, für dich zu sorgen. Sie hatte kein Geld und niemand half ihr. Und deshalb gab sie dich in ein Kinderheim. Dort hast du viele Jahre gewohnt. Später hat sie gemerkt, dass sie es nicht schafft, dich wieder zu sich zu holen. Da wollte sie, dass du neue Eltern bekommst. Sie hat dich zur Adoption freigegeben. Und wir durften dich kennen lernen und mitnehmen.»

➡ Auch wenn Sie nur wenig über die Herkunft des Kindes wissen, so können Sie sagen: «Zur Hälfte stammst du von deiner Mutter und zur anderen Hälfte vom Vater ab. Du hast von ihnen dein Leben bekommen. Und obwohl du sie beide nicht mehr kennst, trägst du beide für immer in dir. Und aus ihnen und ihren Vorfahren bist du eine neue Mischung, ein einmaliger Mensch geworden.»

➡ Ist bekannt, dass ein adoptiertes Kind leibliche Geschwister hat, so benötigen auch sie einen Platz in der Chronologie der Ereignisse. Eine große Hilfe ist für die Kinder, ihre Biographie zu erarbeiten, wie dies in Teil 5 dieses Buches aufgezeigt wird.

Einen lebenslangen Dialog führen

Die mit wenigen Tagen adoptierte Veronika fragt ihre Mutter mit 4 Jahren: «War ich auch in deinem Bauch?» Die Mutter antwortet: «In meinem Bauch konnte kein Baby wachsen.» Nach ein paar Tagen sagt Veronika: «Mama, wo komme ich dann her?» Die Antwort der Adoptivmutter: «Wir haben dich aus dem Krankenhaus geholt.» Veronika ist hartnäckig und erklärt ihrer Adoptivmutter nach einigen Wochen: «Mama, alle Kinder wachsen doch im Bauch von einer Mama. In welchem Bauch bin ich denn dann gewachsen?» «Im Bauch von einer anderen Frau», sagt die Adoptivmutter zögernd. Veronika fragt nie wieder nach ihrer Herkunft. Wenn ihre Adoptiveltern das Thema in späteren Jahren berühren, will sie nichts davon hören, verlässt sie das Zimmer. Mit zwölf erklärt sie einer Freundin: «Mich haben sie als Baby verkauft.»

Veronikas Mutter gibt eine ehrliche Antwort, ohne die Wahrheit zu sagen. Sie ist so tief vom Schmerz ihrer ungewollten Kinderlosigkeit gefangen genommen, dass sie auf die Fragen des Kindes nicht angemessen reagieren kann. Adoption bleibt für alle betroffenen Kinder lebenslang ein bedeutsames, oftmals schmerzhaftes Thema. Es ist wichtig, dass Adoptiveltern sich gut vorbereiten auf die unverhofften Gespräche mit den Kindern. Veronikas Aufklärung hätte eingebettet sein müssen in Zusammenhänge. Kinder benötigen schon früh ein sorgsames Heranführen an das Thema, auch wenn sie nicht fragen – denn nicht alle Kinder trauen sich, wie Veronika die entscheidende Frage zu stellen. So manches Adoptivkind möchte seine Eltern nicht verunsichern, nicht verletzen. Deshalb sollten Adoptiveltern ihrem Kind die Verantwortung abnehmen und den ersten Schritt tun, indem sie früh, schon wenn das Kind ein Jahr alt ist, von sich aus erzählen, wie das Kind entstanden ist und wo es herkommt.

Eigene Trauergefühle und mögliche Verlustgefühle des Kindes zulassen

In meinen Büchern *Ratgeber Adoptivkinder* und *Pflege- und Adoptivkinder* habe ich ausführliche Informationen über die Art der Hilfestellung gegeben, die Adoptierte brauchen. Voraussetzung, dass Adoptiveltern angstfrei und für das Kind schonend und liebevoll das Thema aufbereiten, sind die folgenden inneren Schritte:

1. ***Wenn Sie keine leiblichen Kinder haben: die eigene Kinderlosigkeit betrauern und als Teil des Lebens annehmen, akzeptieren, dass das Adoptivkind nicht dem nicht geborenen Wunschkind gleicht, sondern ein kleiner Mensch von einer anderen Mutter und einem anderen Vater ist.***

2. ***Eine innere Aussöhnung, einen inneren Frieden mit den Herkunftseltern herstellen, ihre Situation nachvollziehen und verstehen lernen.***

3. ***Den Herkunftseltern einen emotionalen oder realen Platz im Leben des Kindes einräumen und sich darüber bewusst werden, dass Adoptiv- und Herkunftseltern das Kind gemeinsam haben.***

4. ***Sich darüber klar werden, dass sie den Schmerz des Kindes, von seinen Eltern einst fortgegeben worden zu sein, nie aufheben und ungeschehen machen können. Das Kind benötigt Ermutigung durch die Adoptiveltern, damit es lernt, mit diesem bitteren Lebensthema groß zu werden.***

5. ***Sich bewusst sein, dass das Kind sich zum einen mit den Adoptiveltern, zum anderen jedoch mit seinen Herkunftseltern identifiziert. Das Kind denkt an seine Herkunftseltern, wenn es sich fragt: Wem gleiche ich? Wem bin ich ähnlich? Bekommt es hier negativ besetzte Informationen, so kann es sich unbewusst nicht positiv wahrnehmen.***

6. ***Die besondere und alternative Form der Familienbildung nicht verleugnen wollen, sondern lernen, stolz auf sie zu sein.***

➡ Auch der eigene Kummer über die ungewollte Kinderlosigkeit darf seinen Platz im Leben behalten. Schließlich hat das Kind ebenfalls Gefühle von Verlust und Trauer: «Es ist nicht einfach für ein Kind, zu wissen, dass es von Vater und Mutter getrennt wurde, die es gezeugt und geboren haben. Viele Kinder, die das erlebt haben, sind immer mal wieder traurig. Und ich bin manchmal noch traurig, dass in meinem Bauch kein Baby wachsen konnte. Dafür bist du in meinem Herzen festgewachsen. Und ich bin mit dir glücklich, so wie du bist und wie deine Eltern dich ins Leben geschickt haben. Dennoch gehört Traurigkeit immer mal wieder zu deinem und zu meinem Leben dazu.»

➡ Hilfreich wäre für die 4-jährige Veronika die klare Antwort der Adoptivmutter gewesen: «Du bist im Bauch von deiner ersten Mama gewachsen, die du nicht kennst. Deine ersten Eltern wussten, dass sie nicht genug Kraft für ein kleines Kind hatten. Sie wollten, dass du Eltern bekommst, die viel Kraft für ihr Kind haben. Das tut Eltern sehr weh, sich von ihrem Kind zu trennen, weil sie wollen, dass es dem Kind woanders besser geht. Ich bin deinen Eltern dankbar, dass du unser Kind werden durftest. Sie haben dich bestimmt nicht vergessen. Sie müssen liebe Menschen sein, denn du bist ein tolles Kind.»

➡ Mit solchen Worten wird ein lebenslanger Dialog eröffnet. Als Ritual bietet sich an, den Ankunftstag des Kindes in der Familie ähnlich wie den Geburtstag zu feiern. Das wiederkehrende Miteinandersprechen über die Herkunftseltern und ihre Beweggründe, ihr Kind anderen Menschen anzuvertrauen, festigt das Vertrauen und die Bindung zwischen Adoptivkind und seinen Eltern.

«Es saß da eine Frau, die ab jetzt für Lindta zuständig sein sollte, die ab jetzt ihre Mutter sein sollte. In diesem Moment hatte ich das Gefühl, ich müsse im Erdboden versinken. Das tat weh.»
(Claudia Römer, in: Durchs Netz gefallen, wer fängt mich auf? 1999, S. 16)

Kinder in Pflegefamilien und ihre Herkunftseltern

Viele Paare bewerben sich beim Jugendamt für ein Adoptiv- oder Pflegekind. Sie nennen damit zwei Möglichkeiten alternativer Familiengründung in einem Atemzug und sind sich der tief greifenden Unterschiede der jeweiligen Familienstrukturen oft nicht deutlich bewusst. Adoptivkinder sind gesetzlich alleinige Kinder ihrer sozialen Eltern. Obwohl die Pflegefamilie eine Privatfamilie ist, ist die Aufnahme eines Pflegekindes keine Privatsache. Pflegeeltern sind Vertragspartner des Jugendamtes und erbringen eine Hilfeleistung für die Herkunftseltern des Kindes. Dies wird auch in der finanziellen Unterstützung deutlich, die sie für den Unterhalt des Kindes und ihren erzieherischen Einsatz erhalten. Eltern, die seelisch, sozial oder gesundheitlich in Not und Krisen sind und ihre Kinder nicht versorgen können, haben nach dem Kinder- und Jugendhilfe-Gesetz (KJHG) Anspruch auf Hilfe und Unterstützung durch das Jugendamt.

Pflegefamilien werden nach § 37 KJHG im Interesse des Kindes zur Zusammenarbeit mit der Herkunftsfamilie verpflichtet. Und langjährige Erfahrungen bestätigen, dass es Kindern seelisch besser geht, wenn diese Zusammenarbeit gelingt, als wenn es seine Eltern überhaupt nicht sieht oder gar nicht kennt.

Komplizierte Besuchssituation – wie kann sie Kindern erleichtert werden?

Die Geschwister Lisa, 7 Jahre, und Manuel, 4 Jahre, leben seit drei Jahren in einer Pflegefamilie. Das Pflegeverhältnis ist auf Dauer angelegt, weil die Eltern wegen geistiger und seelischer Probleme nicht mit ihren Kindern leben können. Die Pflegeeltern haben die Kinder inzwischen lieb gewonnen wie eigene Kinder. Den Eltern wird per Gerichtsbeschluss ein Besuchsrecht alle zwei Monate eingeräumt. Dieses nehmen sie gewissenhaft wahr. Die Pflegeeltern können den Sinn für diese Kontakte nicht einsehen. Nach den Besuchen sind sie erleichtert, dass sie wieder für zwei Monate Ruhe haben. Während der Besuche passiert Folgendes: Lisa wird albern, sie wird gegenüber ihrer Mutter frech, sie überschreitet Grenzen. Die Pflegemutter ermahnt Lisa: «Sei nicht so ungezogen zu deiner Mutter!»

Mit ihrer Ermahnung weist die Pflegemutter Lisa die Alleinverantwortung für ihr schwieriges Verhalten zu. Wenn Lisa frech zur Mutter ist, führt sie etwas von dem aus, was die Pflegemutter empfindet, aber nicht offen zeigt. Sehr schnell fühlen sich Kinder verantwortlich für das Unbehagen, das ihre Eltern den Pflegeeltern bereiten. Oder sie schämen sich ihrer Eltern und es ist ihnen peinlich, dass die Pflegeeltern wegen diesen Eltern so viel Zeit, Kraft und Geduld aufbringen müssen.

➡ Hilfreicher als die Ermahnung wäre für Lisa, wenn die Pflegemutter die ungeklärten Gefühle, die in der Luft liegen, offen aussprechen könnte: «Bestimmt ist es für Sie nicht einfach, Ihre Kinder hier bei uns nur besuchen zu dürfen und sie nicht mehr bei sich zu haben. Und für mich ist es auch nicht einfach, wenn Sie bei uns sind. Lisa, du merkst, was in uns Erwachsenen vorgeht. Und deshalb drehst du so auf. Bitte höre auf damit.»

➡ Wenn die Eltern dann fort sind, aber auch vor dem nächsten Besuch, können die Pflegeeltern den Kindern ihren inneren Widerspruch mitteilen und beispielsweise sagen: «Ihr merkt auch, dass es für uns nicht so leicht ist, dass wir nervös und innerlich zerrissen sind, wenn eure Eltern kommen. Wir wollen das Beste daraus machen und mit ihnen freundlich und höflich umgehen. Es liegt an uns, dass wir durcheinander sind. Eure Eltern können nichts dafür. Und ihr könnt erst recht nichts dafür.»

Balanceakt zwischen zwei Familien – Seelenfrieden für die Kinder

Es wäre keine Lösung, den Eltern die Kontakte zu untersagen. Unter der Oberfläche äußerer Erleichterung würden die Kinder Schuldgefühle bekommen. Sich regelmäßig mit ihrer Lebenssituation auseinander zu setzen, die Eltern zu kennen und zu erleben, dass sie die Kinder nicht vergessen haben, beruhigt und stärkt das Selbstwertgefühl der Kinder. Außerdem hat hier ein Gericht bereits entschieden und den Eltern das Besuchsrecht eingeräumt. Lisa und Manuel brauchen die Erfahrung, dass die Pflegeeltern mit den Besuchen ohne inneren Widerstand umgehen lernen.

➡ Um den Kindern die Besuchssituation zu erleichtern, werden die Pflegeeltern langfristig eine andere Haltung gegenüber den Eltern der Kinder entwickeln müssen, nämlich sie trotz ihrer Schwächen zu achten und so zu lassen, wie sie sind, und nicht die eigenen Maßstäbe an sie anzulegen. Das bedeutet manchmal, die Verschiedenheit der beiden Welten zu respektieren, aus denen jeder kommt.

➡ Lisas und Manuels Eltern haben ihre Elternrolle abgeben müssen, weil ihnen elterliche Kompetenzen fehlen. Folglich können sie diese Verhaltensweisen auch nicht in zwei Stunden Besuchskontakt erbringen. Wären die Eltern problemlos, hätten die Kinder nicht fortgemusst.

➡ Folgende Botschaften an die Kinder würden diesen zeigen, dass die Pflegeeltern ihren Frieden mit den Eltern der Kinder geschlossen haben: «Für uns ist es in Ordnung, wenn eure Eltern zu Besuch kommen. Wir ziehen euch für eure Eltern groß, weil sie es nicht alleine können. Ohne sie wärt ihr nicht auf der Welt. Sie gehören zu unserem Leben. Sie wollen schauen, wie ihr euch entwickelt habt, sie wollen teilhaben an eurem Leben, auch wenn sie das nicht so zeigen können. Deshalb kommen sie zu Besuch. Eure Eltern sind euch ein bisschen fremd geworden, und uns sind sie auch ein bisschen fremd. Das macht nichts. Damit kommen wir zurecht.» Oder: «Weil wir schon so lange zusammen leben, haben wir einander lieb wie Vater, Mutter und Kinder. Und wir fühlen uns wie eine richtige Familie. Gleichzeitig sind wir eine besondere Familie, weil nicht wir, sondern eure Eltern euch das Leben gegeben haben. Ihr habt doppelt Eltern, und das ist gut so.»

➡ Darüber hinaus benötigen Lisa und Manuel wie alle Pflegekinder Klarheit darüber, weshalb sie nicht bei ihren Eltern aufwachsen können. Möglicherweise können die Pflegeeltern ein Lebensbuch für die Kinder anlegen oder mit den Kindern so darüber sprechen: «Eure Eltern haben euch beide sehr lieb und haben ihr Bestes gegeben. Trotzdem ist es ihnen nicht gelungen, das Richtige zu tun. Sie wussten nicht, wann ihr Essen brauchtet oder Schlaf. Es fehlte an dem Allernötigsten. Sie nahmen sich immer wieder vor, alles gut zu machen, aber sie konnten es nicht besser. Zuerst hat das Jugendamt eine Frau regelmäßig hingeschickt, die hat euren Eltern geholfen. Aber was sie tun konnte, hat auch nicht gereicht. Deshalb hat das Jugendamt entschieden, dass ihr nicht mehr bei euren Eltern wohnen könnt. Und ein Richter hat beschlossen, dass ihr bei uns groß werdet. Für eure Eltern ist das nicht einfach. Indem sie kommen und nach euch schauen, zeigen sie, dass sie inzwischen damit zurechtkommen, dass ihr bei uns lebt.»
Die vielfältigen Themen des Pflegekinderwesens habe ich ausführlich in meinen Büchern *Ratgeber Pflegekinder* und *Pflege- und Adoptivkinder* und in vielen Artikeln dargelegt. Pflegekinder, Herkunftseltern und Pflegeeltern benötigen viele spezifischen Hilfen, weil sie alle in einer schwierigen Ausnahmesituation leben.

Wenn die eigenen Kinder in einer anderen Familie aufwachsen

In vergangenen Jahrhunderten war es das Privileg reicher Familien, dass sie sich eine Kinderfrau nahmen, die den Kindern emotional manchmal näher stand als die Eltern. Diese sahen ihre Kinder vielleicht am Tag eine Stunde oder seltener. In England war es im 19. Jahrhundert Sitte, dass Kinder aus gutem Hause ab sechs Jahren einige Jahre in einer anderen Familie lebten, um eine umfassendere Lebenserfahrung zu sammeln. In Israel wurden früher im Kibbuz Kinder von geschulten Erzieherinnen und Erziehern Tag und Nacht betreut. Inzwischen gibt es dort eine neue Entwicklung, die Kindern und Eltern wieder ermöglicht, ihre persönliche emotionale Beziehung zu leben.

Überall dort, wo es kulturelle Regel war, Kinder von anderen Menschen erziehen zu lassen, erfuhren Mütter oder Väter keine gesellschaftlichen Sanktionen. Gegenwärtig ist es bei uns üblich, dass Kinder das Elternhaus erst verlassen, wenn sie herangewachsen sind. Mütter und Väter, deren Kind bei anderen Menschen groß wird, fühlen sich als Außenseiterinnen und Außenseiter. Und sie empfinden Scham, Trauer, Bitterkeit. Sie vermissen ihr Kind. Sie haben Schuldgefühle, sie glauben versagt zu haben. Stark ist ihr Bedürfnis nach Wiedergutmachung und Rückgängigmachen dieses schweren Einbruchs in ihrem Leben. Kaum eine Herkunftsmutter oder ein Herkunftsvater hat sich innerlich selbst verziehen. So darf es nicht wundern, wenn Mütter oder Väter sich manchmal «unvernünftig» verhalten und nicht mehr gut unterscheiden können: Was tun sie, um ihren Seelenfrieden wieder zu finden, und was entspricht dem Interesse ihres Kindes?

Da es für Väter eher erlaubt ist, ihr Kind von jemand anderem versorgen zu lassen, kommen viele Männer mit ihrer ungewöhnlichen Situation besser zurecht als die Frauen. Müttern, die ohne ihr Kind leben, wird ganz schnell die Berechtigung abgesprochen, sich noch als Mutter zu fühlen. Elke Lehnst berichtet: «Die Diskriminierung gegen uns, die wir uns und unser Kind in unserer Not anderen Menschen anvertrauen, erleben wir in folgenden Formen: als Ausgeschlossenwerden aus der Gesellschaft und der Gemeinschaft von Frauen oder Müttern, ja aus unseren eigenen Familien – wir werden im Job gemobbt, Liebesbeziehungen gehen daran zugrunde, Freundschaften werden aufgekündigt und unsere Entscheidung wird oft zum Familiengeheimnis. Wir werden negativ bewertet, als unmenschlich, egoistisch, gefühlskalt, lieblos, verantwortungslos ...» (Lehnst, in: Adoption, Heim und Pflege, 1998, S. 89)

Manche Mütter oder Väter tun sich so schwer mit ihrer Rolle, Eltern ohne Kind zu sein, dass sie sich überlegen, ob sie den Kontakt zu ihrem Kind ganz abbrechen. Lange Pausen zwischen Besuchen bedeuten nicht, dass eine Mutter oder ein Vater das Kind vergessen hat, sondern dass sie vor der unerträglichen Situation flüchten.

➨ Hier benötigen die Kinder Entlastung durch ihre Pflegeeltern: «Es liegt nicht an dir, wenn deine Mutter nicht mehr kommt. Sie weiß dich hier gut aufgehoben und sie hat Angst vor ihrem Kummer und ihrer Aufregung, wenn sie dich wieder sieht. Sie flüchtet vor ihren Gefühlen.»

Es gibt viel zu wenig spezifische Beratungsstellen und zu wenig Hilfsangebote über die übliche Hilfegewährung der Jugendämter hinaus für Eltern, die nicht mit ihrem Kind leben können. Dabei ist es ein besonders schwerer und komplizierter Auftrag. Es gibt in Deutschland die Initiative «Netzwerk Herkunftseltern». Dort unterstützen sich Mütter (und wenige Väter) gegenseitig. Eltern brauchen zusätzliche Unterstützung und Beratung, um mit ihrer schweren Ausnahmesituation umgehen zu lernen und unter Umständen ihren Kindern zu gönnen, anderswo groß zu werden. Diese Loslassprozesse benötigen viel Zeit.

Wie Eltern, die nicht mit ihren Kindern zusammenleben, diese unterstützen können

Meist haben Eltern aus ihren Schuldgefühlen heraus sehr gemischte Gefühle gegenüber jenen, die ihr Kind versorgen: Wenn ich schon nicht selbst für mein Kind sorge, machen es denn die anderen wenigstens gut genug? Natürlich fallen den Eltern auch Fehler auf, die die anderen ihren Kindern gegenüber machen. Dann plagt das schlechte Gewissen erst recht. Sich selbst und den Menschen, die das Kind versorgen, gleichermaßen zuzugestehen, nicht perfekt zu sein, hilft ein wenig, mit der besonderen Situation zurecht zu kommen.

➠ Haben Eltern ihr Kind schon als Baby oder Kleinkind anderen Menschen überlassen müssen, dann geben sie ihrem Kind besonders viel Wertschätzung, wenn sie ihm sein inzwischen vertraut gewordenes Zuhause nicht wegnehmen. Ihre Liebe zum Kind drücken sie dadurch aus, dass sie auf das alltägliche Zusammenleben verzichten und zulassen, dass ihr Kind in der Pflegefamilie eine neue Familie gefunden hat. Es ist schwerer, aber verantwortlicher, seinem Kind zuzugestehen, andere Menschen zu lieben, als unbedingt sich selbst und der unduldsamen Umwelt den Beweis zu erbringen, dass man die Mutter- bzw. Vaterrolle wieder übernehmen kann. Es ist eine große Leistung, wenn Herkunftseltern in Briefen oder mit Worten zu ihren Kindern sagen können: «Ich würde dich ja gern wieder bei mir haben. Aber du hast dich so gut bei deiner Pflegefamilie eingelebt, dass ich dich nie gegen deinen Willen dort herausholen würde. Es ist gut, dass du Menschen gefunden hast, die dich lieb haben.»

- Wenn Eltern ihrem Kind schriftlich oder mündlich erzählen, in welchen Krisen sie gesteckt haben und weshalb sie es anderen Menschen anvertrauen mussten, ist es besonders wichtig, anderen nicht die Alleinschuld zu geben, sondern einzuräumen: «Ich konnte zur damaligen Zeit nicht anders handeln. Du kannst nichts dafür.» Eltern, die den Mut und die Aufrichtigkeit haben, ihre Fehler einzugestehen, bekommen von ihren Kindern sehr viel schneller verziehen, als wenn sie alles abstreiten und vor sich und dem Kind so tun wollen, als wären nur alle anderen schuld.
- Ich kenne eine Herkunftsmutter, die nach der Geburt ihres zweiten Kindes psychisch schwer krank wurde und sich deshalb von ihren beiden Kindern trennen musste. Sie hat ihnen ein Fotoalbum aus früheren Zeiten angefertigt und hineingeschrieben: «Ich bin froh, dass eure Pflegeeltern euch so lieb haben und dass ihr ein so schönes Zuhause habt. Trotzdem ist es für euch nicht leicht, von eurer Mutter weggegeben worden zu sein. Mir ist klar, dass ich euch damit wehgetan habe und dass euer Leben nie mehr ganz heil sein wird. Aber ich kann die Zeit nicht zurückdrehen und damals war ich so krank, dass es keinen anderen Weg für uns gab.»

Eltern können dies für ihre Kinder nur leisten, wenn sie ihre Krisen und Konflikte im Leben annehmen, mit der Trennung und der Trauer leben lernen und sich selbst achten, obwohl sie einen so außergewöhnlichen Schritt gegangen sind. Das alles würde Eltern viel leichter fallen, wenn sie in unserer Gesellschaft mehr Anerkennung bekämen.

Wenn Herkunftseltern ihre Kinder nicht loslassen können

Besuchsmutter oder Besuchsvater zu sein, bedeutet immer wieder mit der alten Krise und dem ewig aktuellen Schmerz, das Kind nicht bei sich zu haben, konfrontiert zu sein. Schuldgefühle, Diskriminierung, Ausgrenzung, Trennungsschmerz und mangelnde Selbstachtung behindern

Mütter und Väter manchmal, zu erkennen, dass es ihrem Kind in seinen neuen Lebenszusammenhängen gut geht.

Ich habe einen Vater erlebt, der seine Kinder seit sieben Jahren in einem SOS-Kinderdorf gut versorgt wusste, aber dennoch, um seine Schuldgefühle zu beschwichtigen, bei jedem Kontakt seinen Kindern versprach: «Wenn ich eine größere Wohnung habe, dann hole ich euch hier heraus.» Durch intensive Beratungsarbeit lernte dieser Vater zu erkennen, wie zufrieden seine Kinder in ihrer Kinderdorffamilie lebten und dass ihnen die Vorstellung, ihr Zuhause, die Menschen, die Gleichaltrigen, die Schule und alles wieder aufzugeben, Unruhe und Angst verursachte.

Manchmal gibt es Herkunftsmütter oder -väter, die heftig um ihre Kinder kämpfen und nicht akzeptieren, dass ihr Kind in einer Pflegefamilie und nicht bei ihnen lebt. Fühlen sich Pflegeeltern dann angegriffen oder beunruhigt oder lassen sich auf Streit ein, dann kommen die Kinder unter großen Druck. Eigentlich ist es dann Aufgabe der Pflegeeltern, einen Ausgleich herzustellen, eine Balance zu suchen, um das Kind zu entlasten. Hierbei benötigen sie Unterstützung und Hilfe von Fachkräften.

➠ Die Pflegeeltern müssten dem Kind zuliebe auf die Angriffe der Herkunftseltern neutral reagieren und einräumen können: «Ich kann deine Mutter verstehen, dass sie sich nicht damit abfindet. Ich an ihrer Stelle würde vielleicht genauso handeln.»

➠ Besonders hilfreich ist es, wenn die Fachkraft, die die Pflegefamilie betreut, das Kind deutlich beauftragt, in der Pflegefamilie zu leben: «Deine Eltern hätten dich lieber wieder bei sich. Aber sie packen es nicht, gut auf dich aufzupassen. Sie können das nicht einsehen. Deshalb hat das Gericht bestimmt, dass du in deiner Pflegefamilie bleiben kannst. Deine Eltern können nicht mehr allein bestimmen, dass du wieder zu ihnen kommst. Ich hoffe, deine Eltern sehen es später einmal ein. Weil du schon so lange in der Pflegefamilie lebst, hast du sie so lieb wie Eltern, das ist auch in Ordnung so. Du hast zwei Familien: eine, von der du kommst, und eine, in der du lebst. Das ist für kein Kind leicht, mit so etwas klarzukommen.»

«Leibliche Eltern kann man nicht austauschen.
Jedes Kind hat eine leibliche Mutter und einen leiblichen Vater, niemand kann jemals diese Situation ändern.»
(Vera Fahlberg, in: Ryan, Walker, 1997, S. 84).

Kinder bei Großeltern oder Verwandten

Julian wuchs bei den Eltern seiner Mutter auf. Seine über Jahre drogenabhängige Mutter hatte das Kind jung bekommen. Sie wurde Julian gegenüber als «Tante» ausgegeben und seine Großeltern als seine Eltern. Als er mit 14 einmal besonders aggressiv zu seinen «Eltern» war, wurde ihm eröffnet, dass die Frau, die er für seine Mutter hielt, seine Oma war, der vermeintliche Vater sein Opa und seine Tante, «das Luder», in Wirklichkeit seine Mutter.
Julian ist heute 25 Jahre alt. Er erzählt: «Ich lief damals fort, quartierte mich bei einem Freund ein. Ich wollte nicht mehr leben. Erst viel später wurde mir klar, dass meine Großeltern meiner Mutter ganz schön viel angetan haben. Sie haben ihr nur erlaubt, mich zu sehen, wenn sie sich als Tante ausgab. Zu meinen Großeltern gehe ich heute noch seltener als zu meiner Mutter.»

Für Julian war die Eröffnung ein Schock. Er fühlte sich von den Großeltern hintergangen, und dazu war er zutiefst verletzt durch seine Mutter, die mitgespielt hatte. Wie bei Julian ist es glücklicherweise nicht bei allen Großeltern, die für ihr Enkelkind sorgen. Doch ein belastendes Thema haben die meisten Großelternfamilien gemeinsam: die Aufregung über ihren Sohn oder ihre Tochter, die im Alltag nicht selbst für ihr Kind sorgen. Die Kinder wachsen in der Atmosphäre von Sorgen, Verzweiflung, Wut, Zerrüttung und Entwertung ihrer Eltern auf. Manchmal wird auch mit der Mutter oder dem Vater des Enkelkindes ganz gebrochen.

Lebt ein Kind bei Onkel und Tante, so gibt es viele Parallelen. Leider herrscht sehr oft kein gutes Einvernehmen zwischen den Menschen, bei denen das Kind lebt, und den Eltern des Kindes. Hin und wieder wird eine traditionelle Rollenverteilung unter erwachsenen Geschwistern fortgesetzt: Die Pflegemutter des Kindes war schon immer die verantwortlichere der zwei Schwestern. Oder der Sohn, der sein Kind von der Schwester aufziehen lässt, war schon immer «das Sorgenkind». Wenn Streit, Unzufriedenheit oder eine tiefe Kluft zwischen denen steht, die mit dem Kind leben, und den Eltern oder Elternteilen, so wird das Kind immer von diesen Konflikten mitbelastet. Häufig will das Kind von seiner Mutter oder seinem Vater nichts mehr wissen, weil in der Familie, in der es lebt, alle gegen sie oder ihn sind. Das Kind bekommt als Nachkomme eines entwerteten, abgelehnten Elternteils Identitätsprobleme und lehnt sich unbewusst selbst ab.

Oftmals fühlen sich Großeltern oder Verwandte verpflichtet, das Kind bei sich aufzunehmen. Sie wollen nicht, dass es zu fremden Menschen muss. Meist haben sie sich nicht gerade gewünscht, in dieser Lebensphase für ein weiteres Kind zu sorgen. Dies führt manchmal zu einer großen Vorwurfshaltung gegenüber den Eltern des Kindes. Auch das spürt das Kind und fühlt sich dafür verantwortlich. Es verurteilt seine Eltern, ähnlich wie seine Bezugspersonen. Unter diesen Bedingungen besteht keine Chance, sich mit den Eltern auszusöhnen. Deshalb ist es manchmal besser, das Kind kommt zu einer «fremden» Pflegefamilie, weil die Menschen dort gegenüber der Herkunftsfamilie neutraler sein können.

Wenn Kinder «Papa» und «Mama» zu Oma und Opa oder zu Onkel und Tante sagen

Haben Großeltern ein Kind schon jung versorgt, dann beginnt es früh zu ihnen Mama und Papa zu sagen. Viele Großeltern genießen dies und erklären: «Wir sind für dieses Kind ja auch Mama und Papa.» So manche Großelternfamilie lässt ihr Enkel als Kleinkind darüber im Unklaren, dass sie nicht die Eltern sind. Sie glauben, so das Kind vor den vielen Sorgen fern zu halten.

Hin und wieder bestehen Großeltern sogar darauf, ihr Enkelkind adoptieren zu dürfen: Damit wird formal die Elternschaft der Mutter oder des Vaters aufgehoben und diese werden zur Schwester oder zum Bruder. Kinder, die in Familien mit Rollenvermischungen und Grenzverwischungen zwischen den Generationen aufwachsen, haben es besonders schwer, ihre Wirklichkeit zu begreifen. Manchmal sind Misstrauen und Bedürfnis nach Ausstoßung gegenüber den Eltern im Spiel, wenn Großeltern die Adoption wollen. Sonst spräche nichts dagegen, dass sie als Oma und Opa, die sie real ja auch sind, Verantwortung und Sorge für das Kind übernehmen. Gleiches gilt für Onkel und Tante.

➡ Für das Selbstvertrauen und den Realitätssinn des Kindes ist es viel besser, wenn es von klein an in die realen Familienstrukturen hineinwächst. Onkel und Tante können dies bleiben, auch wenn sie soziale Elternschaft übernehmen. Und Großeltern brauchen nicht zu Mama und Papa für das Kind zu werden. Dies kann dem ganz kleinen Kind schon deutlich gesagt werden. So wächst es in seine besondere Familienkonstellation hinein.

Drogenabhängigkeit der Mutter – wie sie dem Kind erklären?

Für Großeltern und Verwandte gilt dasselbe wie für Pflegeeltern: Nur wenn sie sich innerlich mit den Herkunftseltern ausgesöhnt haben, geht es den aufgenommenen Kindern gut.

Die Großeltern von Julian hätten dem Kind in schonender Weise nahe bringen können, was es bedeutet, wenn ein Mensch drogenabhängig ist. Hierbei hätten sie Hilfe und Unterstützung durch Fachleute benötigt. Es hätte vieler Schritte bei den Großeltern bedurft, die Drogenproblematik der Tochter zu respektieren und zu tolerieren und ihre Wut und Kränkung umzuwandeln in Trauer.

➡ Ab Julians viertem Lebensjahr hätten sie ihm sagen können: «Deine Mama braucht Drogen. Das sind Stoffe, die ihr helfen, sich momentweise sehr gut zu fühlen. Aber die Wirkung lässt schnell nach, und dann braucht ihr Körper wieder mehr davon. Ohne Droge fühlt sie sich ganz elend und krank. Deine Mama hat dich doll lieb, aber sie kann nicht mehr richtig über sich selbst bestimmen und sie könnte dich nicht gut versorgen, weil ihr Leben von den Drogen beherrscht wird. Deshalb bist du bei uns. Deine Mama wollte schon manchmal aufhören, Drogen zu nehmen. Die Ärzte haben ihr dabei geholfen. Aber sie hat es noch nicht geschafft. Es gehört sehr viel Kraft und Disziplin dazu, von Drogen wieder loszukommen.»

Natürlich müssen die beteiligten Erwachsenen mit dem Kind über die Themen im Gespräch bleiben. In meinem Buch *Pflege- und Adoptivkinder* bin ich auf die Thematik drogenabhängiger Mütter eingegangen.

Großeltern oder Verwandte – ihre Anteile und Fehler

Wie diejenigen, die gemeinsam ein Kind großziehen, sich in Auseinandersetzungs- und Versöhnungsprozessen verhalten, ist ein wichtiger Faktor für Jugendämter, um zu entscheiden, ob ein Kind gut bei den Großeltern oder Verwandten aufgehoben ist. Wenn eine erwachsene Tochter die Mutterrolle oder ein heranwachsender Sohn die Vaterrolle nicht übernehmen kann, so hat dies immer auch mit deren Aufwachsbedingungen in der Familie zu tun. Das bedeutet, dass die Großeltern an der Entstehung der Probleme mitbeteiligt waren. Wenn sie ihre Anteile nicht wahrnehmen können, besteht die Gefahr, dass sie dieselben Fehler unbewusst beim Enkelkind wiederholen und dazu noch dem Kind eine negative Identität übertragen, wenn sie am Elternteil des Kindes nichts Gutes lassen können.

Auch Verwandtenpflegen sind oftmals davon beschwert, dass z. B. eine Frau, die für ihre Nichte oder ihren Neffen sorgt, nicht begreifen kann, weshalb ihre Schwester ihre Mutterrolle nicht übernehmen kann. Loyalitäten zu den Eltern spielen eine große Rolle. Zu erkennen, dass die Eltern bei dieser Schwester Fehler gemacht haben, zu sehen, dass man im selben Elternhaus mehr Glück hatte als die Schwester, ist in diesem Fall die erste Voraussetzung, der Mutter des Kindes ihr «Scheitern» zu verzeihen.

Es ist natürlich besonders schwer, hier sich selbst zu hinterfragen. Im Nachhinein einzuräumen, etwas falsch gemacht zu haben, ist einer der schmerzlichsten Prozesse, die es im Leben gibt. Manche Menschen verdrängen ihre Anteile über viele Jahre. Sich selbst gegenüber einzugestehen: Ja, ich habe mit verursacht, dass mein Sohn oder meine Tochter Schwierigkeiten im Leben bekommen hat, tut extrem weh.

Viele Eltern von erwachsenen Kindern können diesen Schritt nicht gehen. Haben sie noch andere Kinder, die besser «geraten» sind, dann sehen sie dies als Bestätigung, dass der junge Mensch ohne ihr Zutun «gescheitert» ist. Manche Eltern schildern, dass ihr Kind «unter schlechten Einfluss» geraten ist. Wieder sehen sie die Hauptschuld bei anderen. Ob ein junger Mensch Abhängigkeitsstrukturen entwickelt, hat immer auch damit zu tun, wie seine Eltern früh mit Grenzen und mit Selbstverantwortung in der Familie umgegangen sind. In sehr vielen Familien gibt es bestimmte Rollenverteilungen. Kein Kind wird in derselben Familie wie das andere sozialisiert. Wenn ein Kind die Rolle des schwarzen Schafs übernimmt, können sich die anderen in der Familie manchmal besonders gut entfalten.

Aussöhnung zwischen Großeltern und Eltern – Entspannung für das Kind

Natürlich waren auch die Großeltern als Eltern jung und durch ihre Aufwachsbedingungen und Konflikte noch nicht in der Lage, das Richtige zu tun. Es geht hier nicht nur darum, sich einzugestehen, dass man damals Fehler gemacht hat, sondern sich diese Fehler auch zu verzeihen. Erst dann kann ich auch meinem Sohn oder meiner Tochter Fehler verzeihen.

➡ Es kann für den Sohn oder die Tochter sehr entlastend sein, wenn sie von ihren Eltern zu hören bekommen: «Es tut mir Leid, dass du heute in so vielen Schwierigkeiten steckst. Als ich jung war, habe ich vieles noch nicht so gewusst wie heute. Du hast nicht die besten Chancen gehabt, weil ich Fehler mit dir gemacht habe.»

➡ Das Zugeben eigener Anteile soll nicht zur Folge haben, dass die Eltern ihr erwachsenes Kind von der Verantwortung für sein Leben entbinden. Sie können hinzufügen: «Zwar habe ich dazu beigetragen, dass du es heute als Erwachsener nicht einfach hast. Aber jetzt bist du erwachsen und es darf für dich kein Alibi sein, dass ich meine Fehler einräume. Du kannst an dir arbeiten und dich ändern. Heute kann ich nichts mehr für dich tun. Du bist nun für dich selbst zuständig, und ich traue dir zu, dass du aus deinem Schlamassel wieder heraus kommst. Und wenn nicht, dann ist dies heute deine Entscheidung und deine Verantwortung!»

➡ Kindern geht es bei ihren Großeltern oder bei Onkel und Tante dann gut, wenn die Aufnahme des Kindes ein echtes Hilfsangebot an die jungen Eltern des Kindes ist und wenn sich Großeltern oder Verwandte als «Entlastung» für die Eltern sehen. Das Kind sollte nicht im Unklaren über seine Abstammung und über die realen verwandtschaftlichen Verhältnisse gelassen werden. Die Bezugspersonen des Kindes sollten daran arbeiten, die Tochter, den Sohn, die Schwester oder den Bruder nicht zu verurteilen.

➡ Es ist beruhigend für ein Kind, wenn eine Großmutter beispielsweise sagt: «Als ich Mutter war, habe ich mit deiner Mama einiges falsch gemacht. Ich wusste es nicht besser, weil ich noch jung war. Deshalb hat sie heute so viele Probleme mit sich selbst. Ich bin traurig, dass es alles so gekommen ist und dass du nicht mit deiner Mama wohnen kannst. Deine Mama ist nicht böse und hat dich auch bestimmt sehr lieb. Und ich habe deine Mutti trotz der vielen Sorgen, die sie mir macht, sehr lieb, deshalb helfe ich ihr aus, indem ich dich versorge. Und ich tue es auch gern für dich.»

4 Große Lasten des Lebens – Beispiele behutsamer Vermittlung

«Wenn Kinder wissen, dass sie während ihrer Kindheit ungehindert Fragen über die Vergangenheit stellen können, wird man eine große Quelle potenzieller Schwierigkeiten beseitigt haben.
Die Vergangenheit wird nicht länger ein Mysterium sein, worüber nicht geredet wird.»
(Ryan, Walker, 1997, S. 46)

Tragisches Ereignis – feinfühlige Eröffnung

Die 6-jährige Chiara lebt bei der Großmutter mütterlicherseits. Ihre Mutter wurde bei einem Eifersuchtsdrama vom Vater getötet, als Chiara 1 Jahr alt war. Alle im Dorf und den anliegenden Gemeinden wissen Bescheid. Die Oma hat große Sorge, das Kind könnte die schreckliche Wahrheit von Dritten erfahren. Doch nicht nur das. Sie ist sich sicher, dass es für das Kind wichtig ist, zu wissen, was damals passiert ist. Gregor, der Vater von Chiara, ruft regelmäßig bei den Großeltern und dem Kind an, seit er aus der Haft entlassen ist. Für ihn ist es unerträglich, mit seiner schweren Schuld weiterzuleben. Er will am liebsten, dass Chiara nicht erfährt, was er getan hat.

Chiaras Oma geht spontan den richtigen Weg. Sie fordert den Vater wiederholt auf, dem Kind einen Brief zu schreiben, in welchem er das furchtbare Ereignis und seine Reue darüber schildern soll. Doch er kann sich nicht dazu überwinden. Die Großmutter kündigt ihm deshalb an: «Wenn du es nicht schaffst, dem Kind die Wahrheit zu sagen, dann werde ich es tun.» Sie schildert Chiara die Geschehnisse folgendermaßen:

«Als deine Mutti zwanzig war, verliebte sie sich sehr in Gregor. Nach zwei Jahren warst du unterwegs. Die beiden heirateten. Deine Mutti hatte den Gregor sehr lieb. Er war ein tüchtiger, netter Mann. Und er war dir ein liebevoller Vater. Aber er hatte ein großes Problem: Er trank oft zu viel Bier und Schnaps. Viele Menschen trinken gern Wein oder Bier. Es macht sie lustig. Wenn Menschen begrenzt

trinken und rechtzeitig damit aufhören können, ist Alkohol nicht gefährlich. Aber wenn Menschen zu viel davon trinken und immer mehr brauchen, dann bestimmt der Alkohol über ihr Leben und sie sind abhängig davon, und wenn sie betrunken sind, sind sie ganz verändert.
Wenn dein Vater betrunken war, schlug er deine Mama. Am anderen Tag entschuldigte sich der Gregor, und deine Mama hatte ihn weiter lieb. Eines Abends wollte sie davonlaufen, weil der Gregor wieder so betrunken und unbeherrscht war. Da hielt der Gregor deine Mutti fest und drückte sie auf den Boden. Plötzlich hörte sie auf zu atmen. Deine Mutti starb. Der Gregor war sehr erschrocken. Er holte einen Arzt. Aber es war zu spät. Da rief der Arzt die Polizei. Die brachten den Gregor ins Gefängnis und dich brachten sie zu uns. Du hast sehr geweint. Du warst ja erst 1 Jahr alt, aber du hast genau gemerkt, dass etwas ganz Schlimmes passiert ist. Wir alle waren ganz verzweifelt und sind noch heute traurig.
Alle Leute im Dorf kamen zur Beerdigung. Alle weinten. Gregor hat später aus dem Gefängnis geschrieben, wie sehr er bereut, was er getan hat. Er telefoniert ja manchmal mit dir und schreibt dir zum Geburtstag und zu Weihnachten. Er schämt sich vor dir. Und deshalb wollte er erst nicht, dass ich dir alles sage. Aber er weiß, dass ich dir heute die Wahrheit sage. Niemand kann mehr etwas an dem Schlimmen ändern. Du gehst ja oft mit uns zum Grab von deiner Mutti. Alle im Dorf wissen, was damals passiert ist. Deshalb will ich, dass du es auch weißt. Wir sind froh, dass es dich gibt. Weil deine Mutti und der Gregor sich einst lieb hatten, bist du auf der Welt. Meine Tochter, deine Mama, lebt in dir weiter. Es ist ganz schwer für ein Kind, so eine schlimme Geschichte zu haben und damit zu leben, dass der Papa die Mama getötet hat. Opa und ich müssen auch damit leben.»

Die Großmutter berichtet, dass Chiara nach dieser Eröffnung sehr bewegt war und viele Fragen stellte. Daraus bezieht sie die Gewissheit, dass ihr Schritt, dem Kind die Wahrheit zu sagen, richtig war. Chiara sucht mehrere Abende das Gespräch über die Ereignisse von damals, schaut sich Fotos von ihrer Mutter und ihrem Vater an und sie wirkt sehr gelöst.

Zehn Schritte, die Kindern helfen, schwere Ereignisse zu bearbeiten

Chiaras Oma hat spontan alle Momente berücksichtigt, die Erwachsene beachten müssen, wenn sie ein Kind mit einer furchtbaren Wahrheit konfrontieren.

1. Klärungsprozess mit den Erwachsenen, die von dem Geschehen dicht betroffen sind.

Es war richtig, den Vater des Kindes aufzufordern, als Betroffener dem Kind die Wahrheit als Erster zu sagen. Allerdings kann er, der seinem Kind ein so schweres Schicksal zugefügt hat, nicht allein bestimmen, die Information vom Kind fern zu halten. Wenn sich ein Einvernehmen herstellen lässt, so ist dies gut, wenn nicht, so sind aus psychologischer Sicht die Menschen, die mit dem Kind täglich zusammenleben, befugt, dem Kind auch gegen den Wunsch des betroffenen Elternteils eine schwere Wahrheit zu vermitteln. Es war richtig, dem Vater anzukündigen, dass das Kind die Information erhalten würde, sodass er sich darauf einstellen konnte. Gut war, dass die Oma dem Kind ebenfalls die Information weitergab, dass der Vater Bescheid wusste.

2. Annahme der Trauer und der Verzweiflung durch die Erwachsenen - Gefühle zeigen.

Manche Menschen haben große Angst, dass sie selbst weinen müssen, wenn sie dem Kind das Schwere vermitteln. Doch zu weinen und zu trauern ist angemessen. Solange die Erwachsenen mit dem Schmerzlichen im Unreinen sind oder sich beherrschen wollen, können sie ihre Botschaften meist nicht so aussenden, dass sie für das Kind verständlich werden. Es mischen sich dann «falsche Töne» in eine richtige Information. Das ist für Kinder beunruhigend. Chiaras Oma hat ihre Trauer und ihre Verzweiflung zugelassen. Erwachsene müssen sich zunächst über ihre Beweggründe, Ängste, Sorgen klar werden, oftmals Prozesse von Trauer durchleben, bevor sie ihr Kind angemessen teilhaben lassen können.

3. *Keine isolierten Fakten aussprechen, sondern ein Geschehen in Zusammenhänge einbetten.*

Die Großmutter hat große Einfühlungsgabe. Für Chiara wäre es unerträglich gewesen, wenn die Oma nur die Information gegeben hätte: «Dein Vater hat deine Mutter umgebracht.» Die Oma hat ihre schwere Geschichte nicht mit dem Drama begonnen, sondern die Liebesbeziehung ihrer Tochter zu dem Mann noch einmal geschildert und das positive Ergebnis dieser Beziehung benannt: die Existenz von Chiara. Wenn wir einem Kind eine schwere Wahrheit nahe bringen, so ist das Wichtigste, sich nicht auf Teilwahrheiten zu beschränken: Jede noch so schwere Geschichte wird durch die Einbettung in Zusammenhänge besser aushaltbar.

4. *Den Hergang konkret schildern.*

Je weniger Spielraum für Phantasien, desto besser kann ein Kind die furchtbare Information verkraften. Die sorgfältige Schilderung des gesamten Hergangs hat dazu geführt, dass Chiara das schlimme Ereignis besser verarbeiten kann.

5. *Die vermutlichen Gefühle des Kindes aussprechen.*

Chiaras Großmutter hat die Gefühle des Kindes aufgegriffen: Sie hat geschildert, was das Kind damals erlebt hat, wie sehr es geschrien hat und dass es als Einjährige gemerkt hat, dass eine Katastrophe geschehen war. Erwachsene können dem Kind auch zeigen, dass sie seine schwere Lage verstehen, wenn sie sagen: «Wenn ich das alles erlebt hätte so wie du, dann wäre ich manchmal ganz durcheinander und verzweifelt.»

6. *Das Alter des Kindes berücksichtigen.*

Die Großmutter hat dem Kind keine Einzelheiten über den vermutlichen Todeskampf der Mutter erzählt. Sie hat nichts Entscheidendes verschwiegen und alles für eine Sechsjährige klar und verständlich dargestellt. Erwachsene brauchen vor allem ein inneres Konzept, wie sie selbst mit dem Schweren umgehen. Wenn sie dies haben, können sie wie von selbst auf das Alter der Kinder eingehen.

7. Auf Grenzen achten:
Den Kindern keine Verantwortlichkeit übertragen.

Wenn die Oma gesagt hätte: «Dass deine Mutti auf so schlimme Weise umgekommen ist, darüber komme ich nicht hinweg. Du musst dafür besonders lieb zu mir sein», oder: «Wegen dem schrecklichen Tod deiner Mutter habe ich schlechte Nerven, ich will mich nicht auch noch über dich aufregen», dann hätte sie das Kind überfordert. Wenn Erwachsene in der Krise beim Kind Lösungsmöglichkeiten und Halt suchen, dann vertauschen sie die Rollen. Chiaras Oma hat keinen Trost oder Lösungen vom Kind verlangt. Mit ihrer Haltung, dass dieses schreckliche Ereignis und die damit verbundene tiefe Trauer zu ihrer aller Leben gehört, vermittelte sie dem Kind Sicherheit und Mut.

8. Ambivalenzen zulassen.

Chiaras Oma hat nicht einfach ein Schreckensbild vom Vater gemalt, sondern sowohl seine gute wie auch seine schlimme Seite zur Geltung kommen lassen. Sie hat den Einfluss des Alkohols beschrieben. Sie hat die bewundernswerte Leistung vollbracht, Ambivalenz gegenüber Chiaras Vater zu entwickeln. Sie ist nicht in Wut und Hass stecken geblieben, sondern hat Wut in Trauer umgewandelt und hervorheben können, dass der Vater von Chiara seine Tat bereut hat. Der Großmutter war nicht nur mit dem Verstand klar: Ohne diesen Mann hätte es Chiara nicht gegeben. Dies blieb ihr trotz aller Bitternis bewusst. So gelang es ihr, den Vater nicht ausschließlich negativ darzustellen, aber auch nichts zu beschönigen oder zu verharmlosen.

9. Themen von sich aus ansprechen – nicht warten, bis das Kind fragt.

Das Kind kann nicht entscheiden, wann es wissen will, wovon es eigentlich nichts wissen kann. Chiara wusste, dass ihre Mutti gestorben war. Doch das Kind hätte die entsetzlichen Begleitumstände nicht einfach abfragen können. Wirklich außergewöhnliche Dinge müssen von den Erwachsenen zuerst angesprochen werden. Wir Erwachsenen übertragen dem Kind zu viel Verantwortung, wenn wir ein für das Kind bedeutsames Thema erst auf Nachfrage erzählen wollen. In vielen Familien gibt es zudem unsichtbare Gesetze, bestimmte Dinge nicht zu fragen, oder Erwachsene überhören die Signale ihrer Kinder. Kinder verletzen Tabus nicht ohne weiteres. Sie wollen ihren Bezugspersonen nicht wehtun, sie nicht in Schwierigkeiten bringen. Sie benötigen von den Erwachsenen den ersten Schritt, die Ermutigung, dass das schwere Ereignis Thema sein darf.

10. Thema nicht wieder verschwinden lassen.

Selbstverständlich darf es bei solch schweren Ereignissen im Leben von Kindern nicht beim einmaligen Aussprechen bleiben. Hilfreich sind Rituale. Der regelmäßige Gang zum Friedhof, die Telefonate mit ihrem Vater führen bei Chiara dazu, dass das Wissen nicht wieder verdrängt werden und verloren gehen kann. Eltern oder elterliche Bezugspersonen müssen mit ihren Kindern über viele Jahre das Schwere immer mal wieder thematisieren. Manchmal genügt nur ein Antippen, ein «Du weißt ja, was damals geschehen ist». Chiaras Oma hat die Geschichte auch noch einmal aufgeschrieben. So hat Chiara ein Dokument, etwas zum Festhalten über die gegenwärtige Zeit hinaus. Das erneute Lesen derselben Zeilen über das, was ein Kind früh erlebt hat, kann in späteren Jahren Halt und Trost spenden.

«Der Tod von Mutter oder Vater bedeutet einen so tiefen Einschnitt im Leben eines Kindes oder Jugendlichen, daß er nur dann heilbar ist, wenn es dem Kinde ermöglicht wird, seine schöpferischen Kräfte zu entfalten und angesichts des Todes einen eigenen, wenn auch vorläufigen Lebensentwurf zu entwickeln, der die Tatsache des Verlustes nicht verleugnet.»
(Brocher, 1985, S. 69)

Trauer und Verzweiflung zulassen – eine Heilungschance für das Kind

Der 4-jährige Joshua lebt seit drei Monaten in Adoptionspflege. Seine leibliche Mutter war ohne Wohnsitz, lebte mit Joshua mal hier, mal dort. Sie hing sehr an ihm, schleppte ihn ständig mit sich herum. Doch sie konnte ihm keinen Halt und keinen Schutz bieten. Das Jugendamt nahm das Kind in Obhut. Zunächst verbrachte Joshua einige Wochen in einer Bereitschaftspflege. Die Mutter besuchte ihn dort von Zeit zu Zeit, was dem Kind sehr half. Dann starb sie plötzlich bei einem Unfall. Niemand wagte, Joshua vom Tod der Mutter zu erzählen. Da sein nichtehelicher Vater notariell zustimmte, kam Joshua zu den «neuen Eltern» in Adoptionspflege.
Joshua spielt von früh bis spät, seine Mutter sei ebenfalls bei den Pflegeeltern eingezogen. Am Abend, wenn er ins Bett geht, erklärt er seiner unsichtbaren Mama: «Mama auch Heia machen». Am Frühstückstisch sagt er: «Die Mama braucht noch Zucker in den Kaffee.» Die Pflegeeltern sind unsicher, wie sie sich verhalten sollen. Manchmal spielen sie nicht mit und sagen: «Ich sehe keine Mama. Sie ist nicht hier.» Dann rastet Joshua aus, wird aggressiv und kann sich erst beruhigen, wenn die Pflegeeltern nachgeben und die unsichtbare Mutter wieder einbeziehen. Sie bekommen kaum Kontakt zu Joshua. Er redet mit seiner unsichtbaren Mama und behandelt die Pflegeeltern oft wie Luft.

Die künftigen Adoptiveltern sind sehr glücklich, dass sie endlich ein Kind annehmen konnten. Sie hoffen, dass Joshua bald vergessen wird. Sie sind der Überzeugung, Joshua sei zu klein, die Wahrheit zu erfahren.

Nach einigen Wochen werden sie jedoch unsicher, spüren, dass das Kind immer stärker in seine Traumwelt flüchtet und sich immer weiter vom wirklichen Leben und von ihnen entfernt. Sie suchen fachlichen Rat.

Nun werden sie ermutigt, selbst zu trauern und die Realität anzunehmen, dass Joshua nicht ohne weiteres ihr Kind werden kann, da er sich nicht von seiner Mutter hat verabschieden können. Sie machen sich damit vertraut, dass sie dem Kind den Schmerz, die Mutter verloren zu haben, nicht ersparen können. Und es wird ihnen bewusst, dass Joshuas «Methode», die Mutter herbeizuphantasieren, bereits eine Vorstufe von einem Realitätsverlust ist. Joshuas Wutanfälle, wenn die Pflegeeltern das Spiel nicht mitmachen wollen, sind ein Hinweis, was für ein festes Abwehrsystem er sich geschaffen hat, um seine «Einbildung», die Mutter sei immer bei ihm, aufrechtzuerhalten. Die Chance, seelisch zu gesunden, liegt im Zulassen der Trauer. Wir wissen alle, dass, wenn wir gerade einen nahe stehenden Menschen durch Tod verloren haben, es uns eine große Entlastung ist, darüber zu sprechen. Im Sprechen und Weinen über die endgültige und ausweglose Situation liegt der einzige Trost. Dies gilt auch für Kinder.

➡ Die künftigen Adoptiveltern bereiten sich sorgfältig vor, wie sie dem Kind sanft die Wahrheit sagen können. Als das Kind am Abend zur unsichtbaren Mutter sagt: «Gute Nacht Mama, Mama auch Heia machen», erklärt ihm die Pflegemutter: «Ich kann gut verstehen, dass du dir wünschst, die Mama würde hier neben dir schlafen. In Wirklichkeit bist du sehr traurig, dass sie nicht da ist. Ich wäre auch traurig, wenn ich meine Mama verloren hätte. Das ist ganz schlimm, was du gerade erlebst, und das tut ganz furchtbar weh.»

Daraufhin zeigt Joshua keine Wut und keinen Widerspruch, sondern weint voll tiefer Erschütterung. Verzweifelt fragt er: «Warum kommt die Mama nicht mehr?» Pflegemutter und Joshua sind nun einander so nah, dass die Pflegemutter ihm jetzt gar nicht mehr vorenthalten kann und will, dass seine Mama nicht mehr zu Besuch kommen wird, weil sie gestorben ist. Joshua kann sich darunter zunächst nichts vorstellen.

Die Pflegeeltern erzählen ihm die konkreten Umstände. Einige Tage später fahren sie mit Joshua in die Stadt und zeigen ihm die U-Bahn-Haltestelle, wo die Mutter überfahren worden ist. Sie fahren zum Krankenhaus und zeigen ihm einen Notarztwagen. Und sie fahren mit Joshua zum Friedhof und zeigen ihm das Grab der Mutter. Außerdem nehmen sie Kontakt zu Oma und Opa auf, zur Schwester der Mutter, alles Menschen, die Joshua von früher kennt. Seine Großmutter hat ein Kettchen aufgehoben, das die Mutter getragen hat. Joshua kennt es noch und nimmt es glücklich mit. Langsam begreift er, dass seine Mama nie mehr kommen kann.

In der folgenden Zeit weint Joshua noch oft um seine Mama. Zugleich lebt die Familie jetzt ohne Phantom. Joshua ist in der Lage, sich immer stärker an die Pflegeeltern anzuschließen. Der Verlust der Mutter wird von ihm als zu seinem Leben gehörig angenommen.

Wir alle brauchen Zeit – Zeit der Ohnmacht, der Verzweiflung, der Trauer und der Tränen, wenn wir einen nahe stehenden Menschen durch Tod verlieren. Doch wir können lernen, die Trauer anzunehmen, wir können der Trauer einen Platz im Leben geben und können auf diese Weise weiterleben und nach einer gewissen Zeit wieder Freude im Leben empfinden.

«Die Schichten unseres Lebens ruhen so dicht aufeinander auf, dass uns im Späteren immer Früheres begegnet, nicht als Abgetanes und Erledigtes, sondern gegenwärtig und lebendig.»
(Schlink, 1995, S. 206)

Traumatische Zeugungssituation – und wie die Folge für das Kind abgemildert werden kann

Es ist wohl mit das Schwerste, einem Kind seine Entstehungsgeschichte zu vermitteln, wenn es bei einer Vergewaltigung gezeugt wurde. Oder ein Kind ist durch sexuelle Gewalt zwischen Vater und Tochter entstanden. Der früheste Zeitpunkt, von dem an ein Kind davon etwas versteht, liegt bei acht Jahren. Manchmal sind es Pflege- oder Adoptiveltern, die diese Aufklärung übernehmen müssen, weil die Mutter sich wegen des furchtbaren Ereignisses von dem Kind getrennt hat.

Frauen, denen sexuelle Gewalt widerfahren ist, benötigen viele Jahre und verschiedene Phasen, um mit dieser schlimmen Erfahrung weiterzuleben. Meist müssen sie zuerst verdrängen und fühlen sich depressiv oder «wie tot». Dann irgendwann können sie trauern, wenn sie Hilfe von anderen Menschen annehmen können. Ich habe in jüngster Zeit zwei Mütter erlebt, die beide auf ganz unterschiedliche Weise gegenüber ihren Kindern mit dem schweren Trauma einer Vergewaltigung umgingen. Die erste wählte den Weg der Verdrängung, die zweite nahm das Erschreckende als zu ihrem Leben dazugehörig an.

Wenn das Furchtbare verdrängt werden soll

Kevins Mutter ist vom Freund ihrer eigenen Mutter vergewaltigt worden und beschließt, das Ereignis aus ihrem Gedächtnis und aus ihren Gefühlen zu verbannen. Erst vier Wochen vor der Entbindung hat sie bemerkt, dass sie schwanger ist. Sie behält das Kind und lebt mit Kevin zusammen. Nach acht Jahren erklärt sie: «Ich habe das alles verdrängt. Für mich gibt es diesen Mann nicht mehr.» Als Kevin fragt: «Wo ist eigentlich mein Papa?», antwortet seine Mutter schroff: «Du hast keinen Papa.»

Diese Mutter will ihrer Verzweiflung entkommen und streicht bestimmte Erlebnisse aus ihrem Fühlen und Denken. Sie will das Entsetzliche wie ungeschehen machen, kann mit niemandem darüber sprechen, will die schwere seelische Beschädigung vergessen. Doch wenn es eine schmerzliche Realität gibt, so ahnt das Kind etwas, und diese Ahnungen können Kinder mehr verunsichern, ängstigen und in ihrer Entwicklung hemmen, als wenn sie die Wahrheit langsam in ihr Leben einbauen können.

Ein Kind von 8 Jahren weiß längst, dass zur Entstehung von Kindern immer zwei Menschen gehören, ein Mann und eine Frau. Kevin hat gemerkt, dass es Tabus gibt, Themen, die nicht gedacht und gefühlt werden dürfen. Er hat früh gelernt, dass Abwehren und Verdrängen von Wirklichkeiten zum Repertoire seiner Mutter gehört. Dieses Kind weiß zwar nicht um das Trauma seiner Mutter, aber sein ganzes Leben ist von der Notlage und ihren verzweifelten Versuchen geprägt, zu vergessen. Der direkte Kontakt zu seiner Mutter ist nicht möglich. Der Junge fühlt sich allein gelassen. Es ist schwerer, mit einem bedrohlichen Schatten umzugehen, als die Wahrheit zu wissen.

➡ Solange eine Mutter noch keinen für sich selbst verträglichen Weg gefunden hat, mit dieser großen Belastung im Leben umzugehen, kann sie ihrem Kind das Schwere sicherlich noch nicht vermitteln. Für Kevin wäre es besser, wenn sie hätte sagen können: «Es gibt etwas, das mich sehr belastet, was deinen Vater betrifft. Ich kann noch nicht darüber sprechen, weil es mich zutiefst aufwühlt. Vielleicht habe ich irgendwann später die Kraft, dir davon zu erzählen.» Kevin müsste nun zwar mit einem beunruhigenden Bild von seinem Vater aufwachsen, aber der Zugang zu seiner Mutter wäre für ihn wenigstens nicht blockiert.

➡ Langfristig wäre es für Kevins Mutter eine Entlastung, wenn sie die schreckliche Erfahrung als zu ihrem Leben dazugehörig annehmen könnte. Das Schlimme kann nie mehr ungeschehen gemacht werden. Sie wird nie die entsetzliche Tat verzeihen oder vergeben können. Ihr Hass bindet viele Kräfte und führt zu destruktiven Verhaltensweisen gegenüber sich selbst und ihrem Sohn. Nicht im Hass zu verweilen, hat befreiende Wirkung, ist der Beginn eines inneren Friedens.

Schatten und Licht nebeneinander zulassen

Die andere Mutter hat viele Jahre getrauert. Sie hat die oben genannten zehn Aspekte beherzigt. Sie sagt über sich: «So schlimm die Vergewaltigung auch war, in dem Moment, als ich meine Tochter nach der Geburt im Arm hatte, war ich mit meinem Schicksal ausgesöhnt.» Sie hat ihrer zehnjährigen Tochter Folgendes gesagt:

«Du weißt ja längst, wie Kinder entstehen. Ich will dir heute sagen, weshalb dein Vater noch nie zu uns Kontakt hatte. Ich weiß seinen Namen nicht. Nicht immer haben sich Menschen lieb, wenn sie Sex miteinander haben. Manchmal zwingt ein Mann mit Gewalt eine Frau dazu. Im Krieg kommt so etwas besonders oft vor. Als ich vor elf Jahren abends mit einem Mann von einer Diskothek auf dem Nachhauseweg war, zwang mich dieser Mann zum Sex. Ich kam nicht gegen ihn an. Der Mann verschwand schnell. Ich weinte und schämte mich. Ich wollte mit niemandem reden, es nur ganz schnell vergessen.

Doch nach ein paar Wochen war klar: Du warst unterwegs. Ich wollte dich haben. Nun weiß ich gar nichts über deinen Vater, nicht einmal seinen Namen. Was er getan hat, ist schlimm. Er hätte bestraft werden müssen. Ich bin trotz allem sehr froh, dass du auf der Welt bist. Ohne diesen schlimmen Abend wärst du jetzt nicht da. Das ist manchmal so im Leben. Ein und dieselbe Sache hat zwei Seiten: eine schreckliche und eine schöne. Nacht und Tag, Schatten und Licht gehören zur Welt. Schrecklich war die Gewalt. Schön ist, dass du da bist. Kaum warst du geboren, war ich überglücklich. Leider wirst du nie erfahren, wie dein Vater heißt und wo er wohnt. Vielleicht ist das auch besser so, wo du jetzt weißt, was er getan hat. Das ist ganz schwer für dich, mit so etwas zu leben. Dein Vater war be-

stimmt nicht ganz und gar schlecht. Ich will ihn nicht entschuldigen. Aber Männer, die so etwas Schreckliches tun, sind oft in ihrer Kindheit Opfer von Gewalt gewesen. Dein Vater muss auch gute Anlagen gehabt haben. Denn du bist ein wunderbares Kind.»

Diese Mutter hat eine so tragfähige Beziehung zu ihrer Tochter, dass das Kind die schwere Realität mit ihrer Hilfe bewältigen kann. Die Wahrheit zu kennen, heißt nicht, dass ein Kind nicht erschüttert oder verzweifelt sein darf. Viele Erlebnisse oder Informationen erfordern vom Kind eine lebenslange Auseinandersetzung. Dabei benötigt es viel Unterstützung und Hilfe durch die nahe stehenden Erwachsenen.

«Leidenssituationen, deren Grund dem Kind verheimlicht wird, laufen wie eine ständige Frage neben seinem eigenen Leben her und zehren an seiner Substanz.»
(Tisseron, 1998, S. 15)

Scham und Schmerz in der Jugend der Mutter – soll ein Kind davon wissen?

Maria ist heute 40 Jahre und selbst Mutter. Sie hatte einen Onkel, der bei Familienfeiern auf sie als 4-Jährige, 8-Jährige oder 14-Jährige herzlich zuging. Onkel Moritz war ihr sympathisch. Wenn er bei Familienfesten erschien, gefroren Vater und Mutter von Maria zu Eis. Maria verstand nicht, weshalb ihre Eltern so reagierten. Onkel Moritz war doch nett. Konnte sie sich auf ihre eigenen Eindrücke nicht verlassen? Stimmte mit ihr etwas nicht, dass sie anders fühlte als die Eltern? Als kleines Kind hatte Maria zahllose Ängste. Manchmal erlebte sie, dass ihre Mutter im Schlaf schrie. Maria schrak ebenfalls noch als Erwachsene aus dem Schlaf auf und schrie. Als Marias Mutter verstorben war, hinterließ sie ein Tagebuch. Darin las Maria, dass ihre Mutter als junges Mädchen mehrmals von ihrem Bruder Moritz vergewaltigt worden war.

Erst nach Kenntnis der traumatischen Ereignisse kann Maria ihre eigenen widersprüchlichen Gefühle gegenüber dem Onkel einordnen, ihre nächtlichen Ängste verstehen. Sie fühlt sich befreit. Sie kann nachts schlafen, ohne in Panik aufzuwachen.

Immer wieder wird das Leben der nächsten Generation von den Traumata der Eltern überschattet. Hätte es einen Weg gegeben, bei dem Maria nicht vierzig Jahre lang von den seelischen Lasten ihrer Mutter geprägt worden wäre?

In der Jugend von Marias Mutter war es noch weniger üblich als heute, über sexuelle Gewalt offen zu sprechen. Beratungsstellen für Mädchen und Frauen, die sexuelle Gewalt erlitten hatten, gab es nicht. Es ist aber für keinen Menschen möglich, solch schwere Traumata ohne

Hilfe anderer Menschen zu bearbeiten. Nur wenn die Mutter sich selbst eingestanden hätte, dass sie durch die sexuellen Übergriffe ihres Bruders in schwerster Not war, wenn sie den Mut gefunden hätte, mit ihrem Mann darüber zu sprechen und sogar ihren Bruder zu konfrontieren, dann hätte sie nicht lebenslang im Schlaf aufschreien müssen und ihrer Tochter das Trauma nicht übertragen. In diesem Falle hätte sie dem Kind keine Einzelheiten über die erlittene sexuelle Gewalt erzählen müssen, da sie ein Teil des mütterlichen und nicht des kindlichen Lebens geblieben wäre. Da Marias Mutter das Erlittene nicht bearbeitet hatte, wirkte es weiter auf die Tochter.

➡ Hier wäre es für Maria eine Orientierung gewesen, wenn sie als 4-jähriges Kind von ihrer Mutter erfahren hätte: «Mein Bruder, dein Onkel Moritz, ist immer sehr nett zu dir. Aber als wir jung waren, hat er mir mehrmals sehr wehgetan. Deshalb bin ich heute noch mit ihm sehr böse.» So hätte Maria einordnen können: Meine Gefühle, den Onkel nett zu finden, sind in Ordnung. Aber es gab etwas Schlimmes zwischen Onkel und Mama.

➡ Später, als Maria zehn, zwölf oder vierzehn Jahre alt war, hätte die Mutter ihre Tochter einweihen können: «Du weißt inzwischen, was Sex ist und dass Sex zwischen Erwachsenen wunderschön sein kann, wenn beide die Intimität auch wollen Als ich zwölf Jahre alt war, hat mein älterer Bruder Moritz mich zum Sex mit Gewalt gezwungen. Onkel Moritz und ich haben nie mehr über das alles gesprochen. Wenn er zu Familienfeiern kommt, benimmt er sich, als ob das alles nie geschehen wäre. Das ist für mich sehr schlimm, und ich gehe ihm aus dem Weg.»

Da Marias Mutter keinen der beiden Wege gehen konnte, hat sie ihrem Kind den ganzen Berg der Lasten, den sie selbst in sich trug, weitergegeben. Da Maria nicht einordnen konnte, was ihre Mutter bedrückte, bekam sie das diffuse Grundgefühl übermittelt: *Die Welt ist bedrohlich und gefährlich, wir dürfen nicht in Ruhe schlafen, denn es könnte sich etwas Schreckliches ereignen.* Maria wurde in ihrem Lebensmut beeinträchtigt, obwohl ihr die Mutter eine sorglose Kindheit ermöglichen wollte.

Viele Menschen, die von Geheimnissen oder unsichtbaren seelischen Lasten betroffen sind, berichten von der großen Erleichterung, die sich mit der Kenntnis auch bitterer Wahrheiten einstellt. Gewissheit zu haben, hat gerade bei schmerzhaften Ereignissen eine befreiende Wirkung.

«Therapie ist ... einfach der Prozeß, in dem das Kind lernt, vor dem Leben nicht davonzulaufen, sondern mit ihm fertig zu werden.»
(Erich Fromm, in: Neill, 1993, S. 17)

Über zurückliegende Angst, Ohnmacht und Trauer sprechen

Carolin, heute 4 Jahre, wurde von ihrer Mutter als 1-Jährige in viel zu heißes Wasser gesetzt und sie erlitt schwere Verbrennungen. Noch heute hat sie Narben an vielen Stellen ihres Körpers. Der Partner der Mutter veranlasste etwas später, dass das schwer verletzte Kind mit dem Notarztwagen ins Krankenhaus gebracht wurde. Carolin wurde nach dem Klinikaufenthalt in eine Bereitschaftspflegestelle gebracht und recht bald zu Pflegeltern vermittelt. Das Kind hat viel Angst, klammert sich sehr an die Pflegeeltern, träumt häufig schlecht. Sie beißt sich die Fingernägel so weit ab, dass die Finger bluten. Im Kindergarten ist sie ruhelos und unkonzentriert.

Die Pflegeeltern können nicht fassen, wie eine Mutter ihrem Kind so etwas Schreckliches antun kann. Die Gefühle der Pflegemutter schwanken zwischen Hass und Trauer. Kontakte zur Mutter gibt es keine.

In vielen Beratungsgesprächen arbeiten die Pflegeeltern daran, die Katastrophe im Leben des Kindes als nie mehr aufhebbar zu akzeptieren. Sie lernen sich vorzustellen, dass die junge Mutter selbst als Kind möglicherweise Opfer von Gewalt oder Misshandlung war. Sie stellen sich vor, wie bitter es sein muss, mit einer solchen Tat weiterzuleben. Sie können das Geschehene nicht verzeihen, aber als zum Leben von Carolin gehörend annehmen ohne Wut und Hass, sondern in Trauer. Und sie können auch einräumen, dass die Mutter von Carolin die Tat nicht in voller Absicht getan hat, sondern aus eigenem Unvermögen. Ihnen wird bewusst, dass das Sprechen über zurückliegende Angst, Ohnmacht und Schmerz für das Kind eine Heilungschance bedeutet.

Nun ist der Zeitpunkt gekommen, dass die Pflegeeltern sich zutrauen, das Kind mit dem traumatischen Ereignis in Berührung zu bringen. Sie erzählen der Vierjährigen:

«Als kleines Baby hast du bei deiner Mama gewohnt, in deren Bauch du gewachsen bist. Als du ein Jahr alt warst, hat sie dich baden wollen. Aber sie war mit ihren Gedanken ganz woanders. Sie hat ganz schrecklich heißes Wasser in die Badewanne eingelassen und dich hineingesetzt. Du hast ganz doll geschrien. Und die Mama hat dich in dein Bett gelegt. Du wurdest ganz schwach und krank und hattest bestimmt große Schmerzen und große Angst. Dann kam Rolf. Das war der Freund der Mama. Der hat den Notarztwagen geholt. Du kamst ins Krankenhaus, und dort haben sie dir geholfen.»

Carolin zeigt auf ihre Narben und sagt: «Das da habe ich davon.» Sie erzählt sogar, sie könnte sich an die weiß angezogenen Ärzte erinnern. Die Pflegeeltern und Carolin bleiben im Gespräch. Sie sprechen darüber, dass die Mutter das Furchtbare nicht absichtlich gemacht hat, aber auch nicht gemerkt hat, wie furchtbar weh sie ihrem Kind getan hat. Und immer wieder spricht die Pflegemutter die vermutlichen Gefühle des Kindes in der schrecklichen Situation an: *«Du hattest solche Angst, und es muss so sehr wehgetan haben. Und du konntest gar nichts tun, weil du so klein warst.«* Sie betont, wie schwer es ist, als ganz kleines Kind so viel Angst und Schmerz erlebt zu haben. Und dass es traurig für ein Kind ist, damit groß zu werden, dass es eine Mama hat, die gar nicht gut auf ihr Kind hat aufpassen können.

Carolin beißt sich die Fingernägel nicht mehr wund und ist im Kindergarten viel ausgeglichener. Mit dem frühen furchtbaren Erlebnis in Berührung zu kommen, mit ihrer Pflegemutter darüber zu sprechen, hat eine heilsame Wirkung auf ihre kleine Persönlichkeit, obwohl das schreckliche Ereignis für immer ein Teil in ihrem Leben bleiben wird.

Wenn schmerzhafte Ereignisse von Kindern fern gehalten werden

Schmerzhafte Informationen, Trauer und seelischen Schmerz von Kindern fern zu halten, ist unser erster Impuls. Es ist gut nachvollziehbar, dass Eltern ihre Kinder vor schweren Thematiken schützen wollen. Wir wollen unseren Kindern nicht wehtun. Doch wenn wir beschließen, eine uns selbst oder das Kind betreffende bittere Wirklichkeit zu verschweigen, dann müssen wir hinnehmen, dass wir mit dem Verschweigen unter Umständen mehr Schaden beim Kind anrichten. Der bessere Schutz besteht nicht im Vorenthalten bestimmter Belastungen, sondern dem Kind die Sicherheit zu vermitteln, dass der nahe Erwachsene mit diesen schweren Fakten umgehen kann.

Manchmal kann es ein Schutz für Kinder sein, wenn sie etwas zunächst noch nicht gesagt bekommen, da die Erwachsenen dem Kind mit ihren Worten unnötig wehtun würden, weil sie selbst die Realität noch nicht angenommen haben. Deshalb ist die Hemmung, dem Kind etwas nicht sagen zu wollen, manchmal wie ein Gradmesser, dass der Erwachsene noch nicht die geeigneten Worte für das Kind gefunden hat.

Wenn ich spüre, dass ich alles falsch ausdrücken würde, dann ist es auch echt, wenn ich zum Kind sage: «Darüber kann ich zurzeit nicht mit dir sprechen. Es ist für mich noch zu schwer. Später einmal kann ich hoffentlich die richtigen Worte finden.» Diese Erklärung ist ehrlicher als: «Du bist zu klein, das verstehst du noch nicht.» Oder: «Es gibt gar nichts zu erzählen, alles ist in Ordnung.» Erst wenn ein Erwachsener selbst in sich sicher ist und eine schwere Wirklichkeit angenommen hat, wenn er den damit verbundenen Schmerz und die Trauer annimmt, dann ist er reif, die Wahrheit seinem Kind weiterzugeben. Hierfür brauchen wir manchmal viel Zeit und Vorarbeit.

Bei akuten Lebenssituationen, bei frischen Traumata kann ein Aufschub jedoch ein schweres Versäumnis sein. Wurden Kinder misshandelt, sexuell missbraucht, haben sie eine Brandkatastrophe überlebt oder ihre Eltern plötzlich verloren, brauchen sie sofort Hilfe durch erwachsene Gesprächspartnerinnen und -partner, die ihnen behutsam zeigen, dass sie es aushalten, über das Furchtbare zu sprechen. Sonst lassen wir sie in ihrer großen Notlage allein.

Georg Romer und Peter Riedesser, Ärzte der Abteilung für Psychiatrie und Psychotherapie des Kindes- und Jugendalters im Universitätskrankenhaus Hamburg-Eppendorf, sprechen von «professioneller Seelenblindheit» im Zusammenhang mit folgendem Beispiel: «Vier Geschwister, vier bis zwölf Jahre alt, erleben mit, wie ihr eigener Vater im Streit die Mutter erschießt. Der drittgeborene und einzige Sohn Sven ist wenige Wochen zuvor vom Vater zum Geheimnisträger darüber gemacht worden, dass dieser eine Waffe besitzt. Der Vater sperrt die Kinder in ein Nebenzimmer ein, wo sie durch die Türe noch letzte Atemzüge der Mutter hören. Sie werden erst nach der Verhaftung des Vaters Stunden später aus dem Zimmer befreit. Das Jugendamt übernimmt für alle Kinder die Vormundschaft. Der amtliche Vormund und die hinzugezogene Psychologin des Jugendamtes sind sich einig in der Einschätzung, dass man die Kinder ‹in Ruhe lassen› solle. Ein psychotherapeutisches Gesprächsangebot wird für kontraindiziiert gehalten, da es bei den Kindern ‹zu viel aufwühlen› und damit ‹alles noch viel schlimmer machen würde›.» Die beiden Autoren berichten über die schweren Folgen dieses Versäumnisses bei Sven: «Er zeigt als Zeichen einer ausgeprägten Depression eine starke Rückzugstendenz, braucht Stunden für eine Mahlzeit, verharrt ebenfalls stundenlang in repetitivem, mechanistischem Spiel.» Die Autoren kommen zu dem Schluss: «Es scheint offensichtlich, dass eine intensive psychotherapeutische Begleitung aller vier Kinder unmittelbar nach dem schrecklichen Trauma zwingend notwendig gewesen wäre. Die von den Fachleuten gestellte ‹Kontraindikation› scheint deren abgewehrte unerträgliche Gefühle widerzuspiegeln, die aus der Angst entstehen, über etwas nicht sprechen zu können, weil es zu erschütternd wäre.» (Romer, Riedesser, in: Suess, Pfeifer [Hg.], 1999, S. 70 ff.)

Menschen, die schwere Traumata erlitten haben, können im Lauf der Zeit das Erlebte und Erlittene in ihr Leben integrieren und damit weiterleben, wenn sie ein Gegenüber haben, das mit ihnen gemeinsam den erlittenen Schmerz aushält. Die Lehrerin und die Kinder, die das Blutbad durch einen Amokschützen überlebt haben, Menschen, die gefoltert wurden, Menschen mit furchtbaren Kriegserlebnissen, Überlebende einer Flugzeugkatastrophe, für sie alle gilt: Nach Erlebnissen, in denen der Mensch ohnmächtig, handlungsunfähig und überwältigt wurde, ist es der Beginn einer Neuorganisation, das Erlebte zu erfassen und in die eigene Persönlichkeit einzuordnen, wenn er mit anderen sprechen kann und von anderen mit seinem Leid angenommen wird.

Kinder sind erstaunlich kompetent im Umgang mit Schmerz und Trauer, im Aushalten von schweren Schicksalen. Ich weiß von einem achtjährigen sterbenden Jungen, der sein Schicksal bewusster angenommen hat und offener darüber sprechen konnte als die Erwachsenen um ihn herum. Kurz vor seinem Tod hat er den Eltern Trost zugesprochen.

Wenn ich mich schmerzhaften Wahrheiten, schwer wiegenden Belastungen und Konflikten stelle, Trauer oder Verzweiflung als zu meinem Leben zugehörig annehme, gewinne ich im Anschluss neue Kraft, Sicherheit und Mut. So geht es nicht nur uns Erwachsenen, sondern auch unseren Kindern.

5 *Mit Kindern ihre Biographie bearbeiten*

« Wie Schwämme nehmen wir alles auf, was in uns eindringt. Was anfänglich Menschen, Orte, Ereignisse und Formen gemeinsamen Lebens – wir sprechen vom Familienprozess – sind, daraus werden mit der Zeit interne Verfügungen oder Gebote, wie man zu sein, wie man sich selbst zu sehen und wie man die Welt zu betrachten hat.» (Marylin J. Mason, in: Imber-Black [Hg.], 1995, S. 49)

Vergangenheit, Gegenwart und Zukunft verknüpfen

Alles, was Kinder erlebt haben, auch wenn sie noch so klein waren und es vom Verstand her vergessen haben, wird unbewusst in ihrer Seele gespeichert und beeinflusst sie. Das Erlebte kann oftmals nicht mehr abgerufen werden, aber das Kind ist davon geprägt. Alle Kinder, die Brüche in ihrer Biographie erlebt haben, können daran reifen und wachsen, wenn sie Hilfe von nahe stehenden Erwachsenen erhalten, ihr Leben zu dokumentieren. Das Aussprechen der Erlebnisse und Verwundungen, die das Kind früh erfahren hat, hilft ihm, mit sich selbst in Kontakt zu kommen.

Biographiearbeit hilft dem Kind, Erlebtes zu ordnen und zu klären, hilft, Vergangenheit und Gegenwart zu verknüpfen. Sie ist keine Psychotherapie und will und kann ausgebildete Therapeutinnen und Therapeuten nicht ersetzen. Sie ist ein Instrument für die Bezugspersonen der Kinder und Jugendlichen, ihnen ihre Geschichte nahe zu bringen, kann aber auch in eine professionelle Therapie eingebaut werden.

Vor allem wenn Kinder oder Jugendliche frühe oder spätere Trennungen von Mutter oder Vater erlebt haben oder gar nicht mehr mit Mutter oder Vater zusammenleben, kann die Klärung des Geschehenen und das Wissen um die Struktur der gegenwärtigen Familie sehr viel Klarheit bringen. Viele fruchtbare Ideen finden sich in dem Buch *Wo gehöre ich hin? Biographiearbeit mit Kindern und Jugendlichen* von Tony Ryan und Rodger Walker. Besonders wichtig ist, dass die Kinder und Jugendlichen ihre Geschichte bildlich und schriftlich dokumentiert bekommen, dass sie etwas haben, worauf sie immer wieder zurückgreifen können.

Mit Kindern an ihrer Biographie zu arbeiten, kann auf ganz unterschiedliche Weise geschehen. Mütter oder Väter, Adoptiv- oder Pflegeeltern, Verwandte, Großeltern, Erzieherinnen oder Erzieher im Heim können dem Kind seine spezifische Lebensgeschichte aufschreiben. Adoptiv- und Pflegekinder, Kinder in Familien mit neuen Partnerschaften können von Zeichnungen profitieren, in denen soziale und leibliche Eltern mit verschiedenen Farben dargestellt werden oder mit dünnen Linien eingekreist werden, auch wenn sie in verschiedenen Wohnungen leben.

Wenn Eltern oder Elternteile ihren Kindern Briefe und Fotos mit auf den Lebensweg geben, so sollten diese Platz bekommen in einem Album oder in einem Lebensbuch. So ein Lebensbuch kann ein Ordner sein, in welchem sich lose Blätter sammeln lassen. Es können immer mal wieder Seiten ausgetauscht werden. Wichtige Zeugnisse oder Atteste, eine Kopie des Mutterpasses oder des Kinderausweises können ebenso aufbewahrt werden wie sportliche Prüfungen, der Ausweis für den Freischwimmer oder die Fahrradprüfung.

Kinder, die keine Fotos haben, können sich Bilder von ihren Eltern und Geschwistern malen. Auch die Erwachsenen können Bilder malen, Skizzen und Plakate, um die Stationen im Leben der Kinder zu dokumentieren. Hilfreich ist eine Lebenschronik, in der Daten und Tage besonders wichtiger Ereignisse zusammengetragen werden. Kinder ab acht bis hin ins Jugendalter können zusammen mit Fachleuten einen Stammbaum, eine Familienlandkarte erstellen. Oder es kann eine geographische Karte gezeichnet werden, in der wichtige Orte und Stationen im Leben des Kindes aufgezeichnet sind.

Den Kindern Lebensgeschichten zu formulieren, Zeichnungen und Dokumente zu erstellen, ist ein Weg, vom Erwachsenen aus initiativ zu werden und nicht zu warten, ob und wann ein Kind nach seiner Vergangenheit fragt. Denn viele Kinder haben Hemmungen, dieses Thema von sich aus anzusprechen. Der Erwachsene, der für das Kind etwas verfasst, gibt dem Kind die Legitimation, sich mit seiner schweren Realität auseinander zu setzen.

Es ist wichtig, dass dem Kind nicht sein ganzes Leben auf einmal präsentiert wird, sondern dass es zu regelmäßigen Terminen mit der Bezugsperson zusammensitzt, um ein weiteres Blatt zu erstellen.

Der folgende Fragebogen für Kinder, «Alles über mich», kann in mehreren Etappen ausgefüllt werden. Kinder ab acht Jahren können selbst ankreuzen und beantworten, sollten dies aber mit der Hilfe eines nahe stehenden Erwachsenen tun. Für jüngere Kinder können die Erwachsenen das Buch in Gegenwart der Kinder ausfüllen. Eine amerikanische Vorlage zur Biographiearbeit für Pflege- und Adoptivkinder diente als Anregung: *The Book of Me* von Gail Folaron und Gill Chambers, Indianapolis 1983. Die amerikanische Fassung wurde übersetzt von Isabella Lampert und Evelin Freye. Sie wurde ergänzt und umgearbeitet von Anneliese Burd. Danach habe ich die Vorlage verändert, erweitert und für alle Kinder in unterschiedlichen Familienzusammensetzungen aufbereitet.

Alles über mich

Vorlage für die Anfertigung eines Lebensbuches

Woher ich komme

Wer ich bin

Was ich gern mache

Wohin ich gehe

Achtung: Wenn du etwas nicht genau weißt, dann lasse die Stellen einfach frei. Vielleicht kannst du die Antworten später herausfinden und es nachtragen.

Vorname: ______________________________

Diesen Vornamen habe ich von ____________________ bekommen.

Ruf- oder Kosename: ______________________________

Diesen Kosenamen habe ich von ____________________ bekommen.

Nachname: ______________________________

Diesen Nachnamen habe ich von ____________________ bekommen.

Ich heiße wie: ______________________________

Mein Name gefällt mir gut ○ Mein Name gefällt mir nicht gut ○

Weil ____________________ Weil ____________________

Mein Geburtstag ist der ______________________________

Ich bin geboren in ____________________ ***um*** ______ ***Uhr***

Meine Haarfarbe ist ______________________________

Meine Augenfarbe ist ______________________________

Falls du ein Bild von dir als kleines Baby zur Hand hast, klebe es hier hinein:

Mein Gewicht nach der Geburt betrug: ____________________

Meine Größe nach der Geburt betrug: ____________________

Mein Kopfumfang nach der Geburt betrug: ____________________

(Diese Dinge stehen im Mütterpass, den jede Mutter nach der Geburt bekommt.)

Mit welchen Erwachsenen lebst du in deiner Familie zusammen?

- ○ Mit beiden Eltern
- ○ Mit meiner Mutter
- ○ Mit meiner Mutter und deren neuem Partner
- ○ Mit meinem Vater
- ○ Mit meinem Vater und dessen neuer Partnerin
- ○ Ich lebe bei meinen Großeltern
- ○ Ich lebe bei Verwandten
- ○ Ich lebe bei Adoptiveltern
- ○ Ich lebe bei Pflegeeltern

Andere Erwachsene, mit denen ich in meiner Familie zusammenlebe:

____

Namen und Alter meiner Geschwister: ____________________

____

Halbgeschwister: ______________________________

____

Wem sehe ich ähnlich? ___________________________

____

Falls du in einer Einelternfamilie mit deiner Mutter lebst oder einen Stiefvater hast, kannst du die folgenden Zeilen ausfüllen:

Was weißt du über deinen Vater? Sein Name ist: ____________________

Er hat mit uns gewohnt, bis ich ______________________ Jahre alt war

Er hat nie mit uns gewohnt ○

Ich sehe meinen Vater regelmäßig an folgenden Tagen:

____

Was ich gern mit meinem Vater zusammen mache:

____

Warum wir nicht zusammenwohnen:

____

Ich sehe meinen Vater nur selten, wenn ____________________________

____

Ich kenne meinen Herkunftsvater nicht ○

Meine Mutter hat mir Folgendes von ihm erzählt:

____

____

Foto von meinem Vater:

Falls du in einer Einelternfamilie mit deinem Vater lebst oder eine Stiefmutter hast, kannst du die folgenden Zeilen ausfüllen:

Was weißt du über deine Mutter? Ihr Name ist: ____________________

Sie hat mit uns gewohnt, bis ich ____________________ Jahre alt war

Sie hat nie mit uns gewohnt ○

Ich sehe meine Mutter regelmäßig an folgenden Tagen:

____

Was ich gern mit meiner Mutter zusammen mache:

____

____

Ich sehe meine Mutter nur selten, wenn ____________________

____

Ich kenne meine Herkunftsmutter nicht ○

Mein Vater hat mir Folgendes von ihr erzählt:

____

____

Foto von meiner Mutter:

Falls du bei Verwandten oder Großeltern oder in einer Adoptiv- oder Pflegefamilie lebst, kannst du folgende Fragen beantworten:

Meine Herkunftseltern

Wie nennst du deine Mutter, die dich geboren hat? Manche Kinder nennen sie beim Vornamen, manche sagen «meine richtige Mutter», andere Kinder sagen «Bauchmama», andere sagen «meine frühere Mutter» oder «meine leibliche Mutter» oder «meine Herkunftsmutter», weil sie von dieser Mutter kommen. Schreibe hier auf, wie du sie nennst:

____

Sie heißt: ____________________________________

Wie nennst du deinen ersten Vater, der mit seinem Samen bewirkt hat, dass du im Bauch deiner ersten Mutter wachsen konntest? Manche Kinder nennen ihn beim Vornamen, manche sagen «richtiger Vater», manche sagen «Papi» oder «Papa» oder «Herkunftsvater». Schreibe hier auf, wie du ihn nennst:

____

Er heißt: ____________________________________

Meine Herkunftsmutter habe ich zuletzt gesehen

Meinen Herkunftsvater habe ich zuletzt gesehen

So sieht meine Herkunftsfamilie aus: (Falls du kein Foto zur Hand hast, male deine Familie hier auf, füge Blätter ein, wenn du noch Platz brauchst.)

Für alle Kinder:

Was ich über meinen Vater oder / und meine Mutter weiß.

Wie waren sie als Kind? ______________________________

____

____

Meine Großeltern heißen: ______________________________

____

____

Für Kinder, die nicht mit ihren Eltern zusammenleben:

Warum ich nicht bei meiner Herkunftsfamilie leben kann:

____

____

____

____

____

Als ich _____ alt war, kam ich zu meiner heutigen Familie ____________

Namen meiner neuen Familie: ______________________________

Straße: ______________________________

Wohnort: ______________________________

Telefon: ______________________________

Und das passierte so:

____

____

____

____

Andere Menschen, die hier noch wohnen:

____

____

____

____

Tiere, die bei uns leben: ______________________________

____

Und so sehen wir alle aus:

(Hier kannst du Fotos von dir und den Menschen einkleben, mit denen du lebst, oder selbst ein Bild von dir und deiner jetzigen Familie malen.)

Für alle Kinder:

Und so bin ich heute:

Ich esse am liebsten ______________________________

Folgende Farben mag ich am liebsten: ______________________

Ich sehe folgende Schauspielerinnen oder Schauspieler sehr gern:

____

Ich mag besonders Filme, die

____

____

Meine liebste Musik heißt ___________________________

Lieblingsblumen: _________________________________

Lieblingsfernsehsendung: ___________________________

Lieblingstier: ___________________________________

Was ich gern spiele:

____

____

Dinge, die mir Spaß machen: _________________________

____

Was ich besonders gut kann: _________________________

____

____

Was ich nicht so gut kann: __________________________

____

Meine Freundinnen und Freunde heißen: ________________

____

____

Name meiner Schule:

____

Ich gehe in die ________Klasse

Mein nettester Lehrer, meine netteste Lehrerin heißt: __________

____

Lehrer, die ich gar nicht mag, heißen: ____________________

____

In der Schule macht mir am meisten Spaß: _________________

____

____

In der Schule mag ich überhaupt nicht: ______________________________

____

Ich mag folgende Sportarten am liebsten: ___________________________

____

Besonders gut bin ich im ______________________________________

____

Meine schönsten Ferien habe ich verbracht _________________________

____

Was hebst du gern von früher auf? Gibt es Erinnerungsstücke, die dir besonders wichtig sind? ______________________________________

Wo ich früher schon überall gewohnt habe:

Manche Kinder sind schon öfter mit beiden Eltern umgezogen. Andere Kinder haben nur bei ihrer Mutter oder ihrem Vater gewohnt, bevor sie dort hinkamen, wo sie jetzt sind. Andere Kinder haben schon mehrmals ihr Zuhause gewechselt. Wie war es bei dir? Wo warst du zu Hause, bevor du hierhergekommen bist?

Von ____________ bis ____________ in ____________ bei ____________

Von ____________ bis ____________ in ____________ bei ____________

Von ____________ bis ____________ in ____________ bei ____________

____

Du kannst noch mehr aus der früheren Zeit hier aufschreiben, wenn dir etwas einfällt: ____

____

____

____

____

Wenn du Lust hast, kannst du hier das Haus aufmalen, in dem du gewohnt hast, als du klein warst.

Besondere Tage in meinem Leben

Besonders schöne Tage waren

Besonders schlimme Tage waren

Am glücklichsten war ich

Am traurigsten war ich

Gesundheit und Krankheit

(Lass dir beim Ausfüllen wieder helfen)

Impfungen: ______________________________

____

____

Allergien: ______________________________

____

____

Krankheiten oder Operationen: ______________________________

____

____

____

Mein Arzt oder meine Ärztin heißt: ______________________________

____

____

____

Manchmal habe ich folgende Schmerzen: ______________________________

____

____

____

Meine Gefühle

Manchmal sind meine Gefühle durcheinander. Manchmal bin ich richtig wütend über meine Familie oder Freunde oder Lehrer oder über mich selbst. Manchmal bin ich zufrieden und lache viel. Manchmal habe ich Angst und brauche jemanden, mit dem ich reden kann.

Wovor ich Angst habe: ______________________________

____

____

Mit wem ich sprechen kann, wenn ich Angst habe: ______________________________

____

____

Am meisten ärgere ich mich über ______________________________

____

____

Wenn ich mich ärgere, möchte ich am liebsten ______________________________

____

Am glücklichsten bin ich, wenn ______________________________

____

____

Mit diesen Menschen lache ich gern: ______________________________

____

____

Wenn drei Wünsche von mir in Erfüllung gehen würden, wünschte ich mir:

1 ______________________________

____

2 ______________________________

____

3 ______________________________

____

Wenn ich einmal erwachsen bin, möchte ich

Kinder haben ○

Keine Kinder haben ○

Heiraten ○

Allein leben ○

Anderes: ______________________________

Denke an die Erwachsenen, die du kennst, und überlege, wem du einmal gleichen willst, wenn du groß bist.

Wenn ich erwachsen bin, möchte ich einmal so ähnlich werden wie

____

Manchmal träume ich davon, dass ich später folgenden Beruf haben werde: ______________________________

____

So will ich einmal wohnen, wenn ich groß bin:

(Male ein Bild oder schneide etwas aus Möbelkatalogen oder Zeitschriften aus und klebe es hier ein.)

Aufsätze oder Tagebücher schreiben

Bei älteren Kindern und Jugendlichen kann es hilfreich sein, wenn sie einen Aufsatz zum Thema «Als ich noch klein war» schreiben oder «Mein schwerstes Erlebnis», aber auch «Mein schönstes Erlebnis». Wir können Kinder und Jugendliche ermutigen, ihre eigene Geschichte als Erzählung aufzuschreiben oder Tagebuch zu führen.

Der folgende Aufsatz wurde von einem dreizehnjährigen Pflegekind verfasst. In der Schule wurde als Thema gestellt: «Was mich ärgert». Dieses Kind hat das Aufsatzschreiben zum Anlass genommen, sich mit seiner eigenen schweren Biographie auseinander zu setzen.

Was mich ärgert. Aufsatz von Katja W.

Uns wurde nicht vertraut und nichts gesagt.

Ich heiße Katja und bin 13 Jahre alt. Bis vor acht Jahren wohnte ich noch bei meinen leiblichen Eltern in Gießen. Mit 6 Jahren kam ich mit meinen zwei Geschwistern zu Pflegeeltern nach Offenbach.

Ich erinnere mich zwar nicht mehr so genau an das Leben bei meinen leiblichen Eltern, aber einiges ist mir noch sehr gut in Erinnerung geblieben.

Am 16. 4. 1986 wurde ich geboren. Meine Mutter war bestimmt sehr glücklich, dass ich nun auf der Welt war. Doch leider waren meine Eltern mit ihrem Leben oft überfordert. Sie versuchten es wie die meisten ihrer Verwandten und Freunde mit Drogen und Alkohol in den Griff zu bekommen. Oft mussten wir Kinder darunter leiden. Ganz besonders unter den Schlägen meines Onkels.

Es war an einem Abend. Meine Mutter war bei meinem Opa, der ein Stockwerk über uns wohnte, und stritt sich wieder mit ihm. Meine Oma und mein Vater waren auch nicht da, nur mein Onkel. Er sollte auf uns aufpassen. Anstatt dies zu tun, besoff er sich und prügelte meine Schwester und mich durch. Er drohte, es wieder zu tun, wenn wir es unseren Eltern sagen würden. Er beschuldigte uns auch für Dinge, die wir gar nicht getan hatten. Er hatte z. B. seine Brieftasche verloren und zwei Euro waren herausgefallen. Meine Schwester fand die Brieftasche und gab sie ihm. Er schaute hinein und meinte, dass zwei Euro fehlen würden. Ich fand das Geld und wollte es ihm geben. Doch anstatt sich zu bedanken, gab er mir eine Ohrfeige und meinte, ich sei eine Diebin. Bis heute habe ich mich nicht getraut, dies meiner leiblichen Mutter zu sagen. Sie hätte es uns eh nicht geglaubt.

Auch als er mich einmal brutal auf unser Sofa warf, tat ihm das kein bisschen Leid, ich bekam keine Entschuldigung zu hören, und geglaubt hätte mir wieder niemand. Dies war noch nicht alles, was wir mit unserem Onkel erlebt haben. Es sind auch noch andere Dinge geschehen, wofür er bestraft werden müsste. Doch jetzt ist es für uns zu spät, ihn anzuzeigen.
Ein Vierteljahr nach meiner Geburt war ich zum ersten Mal mit meiner Schwester in einem Kinderheim. Es wurde mir gesagt, dass ich dort laufen gelernt habe. Dort war ich, bis ich ca. 2 Jahre alt war und unsere Eltern mich und meine Schwester wieder bei sich haben durften.
Ich weiß noch, dass wir alle zusammen nur ein einziges Mal richtig Weihnachten gefeiert haben. Ein anderes Mal waren ganz viele Leute bei uns in der Wohnung. Alle waren ziemlich nett zu mir. Es muss wohl mein Geburtstag gewesen sein.
Bei uns war irgendwie alles anders, unnormal, aber auch lustig: Wir mussten nicht zur Schule und in den Kindergarten gehen. Ich war nur ein einziges Mal im Kindergarten. Daran kann ich mich noch genau erinnern, denn es gab im Kindergarten dasselbe Mittagessen wie zu Hause. Mein Vater hatte mich hingebracht und es hat mir dort gut gefallen. Ich habe mich schnell mit den Kindern dort angefreundet. (Was mir bis heute noch nicht schwer fällt.) Ich weiß nicht, warum ich nicht mehr in den Kindergarten ging.
Am Neujahrsmorgen wurde ich durch lautes Gerede und Blaulicht geweckt. Ich war noch ziemlich müde und ging an die Wohnungstür. Dort standen meine Mutter und meine Schwester. Sie schauten zum Stockwerk über uns. Ein paar Feuerwehrmänner liefen die Treppen rauf und runter. Ich fragte meine Mutter, warum. Sie sagte, dass mein Opa Feuerwerk gemacht hatte und die Wohnung abgebrannt war. Wir gingen vor die Haustür. Von dort aus sahen wir, dass sämtliche Möbel aus dem Wohnzimmerfenster meines Opas geworfen wurden, u. a. auch ein Schaukelpferd, das ihm wohl früher gehört hatte. Da mich das Schaukelpferd neugierig gemacht hatte, lief ich, nachdem die Feuerwehrmänner gegangen waren, hoch in die verbrannte Wohnung und sah sie mir an. Sie war noch nicht ganz leer geräumt. Auf einem Tisch lag noch ein Album. Die Seiten erkannte man nicht mehr. Dann rief mich meine Mutter. Ich lief schnell zu ihr runter in unsere Wohnung, erzählte aber niemandem, wo ich gewesen war.
Ein paar Tage später ging ich mit meinem Vater in das Altersheim, wo mein Opa hingebracht worden war. Ich sah ihn nur kurz. Man erzählte uns, dass er eine Rauchvergiftung gehabt hätte. Wenige Tage danach starb er. Mich ärgert, dass

er im betrunkenen Zustand seine Wohnung in Brand gesteckt hat. Dadurch hat er auch unser Leben gefährdet und mit seinem Leben bezahlt.
Nachdem mein Bruder geboren wurde, hatten meine Eltern immer weniger Zeit für uns. Wir mussten deshalb oft selbst auf uns aufpassen. Beim Spielen fiel unser Heizungsradiator auf den Fuß meines Bruders. Er musste in ein Krankenhaus und kam nicht mehr zurück.
Kurz vor Weihnachten geschah etwas Merkwürdiges. Es war ein ganz normaler Tag und wir hatten gerade neue Möbel bekommen. Es klingelte an der Tür, und ich machte auf. Da stand die Frau vom Jugendamt. Sie hatte ihr Büro an der Ecke unserer Straße. Sie schenkte mir immer ein Hörnchen, wenn ich vorbeikam. Jetzt sprach sie mit meiner Mutter. Meine Mutter sah traurig zu mir hin und meinte, ich solle von mir und von meiner Schwester ein paar Spielsachen holen. Danach sollte ich mit der Frau mitgehen. Als ich die Spielsachen geholt hatte, stiegen wir in ihr Auto. In dem saß noch eine weitere Person. Kurz bevor wir losfuhren, versicherte mir meine Mutter noch, dass sie nachkommen würde.
Im Auto sagte mir die andere Frau, dass wir in ein Kinderheim fahren würden und ich nicht mehr nach Hause zurückkönne. Ich verstand überhaupt nichts mehr und ich sah traurig zu unserem Haus zurück, wo meine Mutter noch immer winkend stand. Ich sah so lange zu ihr hin, bis wir um eine Ecke bogen.
Kurz darauf kamen wir im Heim an. Nachdem mich die beiden Personen dort abgeliefert hatten, fuhren sie auch schon wieder ab. Ich sah mich um, sah eine Frau mit einem Kind auf dem Arm und musste wieder an meine Mutter denken. Als ich genauer hinsah, war er es: mein kleiner Bruder. Er war aus dem Krankenhaus entlassen worden. Jetzt war er ebenfalls hier im Heim. Dann hörte ich, wie jemand meinen Namen rief. Es war meine Schwester. Sie war gerade bei der Oma, als sie vom Jugendamt abgeholt wurde. Es dauerte lange, bis wir uns dort eingelebt hatten.
Mich ärgert nun, dass man mir und meiner Schwester überhaupt nichts von der ganzen Sache erzählt hat. Noch nicht einmal unsere Eltern hatten mit uns darüber gesprochen. Wir wurden einfach von ihnen weggeholt. Noch einmal die Sache mit dem Erklären: Ich glaube, dass die Leute vom Jugendamt gedacht haben: «Ach, die sind doch noch so klein! Klein und dumm, diese große Last wollen wir ihnen nicht auf den Rücken legen.» Aber das war falsch. Bei all den Dingen, die wir davor mit unserem Onkel, Opa usw. durchgemacht haben, hätten sie uns dies ruhig auch sagen können. Der Tod unseres Opas und die Prügeleien unseres

Onkels haben uns nicht weniger verletzt. Alles mussten wir wie erwachsene Menschen hinnehmen, aber darüber gesprochen wurde mit uns nie.
Damals war ich noch sehr klein und kann mich an einige Dinge nicht mehr so genau erinnern. Deshalb wollte ich in meine Akte schauen, da ich weiß, dass viele Dinge meines Lebens dort festgehalten wurden. Als ich kürzlich beim Jugendamt anrief, um zu fragen, ob ich in dieser Akte nachschauen könnte, wurde mir dies nicht erlaubt. Erst wenn ich achtzehn Jahre alt bin, darf ich «Einsicht nehmen». Dabei habe ich doch schon jetzt ein Recht zu erfahren, was früher in meiner Familie alles passiert ist.
Das Aufsatzthema hat mich dazu ermutigt, mich mit meiner Lebensgeschichte zu beschäftigen. Einen Teil meiner Geschichte habe ich hier aufgeschrieben und kann ihn später immer wieder nachlesen und ergänzen.

«Also jedes Mal, wenn wir die Gelegenheit haben, mit den Kindern über die Dinge des Lebens zu sprechen, sollten wir sie einfach so sagen, wie sie sind.» (Dolto,1997, S. 25).

Lebensbücher und Lebensbriefe für Kinder mit schwersten Vorgeschichten

Wenn wir ihm seine Geschichte schonend nahe bringen, dann kann ein Kind seine Vergangenheit in seine Persönlichkeit integrieren und damit selbstsicherer und lebendiger umgehen, als wenn wir durch Schweigen dazu beitragen, dass Teile vergessen oder abgespalten werden.

Wichtig ist, dass die Menschen, die dem Kind einen Lebensbrief verfassen, intensiv daran gearbeitet haben, schmerzhafte Situationen zu betrauern, und dem Kind ebenfalls Raum für Trauer geben. Es soll nichts abgeschwächt oder verharmlost werden, doch auch Entlastungsaspekte oder positive Seiten der Eltern oder des anderen Elternteils sollen hier unbedingt benannt werden, um das Kind zu ermutigen. Die zehn Aspekte, die wir berücksichtigen sollten, wenn wir Kindern schwere Ereignisse erzählen, sind im Teil 4, ab Seite 178 beschrieben und können eine Orientierung sein. Die Einbettung in das gesamte Geschehen hilft Kindern, besonders schwere Informationen in das Leben einzubauen.

Wenn Eltern dem Kind sein Leben als Vorlesegeschichte aufschreiben, so sollten Rituale geschaffen werden, bei denen die Geschichte immer wieder vorgelesen wird. Viele Kinder bestehen selbst darauf, ihre Geschichte immer wieder vorgelesen zu bekommen. Doch auch die Erwachsenen sollten von sich aus Anlässe suchen.

Geschichte für ein siebenjähriges Pflegekind, dessen Eltern alkohol- und drogenabhängig waren und das misshandelt wurde

Verfasst von den Pflegeeltern:

Thilo, du bist jetzt 7 Jahre alt und Mama und Papa meinen, dass du jetzt alt genug bist, um deine Lebensgeschichte zu erfahren. Du weißt ja, dass du nicht immer bei uns gelebt hast. Also, da war eine Frau, die heißt Petra Lang, und ein Mann, der heißt Norbert Wagner. Die beiden wohnten in Hamburg und hatten sich ganz lieb, so wie wir, Mama und Papa. Petra bekam ein Kind und das warst du. Petra und Norbert gaben dir deinen Namen Thilo. Und wir finden, dass der Name gut zu dir passt. Die Petra und der Norbert hatten dich lieb, aber waren damals noch sehr jung und wussten nicht, wann ein Baby sein Fläschchen braucht, wann es Hunger hat und wann sie die Windeln wechseln mussten. Dann kam auch noch hinzu, dass die beiden viel Alkohol getrunken haben. Manche Eltern werden ganz krank vom Alkoholtrinken und brauchen dann immer mehr davon. Es gibt Mamis und Papis, die haben ihre Kinder lieb, machen aber trotzdem ihren Kindern Angst, weil sie verändert sind, wenn sie Alkohol getrunken haben. Das hast du oft erlebt und du hast dann bestimmt sehr viel geschrien. Petra und Norbert wussten nicht, wie sie dich beruhigen konnten, verloren die Beherrschung und verletzten dich. Das muss dir ganz schrecklich wehgetan haben. Und du konntest gar nichts dafür.

Eines Tages kam die Mutter von der Petra und wollte dich zum Spaziergang abholen.

(Bild der Oma)

Da sah sie, dass es dir gar nicht gut ging, dass du schwach warst und große Schmerzen hattest, und sie hat dich schnell ins Krankenhaus gebracht. Dann rief sie Herrn Roth vom Jugendamt an.

(Bild von Herrn Roth)

Als es dir besser ging, hat Herr Roth dich in das Säuglingsheim in der Merianstraße gebracht. Dort waren noch andere Babys, die nicht bei ihren Eltern bleiben konnten. Und ein Richter hat entschieden, dass du in eine andere Familie kommen solltest.

(Bild vom Gericht)

Eines Tages bekamen wir, Mama und Papa, einen Anruf vom Jugendamt. Sie sagten uns, dass ein kleiner Junge im Säuglingsheim Menschen sucht, die für

ihn Mama und Papa werden können. Wir sind damals zu dir hingefahren und haben dich jeden Tag besucht. Am 17. April 1994 durften wir dich zu uns mitnehmen. Diesen Tag feiern wir ja jedes Jahr als deinen Ankunftstag bei uns. Du warst damals gerade 1 Jahr alt. Du siehst, du hast schon viel im Leben erlebt. Petra und Norbert wurden bestraft, weil sie dir so wehgetan haben. Sie sahen ein, dass sie ihr Kind nicht beschützt haben, und waren einverstanden, dass es in einer anderen Familie groß wird.
(Bild der Pflegeeltern)
Die Petra hat sich später von Norbert getrennt und einen anderen Mann gefunden. Nach einiger Zeit hat sie dann wieder ein Kind bekommen. Das war der Marcel. Er ist 1996 geboren. Er ist dein Halbbruder. Die Petra war inzwischen nicht nur vom Alkohol, sondern auch von Drogen abhängig. Das sind Stoffe, die einen Menschen sehr verändern. Deine Mama konnte nicht mehr richtig über sich selbst bestimmen, denn ihr Körper brauchte immer wieder neue Drogen. Das ist für ein Kind sehr schwer, eine Mama zu haben, deren Leben vom Alkohol oder von den Drogen bestimmt wird. Auch Marcel durfte deshalb nicht bei Petra bleiben und kam zu Pflegeeltern. Petra hat dann viel zu viele Drogen genommen und ist am 25. Mai 1997 gestorben. Wir waren ja schon mit dir zusammen an ihrem Grab.
Dein Vater Norbert wohnt weiter in Hamburg. Herr Roth hat erzählt, dass er noch immer viel Alkohol trinkt und dass er dich gern einmal sehen würde. Wie du weißt, wollen wir das ja bald anpacken und über Herrn Roth mit deinem Vater erst einmal Fotos austauschen.
Du fragst dich sicher, wie es dazu kommt, dass Eltern ihrem Kind so wehtun. Deine Eltern hatten dich bestimmt lieb. Durch den Alkohol merkten sie nicht, was sie da Schreckliches taten. Wir glauben, dass deine Mutter und dein Vater so schwere Probleme mit sich selbst bekommen haben, weil sie selbst, als sie klein waren, niemanden hatten, der sie behütet und geliebt hat. So konnten sie nicht gut genug auf sich selbst aufpassen und erst recht nicht auf ihre Kinder. Es ist für ein Kind schwer, so etwas Schlimmes erlebt zu haben. Aber wir sind für dich da, und wenn du Fragen hast, kannst du immer zu uns kommen.
Wir verstehen auch, dass es für dich als kleiner Junge schwer war, mit einem Jahr neue Eltern zu bekommen. Und wenn du heute manchmal so viel Wut bekommst, dann hängt es vielleicht auch damit zusammen, dass du schon so viel erlebt hast. Aber wir wollen dir helfen, es zu verstehen und mit uns zu leben, denn wir haben dich sehr lieb. *Mama und Papa*

Brief für ein zehnjähriges Mädchen, dessen Vater Selbstmord begangen hat

Verfasst von seiner Mutter:

Meine liebe Helen,

wenn du diesen Brief liest, sitze ich neben dir. Ich habe dir hier die schwere Geschichte deines Vaters aufgeschrieben. So hast du etwas zum immer wieder Nachlesen und Festhalten. Ich selbst bin in einer unruhigen Familie aufgewachsen. Bei uns gab es viel Krach zwischen den Eltern, und ich und meine zwei Schwestern hatten viel auszuhalten. Wir schlichteten häufig den Streit und waren die Vernünftigen. Ich habe immer gedacht, dass ich das alles ziemlich unbeschadet überstanden hätte. Aber eigentlich war ich, bevor ich deinen Vater Uwe kennen lernte, ein unausgeglichener Mensch. Ich war suchtgefährdet, trank oft viel zu viel. Am 9. Mai 1985 lernte ich im Alter von 23 Jahren deinen Vater auf einer Demo kennen, und ich verliebte mich gleich in ihn. Er brachte mir bei, ohne Schnaps zu leben, und wollte, dass ich mich nicht mehr schminkte. Er fand mich so viel schöner. Er kam aus München und ich aus Kassel. Ich arbeitete damals in Kassel in einer Druckerei. Dein Vater war mit seinen 28 mit dem Studium fertig und fing in München an zu arbeiten. Wir besuchten uns gegenseitig jedes Wochenende. Und schon nach einem Jahr warst du unterwegs. Uwe hatte Angst, schon ein Kind zu bekommen. Aber ich überzeugte ihn, dass wir es packen würden. Ich gab meine Arbeit in Kassel auf und zog nach München. Wir waren damals modern und wollten keine bürgerliche Ehe. So lebten wir unverheiratet zusammen. Die Eltern von Uwe, deine Oma Dagmar und dein Opa Simon, waren für mich komplizierte Menschen. Uwe hatte ein sehr distanziertes Verhältnis zu ihnen. Er erzählte mir, dass ihn sein Vater als Junge viel geschlagen hatte. Mit Oma Dagmar konnte ich schon eher reden, aber mit Opa Simon fand ich es schwer. Das hast du bestimmt schon gemerkt, wenn wir bei ihnen waren. Am 3. März 1990 wurdest du geboren. Und Uwe war überglücklich. Ich natürlich auch. Die erste Zeit mit einem Baby ist ja irre anstrengend. Da bekamen Uwe und ich manchmal Streit. Aber wir vertrugen uns auch immer wieder und hatten neue Hoffnung. Du warst ein halbes Jahr alt, da gerieten wir wieder einmal heftig aneinander. Uwe verließ wütend die Wohnung. Aus dem Fenster sah ich ihn davonfahren. In dieser Nacht ist dein Vater tödlich verunglückt. Du warst dabei,

als in der Nacht die Polizei kam. Und du hast als Baby erleben müssen, wie deine Mutter vor Verzweiflung zusammenbrach.
Ich habe dir bisher nie erzählt, wie dein Vater umgekommen ist, nur, dass es ein Autounfall war. Nun halte ich dich für alt genug, dass du erfährst, dass dein Vater den Unfall selbst herbeigeführt hat. Er war auf einer geraden Strecke mit hoher Geschwindigkeit unangeschnallt an einen Brückenpfeiler gefahren. Die Polizisten brachten mir seinen Abschiedsbrief. Es war für mich ganz schwer, weiterzuleben. Aber für dich wollte ich am Leben bleiben. Das Schlimmste waren die Schuldgefühle. Und ich hätte unseren Streit so gern rückgängig gemacht, dann wäre er nicht aus dem Haus gelaufen. Wenn, wenn, wenn, dachte ich all die Jahre.
Ich war dir in der Folgezeit bestimmt keine gute Mutter. So klein musstest du deinen Vater verlieren und hattest eine Mutter, die in schwerer Trauer, in Depressionen und in Schuldgefühlen steckte. Ich musste mich damals mehrmals von dir trennen, dich bei Oma und Opa oder bei Gerlinde abliefern, da ich in schlimmer seelischer Verfassung war und mehrere Male in die Psychiatrie musste.
Du weißt, dass ich mir in all den Jahren keinen neuen Freund gesucht habe. Ich hätte viel zu viel Angst gehabt, wieder einen Menschen zu verlieren. Ich hatte viel Hilfe von meiner Freundin Gerlinde, bei der du ja auch manchmal warst, wenn ich im Krankenhaus war. Meine Eltern sind selbst so hilflos, von ihnen bekomme ich keinen Halt. Und Uwes Eltern sind selbst wegen Uwes Tod schlimm dran. Es ist bestimmt schwer für ein Mädchen von 10 Jahren, mit so einem schweren Schmerz in der Familie groß zu werden. Mein liebes tapferes Mädchen. Bestimmt gibt es viele Fragen, die wir beide miteinander besprechen müssen.

Ich liebe dich, deine Mama

Geschichte für ein neunjähriges Pflegekind, das früher sexuell misshandelt worden ist

Verfasst von den Pflegeeltern im Einvernehmen mit der Herkunftsmutter und der Mitarbeiterin des Jugendamtes:

Liebe Brita,

Ich versuche hier, deine Lebensgeschichte für dich aufzuschreiben, damit du immer wieder nachhören und schauen kannst, wer du bist und wo du herkommst. Deine Mama Katja hat uns zusammen mit Frau Kurz vom Jugendamt dabei geholfen.
Es war einmal vor langer Zeit ein Mädchen mit Namen Katja. Katja hatte noch sieben Geschwister. Die Mutter dieser Kinder hieß Vera. Vera war sehr streng. Sie musste arbeiten gehen, um Geld zu verdienen, damit sie Essen und Kleider kaufen konnte. Trotzdem ging es dieser Familie nicht sehr gut, da das Geld oft nicht reichte. Katja wuchs heran und wurde erwachsen. Sie verliebte sich in einen jungen Mann mit Namen Dirk, und bald darauf bekam sie einen Sohn namens Sascha, zwei Jahre später eine Tochter, die Marlene getauft wurde. Drei Jahre später wurdest du als drittes Kind am 23. April 1991 geboren.
Mit eurem Papa und eurer Mama habt ihr bei eurer Oma Vera und deren Partner gelebt. In der Wohnung von Oma Vera war nicht genug Platz und es gab viel Streit. Dirk ging daher fort. Er ging nicht wegen euch fort, sondern weil er die vielen Probleme mit Oma und eurem Stiefopa nicht mehr ausgehalten hat.
Deine Mama hatte viele Probleme mit sich selbst und ging nun, da Dirk nicht mehr da war, auch viel fort, um sich abzulenken. Der Partner der Oma tat Marlene und dir sehr weh an eurer Scheide. Eure Mama hätte es eigentlich merken müssen, aber sie hatte keine Kraft. Das war eine ganz bittere Zeit in eurem Leben. Oft musst du und Marlene sehr traurig und einsam gewesen sein. Euch wurde sehr wehgetan und eure Mama konnte euch nicht beschützen. Marlene erzählte eines Tages im Kindergarten, was Omas Freund immer wieder mit euch gemacht hat. Das war richtig, dass sie das erzählt hat. Denn der Opa hätte so etwas Schlimmes nie tun dürfen. So wurdet ihr beiden Mädchen von der Jugendamtsmitarbeiterin Frau Metz in das Kinderheim in der Hauptstraße gebracht, und der Opa konnte euch nicht mehr wehtun.
Zuerst ist eure Mama vor Schreck weggelaufen. Sascha war immer noch bei der

Oma. Weil eure Mutter euch sehr lieb hatte, wollte sie, dass ihr alle drei wieder zu ihr kommt. Mit Hilfe des Jugendamtes bekam sie eine Wohnung. Sascha lebte auch dort. Sie hat sich ganz arg angestrengt, alles richtig zu machen. Ihr habt euch gefreut, wenn ihr am Wochenende bei eurer Mutter und Sascha sein konntet. Aber eure Mama hat es nicht geschafft, genug für euch zum Essen zu haben. Und an einem Wochenende hat euch ein Freund der Mama sehr schlimm verhauen und ihr hattet große Angst.

Daraufhin bestimmte der Richter: «Sascha bleibt im Kinderheim und geht manchmal am Wochenende zur Mama. Das Jugendamt muss für die Mädchen andere Familien finden. Eine für Marlene und eine für Brita.» Und sie fanden für Brita Familie Schmidt. Das sind wir, und für Marlene Familie Becker. Mama Katja war zuerst ganz traurig und weinte, weil ihre Kinder nicht mehr bei ihr wohnen durften. Aber sie sah, dass Familie Schmidt und Familie Becker gut für ihre Kinder sorgten. Nun war sie ganz zufrieden, und manchmal besucht sie dich, liebe Brita. Mal gehen wir mit ihr und Sascha zur Marlene, mal umgekehrt. Und so soll es bleiben.

Du liebes, kleines Mädchen, du bist an all dem, was du Schweres hast erleben müssen, ganz unschuldig. Und wenn ich hätte alles durchmachen müssen wie du, dann wäre ich manchmal ganz durcheinander. Ich finde, du machst das alles ganz prima. Wir haben dich ganz doll lieb.

Mama und Papa

Brief für ein Geschwisterpaar, dessen Mutter psychisch krank ist

Verfasst von den Pflegeeltern:

Liebe Elfi, lieber Uwe,

ihr lebt nun schon seit zwei Jahren und zwei Monaten bei uns. In dieser Zeit haben wir gemerkt, dass wir euch sehr lieb haben, und wir möchten, dass ihr bei uns wohnt, bis ihr erwachsen seid. Wir wissen, dass es besonders dir, liebe Elfi, nicht leicht fällt, das zu akzeptieren. Und wir möchten dir auch jederzeit helfen, deine Traurigkeit, Sehnsucht, Wut und andere Gefühle zuzulassen.
Ihr seid nun 9 und 7 Jahre alt und ihr habt eine lange Zeit eures Lebens ohne uns gelebt. Wir wissen nicht alles über diese Zeit vorher, aber über einiges möchten wir hier schreiben.
Liebe Elfi, als deine Mama noch sehr jung war, hat sie einen Mann sehr gern gehabt, deinen Papa. Sie haben geheiratet und am 5. Oktober 1991 wurdest du geboren. Obwohl deine Mama eigentlich noch fast selbst ein Kind war, hatte sie die große Verantwortung, nun für dich zu sorgen. Ich glaube, sie hat dich sehr lieb gehabt. Als wir ein Foto von dir als Baby und deiner Mama gesehen haben, haben wir gespürt, wie stolz sie auf dich war. Zwei Jahre hast du mit Mama und Papa in Rothenburg gelebt. Am 23. Juli 1993 wurdest dann du, lieber Uwe geboren. Auch du warst ein süßes Baby, das von Mama und Papa geliebt wurde.
Doch für zwei kleine Kinder zu sorgen, war zu schwer für Papa und Mama. Sie haben sich oft gestritten und hatten sich nicht mehr lieb. Für euch beide war das eine schwere Zeit. Papa zog aus und ein neuer Mann zog bei euch ein: Rainer.
Mama war in dieser Zeit oft nicht da. Sie musste immer wieder ins Krankenhaus, weil sie krank war. Sie hatte keine Krankheit mit Fieber, sondern glaubte, Stimmen von mächtigen Bossen zu hören, und fühlte sich von Außerirdischen verfolgt und glaubte, sie müsse sich verstecken und dauernd in Acht nehmen. Sie konnte die Wirklichkeit nicht immer gut erkennen. So packte sie euch Kinder meist viel zu warm ein, weil sie Angst hatte, dass ihr frieren könntet. Sie gab dir, Elfi nur flüssige Nahrung, weil sie nicht glaubte, dass ein Kind von drei schon richtig essen kann. Wenn sie im Krankenhaus war, ließ sie euch bei Rainer. Der verlor oft die Geduld und schlug euch. Eure Mama war so von ihren eigenen Schwierig-

keiten in Anspruch genommen, dass sie nicht die Kraft hatte, euch zu beschützen. Das war eine ganz schlimme Zeit für euch.
1995 wurde dann euer kleiner Bruder Fabian geboren. Fabian war krank. Ihr habt Mamas und Rainers Angst gespürt, ob Fabian überlebt. Er war lange im Krankenhaus und ihr zwei musstet für euch selbst sorgen. Ihr seid dann zu Opa und Oma gekommen. Dort habt ihr einige Zeit gewohnt, dann hat Mama euch wieder geholt und zu Felix und Carmen gebracht. Dort war aber nicht genug Platz. Deshalb kamt ihr zu Freunden von Mama auf einen Bauernhof. Auch dort konntet ihr nicht lange bleiben. Dann hat Mama gehört, dass Familie Weiß Pflegekinder aufnimmt, und euch dort hingebracht. Elfi wurde eingeschult und Uwe ging zum Kindergarten. Es gefiel euch gut dort. Mama hat euch auch immer wieder für einen Tag oder ein Wochenende zu sich nach Rothenburg geholt. Doch leider hat sich Mama mit den Pflegeeltern Weiß gestritten. Es ging nicht um euch, sondern um andere Sachen, die mit Mamas Krankheit zu tun haben. Mama hat euch dann wieder von eurer Pflegefamilie weggeholt. Obwohl sie euch sehr liebt, hat sie nicht gemerkt, dass sie euch damit wehtat, weil sie zu viele Probleme mit sich hatte.
Es war kurz vor Weihnachten 1997. Frau Bender vom Jugendamt suchte eine Familie, die ganz schnell zwei Kinder zu sich nehmen konnte und für anderthalb Jahre bei sich wohnen lässt und lieb hat. Wir erinnern uns noch genau, als ihr das erste Mal bei uns wart. Wir haben Kuchen gegessen, die Zimmer angesehen, die Schule und den Kindergarten.
Ihr habt euch nicht gewehrt. Ihr habt alles getan, was Mama wollte. Mama hatte euch versprochen, in Rothenburg anzubauen, um Platz für euch zu haben. Mit ihrer seelischen Krankheit war es nicht mehr so schlimm. Eure Mama merkte nun rechtzeitig, wenn es ihr schlecht ging, weil sie dann nicht schlafen konnte, und holte sich Hilfe im Krankenhaus. Das ist toll, wie sie das schaffte. Auch mit Fabian kam sie zurecht. Wenn ihr am Wochenende zu Hause wart, sah es ganz gut aus. Bis Mama einen neuen Freund bekam. Olaf wollte nicht so gern, dass ihr zur Mama nach Hause kommt.
Ihr habt euch bei uns anderthalb Jahre wie auf Besuch gefühlt. Obwohl ihr gespürt habt, dass wir euch lieb hatten und es euch gut geht, war es eure große Sehnsucht, wieder bei Mama zu wohnen. Im letzten Sommer sollte es nun eigentlich so weit sein. Ihr habt aber bei euren Besuchen zu Hause gemerkt, dass Olaf euch nicht haben wollte. Ihr hattet große Angst, weil ihr nicht wusstet, wie es weiterging, da eure Zeit bei uns ja eigentlich vorbei war. Mama war in dieser

Zeit nicht stark genug, sich gegen Olaf zu entscheiden. Sie hatte deshalb beschlossen, euch nicht zu sich zu holen.
Das hat sie euch im Jugendamt gesagt.
Für uns begann nun eine schwere Zeit. Wir mussten uns entscheiden, ob ihr weiter bei uns leben konntet oder ob ihr noch einmal umziehen müsst. Die Entscheidung hatte nichts mit euch zu tun. Wir haben uns gefragt, ob wir stark genug sind, noch einmal Eltern von so kleinen Kindern zu sein und ob wir euch all das geben können, was kleine Kinder, die ja auch größer werden, brauchen. Ihr wisst ja, wie wir uns entschieden haben.
Mama fand unsere Entscheidung gut und sie war froh darüber, weil sie wusste, dass ihr jetzt einen festen Platz habt, an dem ihr leben könnt, solange wie es nötig ist und wie ihr wollt.
Mama möchte, dass ihr bei uns bleibt. Sie erlaubt euch, euch bei uns wohl zu fühlen. Sie ist sich ganz sicher, dass wir immer wissen und achten, dass ihr eure Mama gern habt und sie liebt. Auch wenn Mama eine neue Wohnung hat, sie vielleicht Arbeit bekommt und Olaf wieder fortgeht, ist es ihr Wunsch, dass es euch bei uns gut geht und ihr bei uns zu Hause seid.
Elfi, dir möchten wir noch sagen, dass du dich entspannen darfst. Du brauchst nicht mehr für Uwe zu sorgen. Mama passt auf sich selber auf oder holt sich Hilfe, wenn es ihr schlecht geht, und Fabian kämpft sich trotz seiner Krankheit durch. Du hast keine Verantwortung mehr für andere. Du darfst auf dich selber achten, damit es dir gut geht. Wir finden dich ganz toll und haben dich sehr lieb.
Uwe, auch dir möchten wir noch etwas sagen. Du bist ein ganz tapferer Junge. Du brauchst keine Angst mehr zu haben. Du darfst dich einkuscheln bei uns und dich ganz wohl fühlen.

Wir haben euch lieb
Leni und Wolfgang

Lebensbrief für einen zwanzigjährigen Pflegesohn, dessen Eltern obdachlos waren

Verfasst von seiner Pflegemutter

Lieber Reini,

als wir dich zum ersten Mal sahen, verstecktest du dich mit deiner Schwester hinter einem Auto. Als wir dich wenige Tage nach deinem sechsten Geburtstag im September 1986 im Kinderheim Hochwald kennen lernten, hattest du schon wichtige Jahre deines Lebens hinter dich gebracht. Du weißt, dass du als fünftes Kind deiner Eltern, die sehr jung waren, in eine schwierige Situation hineingeboren wurdest. Dein Vater, der selber mit acht Jahren von seinem Vater in ein Heim gegeben worden war, arbeitete damals bei Siemens. Er war aber alkoholkrank, weil er als Kind nicht das bekommen hatte, was er gebraucht hätte: Liebe und Verständnis. Er wurde immer öfter krank und gab seine Arbeit Anfang 1983 auf, und die finanzielle Situation wurde noch schlimmer. Im Juni 1983, als du drei warst, seid ihr dann obdachlos geworden. Deine Mutter war zum Zeitpunkt deiner Geburt sechsundzwanzig. Und sie hatte für fünf Kinder zu sorgen. Sie hatte große Alkoholprobleme. Sie war im Alter von zwei Jahren zur Landverschickung nach Schweden gekommen und dort geblieben, bis sie schulpflichtig war. In diesem Alter in ein fremdes Land zu fremden Menschen mit fremder Sprache zu kommen, war für sie sicherlich sehr schwer. Dort wurde sie gut versorgt. Aber wie muss es dann gewesen sein, zurückzukommen. Deine Oma hatte viele Kinder. Dein Opa trank. Ihre Eltern waren für sie Fremde geworden. Ich denke, das war für sie alles zu viel.

Dein Vater und deine Mutter wollten es besser machen als die eigenen Eltern. Sie hatten aber eine schlechte Ausgangslage. Als deine Eltern 1983 obdachlos wurden, kamt ihr Kinder in das Kinderheim. Dort warst du mit deiner Schwester von deinem dritten bis sechsten Lebensjahr. Deine drei älteren Geschwister lebten in der Berliner Straße im Kinderheim. In dieser Zeit kämpften deine Eltern mit allen gesetzlichen Mitteln und durch alle gerichtlichen Instanzen hindurch, euch wieder zu bekommen. Dass sie es nicht geschafft haben, war für sie sehr schmerzlich. Dann bist du, nachdem gerichtlich geklärt war, dass deine Eltern dich nicht wieder bekommen, zu uns gekommen. Es war und ist für dich auch heute noch schwer auszuhalten, dass deine Eltern dich nicht freigeben konnten und nicht

eingesehen haben, dass sie gute Eltern sind, wenn sie euch Kinder in andere Familien entlassen. Ich glaube, manchmal hast du dich geschämt, solch unglückliche, obdachlose und alkoholkranke Eltern zu haben. Ich kann aber verstehen, wie alles gekommen ist. Sie konnten nicht anders. Sie hatten keine guten Startchancen. Und ich wünsche mir, dass du allmählich damit klar kommst, Eltern zu haben, die in solch großen Schwierigkeiten stecken und sich nicht in die Lage ihrer Kinder versetzen können.
Wir sind froh, dass wir dich hatten und haben. Wir haben schwere und gute, schreckliche und wunderbare Zeiten miteinander verlebt. Jetzt bist du ausgezogen, und ich denke, dass du deinen Weg gehen wirst. In guten und schlechten Zeiten bist du uns immer willkommen. Du weißt, dass unsere Tür immer für dich offen steht und unser Kühlschrank auch.

In Liebe
Antje

Schlussgedanke

Die vorangehenden Beispiele zeigen, dass es vielfältige Wege gibt, Kindern bei der Bearbeitung ihres Schicksals zu helfen. Es gibt kaum etwas, was wir Kindern nicht sagen können. Doch wir müssen dosiert, liebevoll und sanft dabei vorgehen.

Wenn schmerzhafte Ereignisse ihr Leben beeinflussen, so können Kinder nicht zur Tagesordnung übergehen. Der Schutz besteht nicht im Vorenthalten seelischer Belastungen. Der bessere Schutz für das Kind ist, wenn es erfährt, dass der oder die nahe Erwachsene mit diesen schweren Fakten leben und umgehen kann und dem Kind bei der Bearbeitung mutig hilft.

Kinder haben ganz offensichtlich ein größeres Potenzial, Schweres zu verarbeiten, als Erwachsene sich vorstellen. Sie stellen sich Grenzsituationen oftmals bewusster und mutiger als ihre Eltern. Weil junge Kinder noch nicht so stark verdrängen wie Heranwachsende oder Erwachsene, gelingt es ihnen oftmals, Schweres besser in ihr Leben einzubauen. Wenn Erwachsene sie dabei begleiten und sich nicht scheuen, den schweren Themen standzuhalten, dann können Kinder mit ihrer schmerzhaften Situation aufwachsen, und oftmals werden sie zu besonders belastbaren Erwachsenen.

Es ist etwas, das wir mit Worten kaum fassen können: Eine noch so schmerzliche Wirklichkeit zu erkennen, aufgeklärt zu sein, also Klarheit und Gewissheit zu bekommen, erzeugt in unserem Inneren Sicherheit, Selbstvertrauen und Geborgenheit. Denkblockaden lösen sich, wir sind offen und frei, uns der Welt zuzuwenden. So geht es auch unseren Kindern.

Quellen und Literatur

Adoption, Heim und Pflege: Was bedeutet dieser Schritt für die Mütter und deren Kinder in Berlin? Frauenbeauftragte von Berlin-Kreuzberg, Petra Koch-Knobel und Netzwerk Herkunftseltern, Berlin, 1998

Amtsgericht Bad Oldesloe, Beschluss vom 9. Sept. 1999 – 1F 80/99, aus: Kind-Prax Nr. 2, Köln, 2000

Brocher, Tobias: Wenn Kinder trauern, Reinbek, 1985

Brockhaus-Enzyklopädie: Band 15, Mannheim, 1991

DIE ZEIT, Nr. 29, 13. Juli 2000: Der unbekannte Vierte

Ditfurth, Jutta: Entspannt in die Barbarei, Esoterik, (Öko-)Faschismus und Biozentrismus, Hamburg, 1996

Dolto, Françoise: Die ersten fünf Jahre, Alltagsprobleme mit Kindern, München, 1997

Dolto, Françoise: Alles ist Sprache, Kindern mit Worten helfen, Weinheim, Berlin, 1995

Durchs Netz gefallen, wer fängt mich auf? Dokumentation zur Fachtagung vom 25. Sept. 1999 in Bamberg, PFAD für Kinder, Landesverband der Pflege- und Adoptiveltern in Bayern e.V., Hubmannstraße 6, 86551 Aichach, 2000

Dusolt, Hans: Stieffamilien in Deutschland: Vielfach gelebt, wenig bekannt, in: Dusolt, Hans (Hg.): Schritt für Schritt, Ein Leitfaden zur Gestaltung des Zusammenlebens in Stieffamilien, München, Wien, 2000

Festinger, Leon: A Theory of Cognitive Dissonance, Stanford, 1957

Figdor, Helmuth: Scheidungskinder – Wege der Hilfe, Gießen, 1998

Figdor, Helmuth: Kinder aus geschiedenen Ehen: Zwischen Trauma und Hoffnung, Mainz, 1991

Folaron, Gail / Chambers, Gill: The Book of Me, Indianapolis, 1983

Frankfurter Rundschau vom 12. 8. 2000: Zwei Mütter, aber kein Vater

Freud, Anna: Erziehung des Kleinkindes vom psychoanalytischen Standpunkt aus, in: Meng, Heinrich (Hg.): Psychoanalytische Pädagogik des Kleinkindes, München, Basel, 1973

Green, Richard, American Journal of Psychiatry 135, 6, Washington DC, 1978

Guderian, Claudia: Wo komm ich eigentlich her? Freiburg im Breisgau, 1994

IDI – Informationsgruppe Donogene Insemination: Eine Informationsbroschüre für alle Paare, die sich für die Behandlung mit Spendersamen interessieren, Oktober 2000. Informationen: Petra Thorn, Diplom-Sozialarbeiterin, Diplom-Sozialtherapeutin und Familientherapeutin DFS, Langener Straße 37, 64546 Mörfelden, E-Mail:Thorn64546 @ aol.com

Imber-Black, Evan (Hg): Geheimnisse und Tabus in Familien und Familientherapie, Freiburg im Breisgau, 1995

Kästner, Erich: Werke, Eintritt frei! Kinder die Hälfte, Romane für Kinder II, Das doppelte Lottchen, München, Wien, 1998

Krähenbühl, Verena / Schramm-Geiger, Anneliese / Brandes-Kessel, Jutta: Meine

Kinder, deine Kinder, unsere Familie. Wie Stieffamilien zusammenfinden, Reinbek, 2000
Lehnst, Elke: Rabenmütter?! Diskriminierung und Alternativen, in: Dokumentation der Fachtagung Adoption, Heim, Pflege – was bedeutet dieser Schritt für Mütter und deren Kinder in Berlin? Frauenbeauftragte von Berlin-Kreuzberg, Petra Koch-Knobel und Netzwerk Herkunftseltern, Berlin, 1998
Mebs, Gudrun: Sonntagskind, Frankfurt am Main, Salzburg, 1994
Miller, Alice: Am Anfang war Erziehung, Frankfurt am Main,1980
Neill, Alexander Sutherland: Theorie und Praxis der antiautoritären Erziehung, Reinbek, 1993
Nienstedt, Monika / Westermann, Arnim: Pflegekinder, Münster, 1998
Nuber, Ursula von: Das Konzept «Resilienz», So meistern Sie jede Krise, in: Psychologie Heute, 26. Jahrgang, Heft 5, Weinheim, 1999
Oberlandesgericht Oldenburg: Beschluss vom 18. Juni 1999 – 11 UF 26 / 99, aus: Kind-Prax Nr. 2 / Köln, 2000
Puttkamer, Susanne von / Radziwill, Edgar: Das Stiefeltern-Kind-Verhältnis, in: Kind-Prax Nr. 1, Köln, 2000
Puttkamer, Susanne von: Soziale Familien zwischen Wunsch und Wirklichkeit, in: Kind-Prax Nr. 2, Köln, 2000
Romer, Georg / Riedesser, Peter: Prävention psychischer Störungen im Kindes- und Jugendalter, in: Suess, Gerhard J., Pfeifer, Walter-Karl P. (Hg.): Frühe Hilfen, Die Anwendung von Bindungs- und Kleinkindforschung in Erziehung, Beratung, Therapie und Vorbeugung, Gießen, 1999
Ryan, Tony, Walker, Rodger: Wo gehöre ich hin? Biographiearbeit mit Kindern und Jugendlichen, Weinheim, 1997
Schenk-Danzinger, Lotte: Entwicklung, Sozialisation, Erziehung, Von der Geburt bis zur Schulfähigkeit, Wien, 1994
Schlink, Bernhard: Der Vorleser, Zürich, 1995
Senatsverwaltung für Schule, Jugend und Sport: Lesben und Schwule mit Kindern – Kinder homosexueller Eltern, Dokumente lesbisch-schwuler Emanzipation des Fachbereichs für gleichgeschlechtliche Lebensweisen, Nr. 16, Berlin, 1997
Storz, Claudia: Quitten mit Salz, Zürich, 1999
Tamaro, Susanna: Geh wohin dein Herz dich trägt, Zürich, 1995
Tisseron, Serge: Die verbotene Tür, München, 1998
Thorn, Petra: Familienbildung mit donogener Insemination, in: IVF-News 2, S. 3–5, Stuttgart, 1999
Van den Brouck, Jeanne: Handbuch für Kinder mit schwierigen Eltern, Stuttgart, 1990